THE PASSPORT PROGRAM

REBT 기반 인성교육 프로그램 ③

창의적 사고와 포용을 중심으로

Ann Vernon 저 | 박경애 · 함현미 · 김현정 · 정다운 공역

고등학생용
16~19세 권장

학지사

THE PASSPORT PROGRAM, GRADES 9-12

: A Journey through Emotional, Social, Cognitive, and Self-Development

by Ann Vernon

Copyright ⓒ 1998 by Ann Vernon

역자 서문

이 책의 저자 Ann Vernon은 상담 및 심리치료 이론으로 독보적인 위치에 있는 인지행동치료의 원조 Rational Emotive Behavior Therapy를 아동 및 청소년기 연령의 대상자에게 적용할 수 있는 많은 프로그램을 개발하였다. 특히 2006년에 REBT 프로그램을 아동 및 청소년에게 적용할 수 있는 『Thinking, Feeling, Behaving: An Emotional Education Curriculum for children Grade 1-6』과 『Thinking, Feeling, Behaving: An Emotional Education Curriculum for Grades 7-12』의 저서가 대표적인데, 이는 역자대표에 의해 2018년 『REBT를 활용한 정서교육 프로그램 1』과 『REBT를 활용한 정서교육 프로그램 2』로 번역하여 한국의 독자들에게 선을 보였다. 이 책의 반응이 좋았기 때문에 Ann Vernon에 의한 후속 저서인 PASSPORT 프로그램을 번역하여 『REBT 인성교육 프로그램』이라는 이름으로 다시금 세상에 내놓게 되었다.

이 책의 내용은 각 연령 단계를 8세에서 12세, 13에서 15세, 그리고 16세에서 19세로 세분하여 정서 영역, 사회성 영역, 인지 영역, 그리고 자기 자신에 대한 영역으로 구분하여 REBT 기초 개념을 적용하여 전반적인 건강성을 증진하고 함양하기 위한 다양한 활동 프로그램을 제시하고 있다.

일선에서 상담을 수행하면서 깨닫게 되는 것은 문제가 생긴 다음에 이를 교정하고 치료하는 것보다, 문제가 발생하기 전에 예방을 하는 것이 무엇보다도 중요하다는 것이다. 이 책을 활용하면 이 연령대의 아동 및 청소년들과 집단으로 활동하면서 문제 상태로의 진입 자체를 차단하며 연대 의식을 강화할 수 있다. 또한 아동 및 청소년들에게 REBT의 기본 개념을 삶의 지표로 하여 삶에 대한 깊은 철학적 심지를 심어 줄 수 있다. 부디 이 책이 일선 현장의 교사나 상담자에 의해서 많이 활용되기를 기대해 본다.

이 책이 출간될 수 있도록 번역 작업에 참여해 주신 REBT연구회의 김미경 박사, 조화준 선생, 김현정 선생, 함현미 선생, 박수진 박사, 김석우 선생께 감사하며 오랜 캐나다 생활을 바탕으로 문화의 차이를 고려하여 번역이 되었는지를 살펴보아 준 정다운 선생께도 고마움을 표한다. 마지막으로, 편집을 맡아 고생해 주신 학지사의 김준범 부장, 백소현 차장께도 심심한 감사를 드린다.

광운대 연구실에서 역자대표 박경애

추천의 글

1970년대 초 합리적–정서교육(Rational-Emotive Education: REE)은 앨버트 엘리스(Albert Ellis)의 눈을 번뜩이게 했습니다. 그가 가장 초기에 시도한 것 중 하나는 뉴욕에 있는 합리적 생활연구소(Institute for Rational Living)가 운영하는 선구적인 학교인 리빙 스쿨(Living School)이었습니다.

이후 교육자와 정신건강 전문가들은 합리적 사고와 정서적 자기관리 기술을 활용하여 아동·청소년들의 긍정적인 정신건강을 기르는 데 큰 도약을 이루어 냈습니다. 가장 풍부하고 창의적인 공헌들 중 하나는 미국의 뛰어난 상담교육자 중 한 명인 앤 버논(Ann Vernon)에 의해 이루어졌습니다. 그녀가 저술한 합리적 정서교육과정에 대한 두 권의 책은 미국과 해외의 학교 및 상담센터에서 널리 사용되고 있습니다.

이 책에서 버논 박사는 어떻게 하면 청소년들이 행복하고, 자기수용적이며, 잘 기능하는 성인이 되도록 도울 수 있는지에 대한 그녀의 생각을 드러냅니다. 요즘 아이들은 정상적인 발달 문제뿐만 아니라 이전 세대에서는 상상할 수 없었던 무수히 많은 잠재적 스트레스 요인에 직면해 있습니다. 교육자, 부모, 정신건강 전문가로서 우리는 분명히 우리의 아이들이 자기비하, 비합리적인 생각, 쇠약하게 하는 감정, 그리고 자기패배적인 행동으로부터 보호하도록 돕기 위해 동원할 수 있는 모든 자원이 필요할 것입니다.

이 책의 특별한 점은 모든 문화적, 사회경제적 배경을 가진 청소년들에게 적용할 수 있는 다양한 에피소드를 제공한다는 것입니다. 여기에는 시험을 잘 못 치르거나 불공평과 거절에 대처하거나, 삶에 지장을 주는 가족상황이나 친구들의 유혹에 대처하는 상황들이 다루어집니다. 버논 박사는 아동·청소년들의 경험적 세계를 들여다보는 데 탁월합니다. 이 책의 시리즈에서 등장하는 많은 이야기들은 청소년들 스스로에 의한 투쟁과, 어떻게 그들이 합리적 사고 능력을 사용하여 자기수용력을 높이고 힘든 감정을 다루며 자기비하 행동을 극복할 수 있었는지에 대한 1인칭 서술입니다. 학교 수업과 상담시설 모두에 적용 가능한 각각의 교육들은 청소년들이 지적 통찰력으로부터 개념과 기술을 자신의 삶에 적용할 수 있도록 발달의 적절한 자극 활동과 그 자극에 대처하는 기술, 후속 질문과 활동들을 제시합니다.

이 실용적인 자료는 자신의 가치관이 확고하고, 삶의 스트레스 요인 및 어려움에 탄력적이고 유연하게 대처하며, 효과적이고 책임감 있게 타인과 관계를 맺고 꿈을 추구할 수 있도록 아동·청소년들을 성장시켜 주고자 하는 모든 사람에게 큰 도움이 될 것입니다.

앨버트엘리스연구소 부소장
자넷 L. 울프 박사

감사의 글

이 책을 포함해서 8~12세, 13~15세 아동·청소년을 위해 간행된 1권과 2권은 우리가 아이들의 성장 과정을 간과할 수 없다는 확신을 보여 주는 결과물입니다. 오히려 아동·청소년들이 완전히 성장하기 전에 포기하지 않도록 각 발달 단계를 어떻게 잘 헤쳐 나갈 수 있는지 체계적으로 가르쳐야 합니다. 제가 볼 때, 청소년들에게 인지정서행동치료(REBT)의 원리를 성장 문제에 적용하는 방법을 가르치는 것보다 더 좋은 것은 없다고 생각합니다. 저는 수년간 아동·청소년들과 함께 인지정서행동치료를 사용해 왔습니다. 앨버트 엘리스(Albert Ellis), 자넷 울프(Janet Wolfe), 레이 디지우세페(Ray DiGiuseppe), 도미니크 디마티아(Dominic DiMattia)가 그들의 전문적인 지식을 공유하고 이러한 개념을 교육 환경에 적용하려는 저의 노력을 지지해 준 것에 감사의 말씀을 전합니다.

저는 제 자료에 대해 철저한 검토와 비평을 해 준 데이비드 마르티노(David Martino)에게 감사의 마음을 전하며, 이러한 자료들을 수집하고 많은 제안을 해 준 제 제자들이기도 했던 학교 상담교사들에게도 감사의 말을 전해 드립니다.

이 프로젝트를 진행하는 동안 열렬히 지지해 주고 여러 제안을 해 주면서 많은 도움을 주신 Research Press 직원인 앤 웬델(Ann Wendel), 러스 펜스(Russ Pence), 케렌 스테이너(Karen Steiner)에게도 감사 인사를 전합니다. 그들과 함께 일하는 것은 언제나 즐겁습니다.

마지막으로, 저의 개인상담에서 그들의 자녀와 함께 일할 수 있도록 저를 믿어 주신 부모님들께 감사의 마음을 전하고 싶습니다. 무엇보다 저의 내담자였던 청소년들에게 깊은 감사를 드립니다. 이 책들의 많은 아이디어는 제가 그들과 함께했던 작업에서 비롯되었습니다. 그들을 통해 배운 것들은 매우 값진 것이었고, 개입의 결과로 그들이 어떻게 더 건강한 방식으로 생각하고 느끼고 행동할 수 있는지를 보는 것은 만족스러운 일이었습니다. 여기에 실린 이야기들은 모두 아이들이 저와 나눈 실제 경험을 바탕으로 한 것입니다. 이 책을 포함한 나머지 두 권의 책에 실린 이야기와 시(詩)도 청소년들이 썼는데, 이들은 모두 '자신의 이야기를 들려주는 것'이 다른 또래 아이들의 발달 과정에 도움이 되기를 바라는 마음으로 썼습니다.

서론: 발달의 관점

'그때는 과거였고, 지금은 현재이다. 어떤 것은 변하고 어떤 것은 변하지 않는다.' 이 두 구절은 제가 아동·청소년 발달에 대해 되새겨 볼 때 생각하는 것들을 정확하게 묘사하고 있습니다. 어떤 면에서, 오늘날 청소년으로 산다는 것은 우리 중 많은 사람들이 자랄 때와는 상당히 달라졌습니다. 그 당시에는 우리가 '신체적인' 병이 있을 경우에 약을 썼습니다. 하지만 요즘 청소년들은 '정서적인' 통증을 위해 약을 씁니다. 그 당시에 폭력은 큰 도시에서 가끔 일어났었지만, 이제 폭력은 어디에든 존재하고 아동·청소년들의 삶에 엄청난 영향을 끼칩니다. 그 당시만 해도 청소년의 우울증은 드물었지만, 이제는 거의 유행병처럼 존재합니다. 이제 대부분의 아이들은 맞벌이 가정에서 자라며, 그들 중 많은 아이들은 한부모 가정이나 혼합된 가정 구조를 가지고 살고 있습니다. 그리고 그 당시에는 아동 자살이나 청소년 자살에 대해 거의 듣지 못했지만, 지금은 청소년들의 두 번째로 주요한 사망 원인이 되었습니다.

이러한 비교는 끊임없이 있습니다. 어떤 면에서는 아동·청소년들의 삶은 매우 다르지만, 또 다른 면에서 볼 때 그들이 갖고 있는 많은 문제들이 매우 비슷합니다. 저는 제 아들이 고등학교 3학년 여름이었을 때 그와 함께 나눴던 대화가 기억납니다. 아들은 가족휴가로 위스콘신주로 가야 하는 것에 대해 불평한 적이 있었습니다. "엄마, 엄마는 날 절대 이해하지 못할 거예요. 이번 여름이 제 친구들과 함께 있을 수 있는 마지막 여름이고 그들은 저에게 너무 중요하기 때문에 집에 남아 친구들과 함께 놀고 싶어요. 이번 가족휴가로 인해 모든 것을 놓치고 싶지 않아요." 이렇게 제 아들이 말했습니다. 아들은 제가 이해할 수 없을 거라고 확신하는 것 같았지만, 그의 말이 저에게 많은 기억을 되살렸습니다. 저는 아무 말 없이 서랍 쪽으로 가서 편지 하나를 꺼냈습니다. 그 편지에는 제가 고등학교 3학년 여름에, 가족과 별장에 가는 것에 대해 부모님과 대화를 나눈 내용이 적혀 있었습니다. 그 편지를 제 아들 에릭에게 주었습니다. "엄마에게"라고 쓰여 있었습니다. "저는 이번 여름에 집에만 있어야 해요. 별장에서 제가 할 일이 하나도 없다는 거 알잖아요. 엄마는 아마도 이해 못 하시겠지만 제 또래 아이들은 활동하기를 원해요. 그게 우리의 방식이기 때문에 어쩔 수 없어요. 저는 친구들과 꼭 함께 있어야 해요. 그러니 제발 안 가면 안 될까요?"

그 후로 에릭은 더 이상 아무 말도 하지 않았습니다. 에릭과 남편, 저는 에릭이 얼마나 집에 있을지에 대해 협상했습니다. 그리고 저는 아들이 며칠 동안 친구들과 잠시 떨어진다고 해서 많은 것을 놓친다고 생각하지 않습니다. 하지만 물론 18세라는 나이에는 그런 식으로 보지 못한다는 것을 이해합니다. 이는 어떤 것들이 어떻게 그대로 유지되는지를 보여 주는 하나의 예에 불과합니다. 그리고 상담 시간에 아동·청소년들이 저에게 자신의 생각과 감정을 표현하는 것을 들으면서 발달단계가 비교적 일정하게 유지되어 왔다는 사실을 거듭 상기하게 됩니다.

우리가 발달 단계와 특성에 대해 아는 것은 필수적입니다. 성장에 대해서 잘 이해하지 못한다면, 우리는 문제가 있는 증상에 대해 과잉반응하거나 과소반응을 하게 될 수도 있으며, 그 상황을 객관적으로 보지 못하는 위험을 무릅쓰게 됩니다. 이러한 점은 제 수련생 중 한 명이 들어 준 녹음파일을 듣고 실감하게 되었습니다. 그 수련생은 자신의 내담자가 그의 어머니와 학대적인 관계에 있을 수도 있다고 믿었습니다. 저는 수련생에게 "녹음파일을 들어 봅시다."라고 말했습니다. 그리고 제가 들었을 때, 저는 열다섯 살 여자아이가 어머니와의 갈등관계에 대해 설명하는 것을 들었습니다. 여자아이는 어머니가 자신에게 아무것도 하지 못하게 하고, 항상 소리를 지르며, 계속해서 자신이 하고 싶지 않은 일을 하게 만든다는 것에 대해 말했습니다. 저는 수련생에게 특정한 예시들을 떠올려 봤는지 먼저 확인했고, 어린 청소년들은 지나치게 일반화하는 경향이 있어서 모든 것을 이분법적으로 접근한다는 것, 즉 모든 것을 할 수 있다거나 아니면 아무것도 할 수 없다고 말하는 것이 매우 특징적이라고 설명했습니다. 저는 이 경우에 학대적인 관계가 물론 큰 영향을 차지한다는 것을 알지만, 수련생들이 여러 관점을 통해 문제를 살펴보고, 구체적인 예를 들면서 사춘기 여자아이에 대해 우리가 알고 있는 것들, 다시 말해 어머니와의 강한 애증관계를 갖는 것이 일반적이고, 그들의 독립의 필요성을 약화시킨다는 이유로 억압받는다는 감정을 느낀다거나, 그들이 원하지 않는 것을 강요당하고 싶지 않다는 점들을 고려해 볼 것을 주의시켰습니다. 제 수련생은 새로운 시각을 가진 채로 상담실로 돌아갔습니다. 내담자 아이와 그녀의 어머니와의 면담을 포함한 몇 번의 상담이 진행되는 동안, 이 사건은 학대적인 관계가 아니라 전형적인 청소년 문제를 예시하는 것이 분명해졌습니다.

발달적 특성은 문제를 평가할 때만 고려되어야 할 뿐만 아니라 청소년들이 사건을 어떻게 해석하는지에 대해서도 고려해야 합니다. 어느 3학년 학생은 자신에게 무슨 일이 생겼을 때 자신의 소중한 물건을 친구들이 어떻게 받을지를 지정하기 위한 유언장을 썼습니다. 학생의 부모는 아들이 자살을 고려하고 있을지도 모른다는 생각에 당연히 걱정했습니다. 하지만 알고 보니, 이 학생은 최근에 선생님에게 동굴에 갇힌 아이들에 대한 사건을 듣고 유언장을 쓰게 된 것이었습니다. 이 어린아이는 그런 일이 다른 아이들에게 일어난다면 자신에게도 일어날 수 있다고 생각했으며, 그럴 경우 자신의 친구들이 좋아하는 것들을 받길 원했습니다. 어린아이들은 구체적인 사고방식을 갖고 있기 때문에 어떠한 현상이나 사물을 있는 그대로 받아들입니다. 이런 경우, 인지적 발달은 아이들이 상황을 해석하는 방법을 제한했고, 이러한 한계들은 결국 아이의 행동에 영향을 미쳤습니다. 우리는 또한 인간의 발달 단계와 특징이 수십 년 동안 크게 변하지 않았음에도 불구하고, 결국 달라진 것은 청소년들의 삶에 영향을 미치는 문화적·사회적 요소라는 것을 기억해야 합니다. 현대사회의 아이들은 더 빨리 성장합니다. 『오필리아의 부활(Reviving Ophelia)』의 저자인 메리 파이퍼(Mary Pipher)는 "우리가 한때 '어린 시절'이라 불렀던 시기는 더욱 짧아졌다."(1994, p. 28)라고 했습니다. 이제는 그 자체로 어렵고 혼란스러울 수 있는 일반적인 성장 문제를 다루는 것 외에도 아동과 청소년들은 대처해야 할 문제들이 훨씬 더 많습니다. 많은 아이들은 가난한 가정에서 자라기도 하고, 학대의 피해자이기도 하며, 부모의 이혼이나 재혼으로 어려움도 겪습니다. 이러한 문제들에 정상적인 성장 과정에서 발생하는 문제들까지 포함해 보면, 너무 많은 청소년들이 해로운 방법으로 그들의 문제를 다루는 것은 놀라운 일이 아닐지도 모릅니다. 부분적으로, 건강하지 못한 반응은 발달 능력을 반영하기도 합니다. 시간 감각이 '지금 여기(here and now)'라고 여기고, 생각이 아직 구체적 상태에 머물러 있는 어린 청소년들에게, 마약과 술로 고통을 무감각하게 하는 것은 삶이 위압적일 때 가장 쉽게 할 수 있는 일처럼 보입니다. 그들은 결과를 신중하게 고려할 능력이 없을 수도 있습니다.

아동·청소년이 발달 및 상황 문제에 어떻게 대처하는지에 대한 가장 두려운 점은 그것에 따르는 장기적인 결과들이 그들의 삶에 매우 부정적인 영향을 미칠 수 있다는 것입니다. 그러나 그들은 현재에 살고 있고 먼 미래를 볼 능력이 없기 때문에 많은 청소년들은 자신의 발달 수준을 고려해서, 최선을 다해 이러한 스트레스 요인들을 처리합니다. 즉, 그들이 다양한 관점을 갖거나 대안을 고려할 수 없다면, 성인으로서 올바른 판단을 하는 것이 어렵다는 것입니다. 우리는 청소년들이 자신의 세상을 우리와 다르게 해석한다는 것을 기억해야 합니다.

많은 청소년들이 성장 과정에서 여러 어려움을 겪을 수 있지만, 우리는 우리가 '정상'인지, 즉 우리에게 일어나는 일이 일반적인 것인지 궁금해했던 기억이 있을 것입니다. 저는 제 내담자들에게 그들이 정상적이라고 말해 주면서 안심시키고, 그들의 발달 수준을 고려하면서 그들이 생각하고 느끼고 행동하는지에 대한 이유를 이해시키도록 도울 때 이들이 안심하는 것을 보게 됩니다. 우리는 실제로는 전혀 근거가 없는데도, 어린아이들이 무엇이 정상인지 다 알고 있다고 가정함으로써 너무 많은 것을 당연하게 여깁니다. 이 가정은 불안과 혼란을 야기합니다. 이 두려움이 해결되지 않으면 다른 문제들을 악화시킬 수 있으며, 아이들은 압도당하고 낙담할 수 있습니다. 여기가 우리가 가장 개입해야 할 지점입니다.

정서적 건강 커리큘럼

'REBT 인성교육(패스포트) 프로그램' 시리즈인 이 책은 교육자 및 정신건강 전문가에게 청소년들이 긍정적인 정신건강에 대한 개념을 배우는 데 도움을 주고, 성장하면서 상황적·발달적 문제들을 잘 해결해 나갈 수 있도록 돕는 포괄적인 커리큘럼을 제공합니다. 이 책은 64개의 활동들을 제시하며, 16~19세 아이들을 대상으로 각 분야의 테스트를 거쳤습니다. 이러한 활동들은 청소년에게 정상적인 것이 무엇인지 가르칠 뿐만 아니라 그들이 자신의 연령대에 적합한 특징적 문제들을 다루기 위한 효과적인 전략을 배울 수 있도록 돕기 위해 고안되었습니다. 학년별로 구성된 이 활동들은 '자기 발달, 정서 발달, 사회성 발달, 인지 발달'의 네 가지 주요 영역을 다룹니다.

활동들은 다 순차적이며, 아동 및 초기 청소년을 위한 다른 권과 함께 사용할 경우, 8~19세 아동·청소년을 위한 종합적인 발달 커리큘럼을 제공합니다. 각 활동에는 발달의 관점, 명확한 목표, 단계별 진행 절차, 내용 질문과 개인 질문에 대한 짧은 설명이 포함되어 있습니다. 내용 질문들은 자극 활동의 내용과 직접 관련이 있으며 개념의 숙달과 처리를 보장하도록 설계되었습니다. 개인 질문들은 초기 청소년들이 배운 개념들을 그들의 개인적인 삶에 적용하도록 격려합니다. 이러한 질문들은 그들이 배운 개념들에 대해 지적으로 이해하는 것에서 개인적으로 통합하는 것에 이르기까지 그들을 변화시킵니다. 각 활동의 핵심에는 목표를 충족하고 초기 청소년들이 이러한 문제를 다루는 기술을 습득할 수 있을 뿐만 아니라, 그들의 연령 그룹의 전형적인 발달 문제에 대해 더 많이 배울 수 있는 기회를 제공하는 창의적이고 발달적으로 적절한 자극 절차가 있습니다. 마지막에는 실제 기술 연습을 포함하여 다양한 방법으로 개념을 강화하는 후속 활동들이 있습니다.

이론적 기초

이 커리큘럼의 중요한 특징은 발달 이론뿐만 아니라 인지정서행동치료(REBT)의 원칙에 기반을 두고 있다는 것입니다. 이론에 대한 개요는 다음과 같으며, 독자들은 이 서론의 끝부분에 있는 추천 자료들과 참고문헌을 더 연구해 볼 것을 권합니다.

발달적 특성: 중기 청소년기

만 15~18세의 청소년기 동안, 십 대들은 독립에 대한 욕구가 커집니다. 일반적으로 청소년이 사춘기에 접어든 나이에 따라 초기 청소년기에 일어났던 정서적 격변은 어느 정도 강도가 약해집니다. 또한 이 시기의 청소년들은 보다 나은 문제해결 기술을 추론하고 사용할 수 있도록 하는 추상적 사고 능력을 개발할 가능성이 더 높습니다. 이러한 인지 능력은 개인의 발달 수준에 따라 조금씩 달라집니다.

이 기간 동안 청소년들은 종종 자신이 생각하는 것보다 자신감이 없습니다. 그들은 반항이나 저항을 통해 자신감을 강화시킬 수 있는데, 보통 자신이 독립적이라는 것을 증명하려는 욕구와 직접적인 상관이 있습니다. 이 시기는 청소년들이 어른 역할을 시도하는 때이기도 합니다. 통합되고 고유한 정체성을 얻는 것 외에도 청소년은 부모와의 관계가 다양하게 형성되기 때문에 가족 내에서 새로운 지위를 획득해야 하며, 사회생활과 특히 경력 개발 측면에서 더욱 큰 세상과 관련된 독립적인 위치로 나아가야 합니다. 그리고 청소년들이 좀 더 안정성을 갖게 되고, 초기 청소년기에 그랬던 것과 달리 더 이상 또래 아이들과 똑같이 행동하지 않게 되면서 이들과의 관계도 달라집니다. 이 시기에 생기는 우정은 계속해서 정체성과 가치 발달의 중요한 원천이 되며, 이때에 동성 및 이성 또래와의 친밀한 우정이 증가합니다.

앞서 언급했듯이, 이 발달 시기의 청소년들은 일반적으로 덜 변덕스럽고, 덜 자기중심적이며, 점점 더 추상적으로 생각할 수 있습니다. 대부분의 경우, 그들은 좀 더 자아성찰을 하게 되고 사고방식 또한 유연해집니다. 그리고 '모 아니면 도' 방식으로 생각하지 않게 되고 상황의 복잡성을 보는 능력이 향상되는데, 이는 문제해결 능력에 긍정적인 영향을 미칩니다. 이 모든 요인은 청소년들이 미래에 대한 중요한 결정을 내리고 좀 더 복잡한 도덕적 딜레마를 다루어야 하는 시기에 매우 중요한 역할을 합니다.

REBT의 원리

앨버트 엘리스(Ellis, 1994; Ellis & Dryden, 1997)가 개발한 인지정서행동치료(Rational Emotive Behavior Therapy: REBT)는 우리가 생각하는 것이 곧 우리가 어떻게 느끼고 행동하는지를 직접적으로 결정한다는 가정에 기초하고 있습니다. 엘리스는 선행사건(Activating events: A), 신념(Beliefs: B), 정서적 · 행동적 결과(Consequences: C) 간의 관계를 설명하기 위해, 정서장애의 'A−B−C 모델'을 만들었습니다. 이 이론에 따르면, 선행사건은 정서적 혼란을 일으키지 않습니다. 왜냐하면 두 사람이 같은 사건을 경험한다 해도, 두 사람은 그것에 각각 다르게 반응할 수 있기 때문입니다. 오히려 각자가 그 사건에 대해 생각하는 것이 정서적 · 행동적 반응을 일으킵니다. 엘리스는 혼란스럽고 부정적인 정서가 '절대적이고, 경직되고, 당위적인 요구' 때문에 발생한다고 주장했고, 그는 이것을 '비합리적 신념'이라고 불렀습니다. 비합리적 신념은 다음의 세 가지 주요 범주로 나뉩니다. 첫째, '당위성(반드시 ~해야 한다)'은 사람 또는 상황에 대한 비현실적인 요구를 반영합니다. 아동과 청소년의 경우 당위성은 다음과 같이 해석됩니다. '나는 항상 내가 원하는 것을 할 수 있어야 하고, 사람들은 내가 생각하는 대로 나를 대해야 하며, 삶의 모든 것은 항상 공정해야 한다.'입니다. 둘째, '가치에 대한 평가'는 자신이 가치 있는 사람이라고 여겨지기 위해서 잘해야만 하고 인정받아야만 한다고 생각하는 것입니다. 즉, '나는 완벽해야 하고, 실수하면 안 되고, 남들이 나를 거부하거나 내가 잘 못하게 되면 나는 쓸모없는 사람이다.'라고 믿는 것입니다. 셋째, '욕구 진술' 은 자신이 편안해야 하고 좌절이 없어야만 한다고 생각하는 것입니다. 인생의 모든 것은 쉬워야 한다는 청소년들의 비합리적인 믿음, 즉 '나는 어떤 일을 너무 열심히 하거나 지루한 일을 하지 말아야 하고, 불편함을 참을 수 없다.'라는 신념입니다. 이러한 비합리적 신념은 강렬한 부정적 정서를 유발하며, 아동·청소년의 효과적인 문제해결을 방해합니다.

심리적인 건강을 위해서, 이러한 비합리적인 신념은 합리적인 신념으로 대체되어야 합니다. 합리적인 신념은 유연하고 덜 혼란스러운 정서를 불러오며, 현실을 기반으로 하고, 목표를 성취하도록 도와줍니다. 합리적인 신념이 확인되는 과정은 논박(Dispute: D)을 통해서입니다. 논박에는 생각, 감정, 행동을 변화시키는 다양한 기술이 포함됩니다. 특히 논박의 주요 방법으로는 합리적·정서적 심상법, 자기독백, 자신과의 대화를 사용하여 이러한 감정을 분석하도록 고안된 질문들을 함으로써 비논리적이고 비현실적인 신념을 감지하게 하는 것이 있습니다. 또한 강화, 기술훈련, 과제와 같은 행동적 기법들도 널리 사용되고 있습니다.

일단 논박을 통해 비합리적 신념이 확인되면, 그 결과로 불안한 정서가 감소됩니다. 이것은 사람들이 우울함에서 행복함으로 또는 분노에서 약간만 짜증이 날 정도를 말하는 것이 아닙니다. 그러나 비논리적이고 비합리적인 신념이 합리적인 생각으로 대체되면서 정서의 강도가 감소됩니다. 예를 들어, 어떤 아이가 생일파티에 초대받지 못했는데, 이를 두고 아무도 자신을 좋아하지 않는다거나, 다시는 친구가 없을 것이라고 생각한다든지, 거부당했기 때문에 자신은 가치가 없다고 비합리적으로 생각한다면, 이 아이는 매우 슬퍼할 것입니다. 그러나 이 아이가 파티에 초대받지 않았더라도 자신은 여전히 가치 있는 사람이라는 것을, 그리고 아무도 자신을 좋아하지 않거나 다시는 친구가 없을 것이라는 점을 뒷받침할 증거가 없음을 논박을 통해서 깨닫는다면, 아이는 약간의 슬픔을 느낄 수 있지만 그렇게 강렬하지는 않을 것입니다. 그리고 아이가 또 다른 일로 슬퍼질 때 며칠 동안 무기력하게 지냈을지 모르지만, 자신이 조금만 슬퍼한다면 다른 방법으로 스스로를 즐겁게 한다든지 그러한 행동에서 즐거움을 찾을 수 있을 것입니다. 따라서 모델의 마지막 단계는 E(Effect, 효과적인 새로운 철학)와 F(Feeling, 새로운 정서)입니다.

REBT는 치료 환경뿐만 아니라 교육 환경에서도 아동과 청소년을 대상으로 한 오랜 역사를 가지고 있습니다. 이 원칙은 젊은 층에 쉽게 적용할 수 있으며, 다양한 문제에 적용되어 왔습니다. 교육 환경에서 REBT의 사용을 오랫동안 지지해

온 엘리스는 청소년들이 긍정적인 정신건강 개념을 배움으로써 스스로를 도울 수 있도록 고안된 예방 커리큘럼의 중요성을 강조합니다. REE(Rational-Emotive Education)는 정서교육에 대한 계획이 순차적으로 수업에 제공되는 체계적인 커리큘럼 접근방식입니다. REE의 주요 목표는 아이들이 더 많은 것을 할 수 있도록 합리적인 사고 기술을 가르치는 것이기에, 효과적으로 문제를 해결하고, 정서적인 통찰력을 얻으며, 어린 시절에 흔히 경험하는 정서적 고통을 최소화하기 위한 현명한 대처전략을 배웁니다. 이러한 커리큘럼의 궁극적인 목표는 아이들이 단순히 기분이 좋아지는 것뿐만 아니라 삶이 더 나아지도록 돕고, 현재와 미래의 문제를 보다 효과적으로 다룰 수 있는 정서적·행동적 해결 방법들을 제공하는 것입니다. 이 책에 제시된 활동들은 REE의 기본 원칙을 기반으로 하며, 이러한 개념을 발달 문제에 적용하는 것을 강조합니다.

프로그램의 활용

성장하는 것이 그 어느 때보다도 어려운 현실임을 감안할 때 예방 교육의 중요성은 아무리 강조해도 지나치지 않습니다. 예방적 정신건강 프로그램은 발달의 모든 측면을 촉진하고 아이들이 자기수용, 좋은 대인관계 기술, 문제해결과 의사결정 전략, 역기능적 정서를 다루는 기술을 개발하도록 도와주고, 삶에 대한 유연한 시각을 갖게 도와줍니다. 만약 의도적이고 순차적으로 잘 사용된다면, 이 프로그램들은 아이들의 모든 문제를 확실히 제거하지는 않더라도 문제의 강도, 심각성, 지속시간을 최소화할 수 있는 정보와 기술을 제공할 것입니다.

이 책에 나온 활동들은 주로 교실이나 소그룹 상담 환경에서 사용할 수 있습니다. 또한 약간의 변형을 더해 학교나 정신건강을 다루는 개별 상담실에서도 사용할 수 있습니다. 발달 개념은 모든 아동·청소년에게 적용 가능하지만, 과정의 일부 활동은 특정 구성원에 맞는 안내가 필요합니다. 각 활동의 끝에 나온 질문들은 토론을 자극하기 위해 고안되었으며, 지도자들은 개인이나 그룹의 필요에 따라 질문을 확장하거나 수정할 수도 있습니다.

자극 활동은 20~30분 동안 지속되도록 설계되었으며, 그 후에 토론이 이어집니다. 물론 이 시간은 그룹에 따라 다를 것입니다. 어떤 수업들은, 하루는 활동을 마치고, 그다음 날에는 토론을 할 수 있도록 나눌 수 있습니다. 토론은 목표를 강화하고 아이들이 자신의 삶에 개념을 적용할 수 있도록 도와주기 때문에 중요합니다. 그리고 많은 활동들에서 자기개방을 할 기회가 많기 때문에, 프로그램을 실행하기 전에 신뢰와 응집성을 갖춘 분위기를 만드는 것이 중요합니다. 대부분의 활동이 위협적이지는 않지만, 아이들은 토론이 불편할 경우 '통과'할 수 있는 권리가 있어야 합니다. 다른 참가자들이 공유하고 토론하는 것을 듣는 것만으로도 아이들의 정서를 정상화하는 데 도움이 되고, 아이들은 그 경험 자체로도 많이 배울 것입니다. 기본 규칙을 정하는 것은 아이들이 서로의 의견과 표현을 존중하도록 하는 데 도움이 됩니다. 아이들은 이러한 토론 내용들이 다 비밀이며, 그룹 내에서만 공유해야 하고, 언제든 '통과'할 권리가 있으며, 서로 비판하면 안 된다는 점을 이해해야 합니다. 기본 규칙은 아이들이 이러한 정신건강에 대한 개념을 배우고 적용할 수 있는 안전한 환경을 제공하는 데 도움이 될 것입니다.

교육자이자 정신건강 전문가로서, 우리는 자기를 비하하고, 비합리적으로 생각하고, 감정을 쇠약하게 하고, 자기패배적으로 행동하는 아동과 청소년들을 보호하기 위해 최선을 다하여 노력해야 합니다. 아이들에게 건강한 방식으로 생각하고, 느끼고, 행동하는 방법을 가르쳐 줌으로써 이들이 회복력을 키울 수 있도록 도와야 합니다. 문제를 예방하는 것이 사후에 문제를 처리하는 것보다 훨씬 쉽기 때문에, 이러한 방법을 제공하는 것이 교육적 우선순위가 되어야 합니다. 이 커리큘럼을 시행하는 것은 아이들의 '자기 발달, 사회성 발달, 정서 발달, 인지 발달'을 촉진하기 위함입니다.

참고문헌과 기타 독서자료

DiGiuseppe, R., & Bernard, M. (1990). The application of rational-emotive theory and therapy to school-aged children. *School Psychology Review, 19, 287-293.*

Dryden, W., & DiGiuseppe, R. (1990). *A primer on Rational-EmotiveTherapy.* Champaign, IL: Research Press.

Elkind, D. (1988). *The hurried child.* Reading, MA: Addison-Welsey.

Ellis, A. (1994). *Reason and emotion in psychotherapy.* New York: Carol.

Ellis, A., & Dryden. W. (1997). *The practice of REBT.* New York: Springer.

Pipher, M. (1994). *Reviving Ophelia: Saving the selves of adolescent girls.* New York: Ballentine.

Vernon, A. (1993). Developmental assessment and intervention with children and adolescents. Alexendria, VA: American Counseling Association.

Vernon, A., & Al-Mabuk, R. (1995). *What growing up is all about: A parent's guide to child and adolescent development.* Champaign, IL: Research Press.

Walen, S., DiGiuseppe, R., & Dryden. W. (1992). *A practioner's guide to Rational Emotive Therapy.* New York: Oxford University press.

Wilde, J. (1992). *Rational counseling with school aged populations: A practical guide.* Muncie, IN: Accelerated Development.

차례

16세

자기 발달

활동

정서 발달

활동

사회성 발달

활동

17세

활동지 차례

19세

REBT 기반 인성교육 프로그램

자기 발달
〈활동〉
1. 퍼즐 조각
2. 나에게 중요한 건 뭘까?
3. 나는 무적이야
4. 그건 나에게 어떤 의미일까?

정서 발달
〈활동〉
1. '동의'에서 '논쟁'까지
2. 감정 조절하기
3. 감정 롤러코스터
4. 분노는…

사회성 발달
〈활동〉
1. 친구들과의 싸움
2. 합리적인 관계
3. 또래 압력
4. 친구들의 피드백

인지 발달
〈활동〉
1. 생각, 감정, 행동
2. 멋진 결과
3. 문제해결 능력
4. 현실적 추론

자기 발달 1

퍼즐 조각

 발달의 관점

정체성 발달은 16~19세 사이의 청소년들에게 계속해서 주요 이슈가 되고 있습니다. 이 연령에서 자신을 찾는 과정은 성적, 직업적, 사회적, 도덕적, 정치적, 종교적 정체성을 확립하는 것을 포함합니다. 청소년들은 다양한 역할과 책임에 도전하고, 토론에 참여하고, 또래와 어른들을 관찰하며, 자기 질문, 실험, 탐구 등을 많이 함으로써 정체성을 찾아 나갑니다.

목표

▷ 자신의 정체성에 대해 더 알아보기

준비물

▷ 각 학생에게 제공할 '퍼즐 조각−카드'(활동지 1)가 들어 있는 봉투
▷ 각 학생에게 제공할 연필과 종이

진행 절차

1. 청소년기에는 자신의 정체성을 찾는 것이 매우 중요한 작업이며 쉽지 않은 과정이라는 사실에 대해 학생들과 토론하면서 수업을 시작합니다. 그리고 종이와 연필을 꺼내서 다음 사항에 답변하도록 합니다.
   ▶ 5년 전보다 자기 자신에 대해 더 잘 알고 있다고 생각하나요? 그렇다면, 어떻게 그것이 가능했나요?
   ▶ 자신의 기분, 행동 혹은 신념과 관련해서 혼란감을 느낀 적이 있나요?
   ▶ 향후 5년간, 자신에 대한 관점이 바뀔 것이라고 생각하나요?
   ▶ 자신에 대해 잘 안다고 생각하나요, 아니면 모른다고 생각하나요?
   학생들에게 자신의 의견을 파트너와 공유하라고 지시합니다.
2. '퍼즐 조각−카드'(활동지 1)가 들어 있는 봉투를 나누어 주고, 퍼즐 조각에 적혀

있는 카테고리와 관련하여 자신을 설명할 수 있는 단어 두세 가지를 각 조각에 쓰도록 지시합니다.

3. 퍼즐 조각들을 맞추게 하고 그 결과를 서로 공유하도록 합니다. 그런 후 전체 그룹과 다 같이 공유하도록 합니다.

4. 내용 질문과 개인 질문에 대해 토론합니다.

토론

내용 질문

1. 각기 다른 카테고리와 관련하여 자기 자신을 설명하는 것이 힘들었나요? 다른 것들보다 특별히 힘들었던 카테고리가 있었나요? 만약 그렇다면, 어떤 것이었나요?

2. 퍼즐의 답변에 근거하여 다른 사람들과 비슷한 점 혹은 다른 점이 있었나요? (각자 공통점과 차이점에 대해 서로 공유하도록 합니다.)

개인 질문

1. 퍼즐을 통해 자신에 대해 무엇을 배우게 됐나요?

2. 여전히 계속 자신이 누구인지 찾으려고 노력하는 부분은 무엇인가요?

3. 향후 4년 동안 자신의 정체성이 어떻게 바뀔 것이라고 생각하나요?

후속 활동

각각의 학생들이 한 개 혹은 두 개의 퍼즐 카테고리를 나누어 갖고, 그 카테고리 안에 자신이 누구인지 설명하는 콜라주를 만들도록 합니다.

퍼즐 조각

16세

지도자 유의사항: 점선대로 각각 자른 후 학생 1명당 한 세트씩 나누어 줍니다.

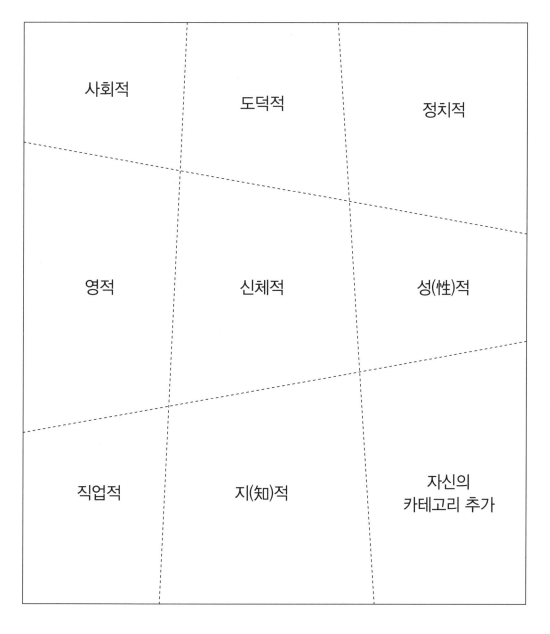

자기
발달
2

나에게 중요한 건 뭘까?

👩‍🏫 발달의 관점

청소년들은 정체성을 찾아 나가면서 자신에게 중요한 것을 명확히 찾는 과정에 지속적으로 참여합니다. 이 발달 단계에서는 또래 영향력이 매우 강하기 때문에 특히 청소년들이 또래로부터 부정적인 영향을 받지 않도록 자신의 가치와 믿음을 명확히 하는 것이 중요합니다.

👩‍🏫 목표

▷ 가치관과 신념을 명확히 하기

👷 준비물

▷ 각 학생에게 제공할 '나에게 중요한 건 뭘까?–순위 매기기 활동지'(활동지 2)와 연필

👩‍🏫 진행 절차

1. 학생들에게 그들의 가치관 혹은 중요한 신념에 대해 공유하도록 하며 수업을 시작합니다. 청소년기의 신념과 가치관은 친구들의 영향, 실험하기 위한 욕구, 혹은 부모님과 다른 어른들에게 반항하고픈 욕구를 통해 형성될 수 있음을 설명합니다. 이 수업의 목적은 그들의 신념과 가치관을 명확히 하도록 돕는 것입니다.

2. '나에게 중요한 건 뭘까?–순위 매기기 활동지'(활동지 2)를 각 학생에게 나누어 주고, 그들의 가치관에 따라 항목들을 가장 중요한 것부터 그렇지 않은 순서대로 순차적으로 순위를 정하도록 합니다.

3. 순위를 모두 정했으면 4명씩 한 그룹으로 나누어 결과를 공유하도록 합니다.

4. 내용 질문과 개인 질문에 대해 토론합니다.

토론

내용 질문

1. 목록에 있는 항목들의 순서를 정하는 것이 얼마나 어려웠나요?

2. 순서를 정할 때 어떠한 과정으로 진행했나요?

3. 순위를 공유하는 것에 대해 어떤 감정이 들었나요?

4. 그룹 사람들과 자신의 순위가 비슷했나요? 비슷하지 않았나요?

5. 항목들 중에 어떤 것은 순위가 많이 높고 어떤 것은 많이 낮은 것을 보고 놀랐나요? (특히 이 부분에 대해 토론하도록 합니다.)

개인 질문

1. 자신이 중요하다고 생각하는 것에 대해 어떻게 행동하나요?

2. 자신에게 중요한 것을 타협해 본 적이 있나요? 만약 그렇다면, 어떤 조건을 가지고 그렇게 했나요?

3. 나이가 들수록 자신에게 중요한 항목들은 바뀔 것이라고 생각하나요? 예를 들어, 만약 이 활동지를 작년에 했다면 순위는 똑같았을까요?

4. 이 활동에서 자신에 대해서 무엇을 배우게 됐나요?

후속 활동

학생들이 본인과 관련 있는 항목들을 추가하여 순위를 매기도록 합니다. 이후, 파트너와 함께 결과에 대해 공유하도록 하고, 그것에 대해 파트너에게 순위를 매기도록 합니다.

나에게 중요한 건 뭘까?

이름: _____   날짜: _____

지시사항: 다음의 15개 항목을 읽고, 자신이 느끼는 중요도에 따라 순위를 정합니다(1=가장 중요한 것, 15=가장 중요하지 않은 것).

_____ 비폭력적으로 행동하기

_____ 교회 가기/종교 활동하기

_____ 운동이나 음악을 잘하는 것

_____ 친구들과 시간 보내기

_____ 나의 평판

_____ 무리의 일원이 되기

_____ 내가 하고 싶은 것에 대한 자유를 갖기

_____ 마약과 술에서 멀리하기

_____ 인종 평등

_____ 돈

_____ 양성 평등

_____ 학교에서 잘 생활하기

_____ 인기 있는 사람 되기

_____ 부모님과의 관계

_____ 여자 친구 혹은 남자 친구가 있는 것

자기발달 3

나는 무적이야

발달의 관점

청소년들은 자신이 독특하다고 생각하며 자기중심적인 사고를 갖고 있습니다. 이러한 점은 부정적인 결과를 낳습니다. 특히 그들은 자신이 특별하다고 생각하기 때문에 나쁜 일들은 자신이 아닌 다른 사람에게만 생긴다고 믿습니다. 다시 말해, 마약이나 술을 하면서 그것에 중독되지 않을 거라 생각하고, 성생활을 하면서 임신을 하지 않을 것이라 믿습니다. 그들의 발달에 있어서 중요한 측면은 이렇게 무적이 된 것 같은 감정을 극복하는 것을 도움으로써 자신을 현실적으로 볼 수 있도록 해 주는 것입니다.

목표

▷ 자신은 무적이 아니라는 것을 깨닫도록 하기
▷ 자신은 무적이라는 믿음을 가진 것에 대한 결과 파악하기

준비물

▷ 각 학생에게 제공할 '나는 무적이야-이야기'(활동지 3)

진행 절차

1. '발달의 관점' 항목에서 언급되었던 개념을 짧게 설명하면서 활동을 시작합니다. 학생들에게 무적이 된 것 같은 기분과 관련 있는 행동들이 무엇이 있는지 그 예를 나누도록 합니다.

2. '나는 무적이야-이야기'(활동지 3)를 각 학생에게 나누어 주고, 이 이야기는 술을 마시는 19세 학생에 대한 것이라고 설명해 줍니다. 학생들에게 이야기를 읽도록 시간을 준 뒤, 이후 감상을 파트너와 나누도록 합니다.

3. 내용 질문과 개인 질문에 대해 토론합니다.

토론

내용 질문

1. 이야기 속에 나온 청소년이 많은 양의 술을 마시기 전에 어떤 일이 일어날지 알고 있었을 거라고 생각하나요? 그녀의 친구들은 어떤 일이 일어나고 있는지 알고 있었다고 생각하나요?

2. 비슷한 경험을 했던 청소년들을 아나요? 만약 그렇다면, 그 경험이 그들에게 어떤 영향을 미쳤나요?

3. 이야기 속 청소년에게 따르는 장기적인 결과는 무엇인가요?

4. 청소년들이 그들 자신을 무적이라고 생각하기 때문에 어떤 결과가 항상 따라올 수 있다고 생각하나요?

개인 질문

1. 나쁜 상황이 자신에게는 일어나지 않고 다른 사람에게만 일어날 것 같다고 생각했던 적이 있나요? (경험을 공유합니다.)

2. 자신에게 생길 수 있는 경우들을 생각해 본 적이 있나요? 아니면 자신이 무적이라고 생각하기 때문에 그냥 무시해 버렸나요?

3. 이번 수업을 통해 미래에 자신의 행동에 영향을 줄 수 있는 것을 배웠나요?

후속 활동

몇몇 선배 학생들을 그룹 토의에 초대하여, 큰 그림을 보는 것과 자신은 나쁜 일로부터 안전하다고 여기지 않는 것의 중요성에 대해 함께 이야기 나누도록 합니다.

나는 무적이야

16세

중학교 2학년 때까지 나는 평범한 아이였다. 좋은 친구들이 있었고, 성적도 좋았고, 부모님과의 사이도 좋았다. 그러나 2학년 말, 제일 친한 친구가 이사를 가서 나는 다른 친구들과 어울리기 시작했다. 새로운 그룹의 친구들은 내가 어울리던 친구들과 정말 달랐고, 그들은 술을 마시기도 하였다. 내가 정확히 몇 살 때 술을 마시기 시작했는지 기억나지는 않지만, 열다섯 살 때 처음으로 취했던 것은 기억난다. 그 이후 거의 매주 주기적으로 술을 마셨다.

3학년 2학기 때 성적이 매우 떨어졌다. 수업과 동아리 활동들에서 쫓겨났고 학교에서 문제가 많았다. 우리 부모님은 굉장히 엄격하셨기 때문에 많이 혼이 났다. 그들은 항상 나한테 잔소리를 했다. 그렇지만 난 멈추기는커녕 술을 더 많이 마시기 시작했고 3학년이 지난 여름에도 술을 많이 마셨다. 친구들과 어울리며 지루해질 때마다 술을 마셔 댔고, 나이가 많은 친구들과 어울리면 술을 구하기도 쉬웠다. 정말 가끔 술을 거부하기도 했지만 술을 마시면 재미있었고 취하면 아무것도 걱정할 필요가 없었기 때문에 대부분은 거절하지 않았다.

고등학교 1학년 때도 술을 계속 마셨지만 내 주량의 수위는 점점 높아져서 더 많은 술을 마시게 되었다. 그때 난 담배를 시작했다. 당시에는 조금만 피웠고 중독되지 않았다. 성적은 정말 나빠졌고 학교와 집에서 계속 문제를 일으켰다. 부모님은 내가 술을 마시는 것을 알게 되었지만, 난 멈출 생각을 하지 않았다. 친구들이 다 하니까 그럴 수 있다고 생각했다. 사람들은 내가 선배들보다 술을 더 잘 마시는 것에 대해 멋있다고 생각했다. 최소 8병의 맥주를 연속으로 마셔도 아주 살짝만 취했다. 술이 늘기 시작하면서 나는 점점 더 많은 술을 마시게 됐다.

부모님은 결국 나를 알코올 재활 프로그램에 한 달 동안 참여하게 했지만 나한테 아무런 도움이 되지 않았다. 나에게 문제가 있다고 생각하지 않았기 때문에 그곳에 있고 싶지 않았다. 부모님은 내가 치료가 쓸데없다고 생각한 것에 대해 화가 나셨고 남은 학기 동안 외출을 못하게 했다.

고등학교 1학년을 마치고 2주 후에 드디어 외출을 할 수 있었다. 오후에 친구의 집에 갔다. 마땅히 할 게 없어서 우리는 술을 마시기 시작했다. 마지막으로 기억이 나는 것은 독주를 마시고 누운 거였는데 그 이후 난 병원에서 깨어났다. 너무 많이 마셔 버린 것이다. 친구의 집에 간 이후 어떤 일이 일어났는지 기억이 잘 안 난다. 그저 우리는 모두 취했었고, 친구들이 정신을 잃으면서 토한 것이 생각난다. 그 남자 친구들 중 한 명이 나를 깨웠지만 난 깨어나지 못했고 그는 구급차를 불렀다.

병원으로 향하는 동안 나는 거의 죽을 뻔했고 심지어 급히 다른 병원으로까지 호송되었다. 일주일간 입원을 하였고, 부모님은 내가 소문들을 피하고 그 친구들과 멀리할 수 있도록 나와 긴 휴가를 보내셨다. 여름 방학 내내 너무 부끄러워서 집을 나가지 않았다. 친구들은 결국 나를 무시하기

나는 무적이야

시작했다.

학기가 시작되고 학교로 돌아갔지만 매우 끔찍했다. 너무 창피했다. 난 아주 작은 마을에 살았기 때문에 모두가 내게 일어난 일을 알고 있었다. 사람들은 날 무시하기 시작했다. 모두가 나에 대해 이야기한다고 생각했다. 실제로는 그렇지 않지만, 최소한 내가 생각하기에는 그랬다. 잠시 성적이 올라갔지만 깊은 우울감을 느꼈다. 내 인생이 없었다. 부모님은 내가 다시 술에 취하고 정신을 잃을까 봐 두려워하셔서 나를 어디에도 못 가게 하셨다.

2학기가 시작되자마자 나는 자퇴를 했다. 더 이상 버틸 수 없었다. 사람들은 항상 나에 대해 이야기를 했고 심지어 선생님들도 마찬가지였다. 점점 더 우울해졌다. 우울증으로 일주일간 입원을 하였지만 아무 소용이 없었다. 그래서 다른 병원을 갔지만 상황은 더 악화되었다. 그 후, 부모님은 나를 약물 재활센터에 보내셨다. 거긴 다른 병원들보다 좋았고 내 주량에 대해 배울 수 있었다. 그러나 난 여전히 내가 술을 마시는 것에 대한 문제가 있다는 것을 받아들이기 쉽지 않았다. 프로그램을 잘 따르지 못해서인지 그들은 날 집으로 보냈다.

난 여전히 우울했고, 자살하고 싶었고, 그래서 불안했다. 동네 사람들을 마주치는 것이 두려웠다. 나에 대해 수군거리고, 날 싫어한다는 것을 알았기 때문에 아주 가끔만 외출했다. 상황은 더 악화되었고 결국 다시 한 달간 병원에 입원하였다. 약을 바꾸었지만 큰 도움은 되지 않았다.

퇴원 이후, 집에 몇 달간 머물렀지만 여전히 우울했고 내가 왜 아직까지 살아 있을까 이해할 수 없었다. 부모님은 날 다른 병원으로 보냈지만 많은 약을 복용하다 보니 내 혈압은 위험할 정도로 낮아졌다. 부모님은 의사들에게 너무 화가 났고 결국 나를 다른 병원으로 보내셨다. 아무도 날 도울 수 없었기 때문에 병원 가는 것에 싫증을 느꼈다. 얼마나 가기 싫었는지 엄마가 잠시 음식을 사러 갈 때 차에서 뛰쳐나와 도망갔다. 하지만 어디를 가야 하는지, 무엇을 해야 하는지 모른다는 것을 깨닫고 다시 엄마에게 돌아가서 새로운 병원에 찾아갔다. 병원에서는 내가 복용하는 약들을 중단시켰고 드디어 좀 좋아지는 느낌이 들었다.

이 모든 기간 동안 난 매우 화나 있었고, 반항적이고, 우울했고, 불안했다. 강박장애가 생겨서 사람들이 나를 싫어하지 않는다는 확신을 갖기 위해 끊임없이 부모님을 필요로 했다. 혼자서는 제기능을 잘할 수 없기 때문에 부모님께 정말 많은 의존을 했고 그것이 싫었다. 내 인생이 없었다. 나는 부모님과 함께 24시간 동안 집에 있었다. 가끔 친구 한 명과 친구의 남자 친구가 집에 놀러 오거나 전화하곤 했지만, 그 외에는 아무도 나에게 관심을 기울이지 않았다. 나는 사람들이 말하는 것이 너무 신경 쓰여서 어디론가 가는 것이 두려웠다.

나는 무적이야

새로운 약이 마침내 효과를 보였고 상담도 시작하였다. 천천히 더 좋아지기 시작하면서 다시 나가고 싶은 생각이 조금씩 들었다. 검정고시 공부를 시작하였고 모든 과정을 통과하였다. 그래서 고등학교를 졸업할 수 있었다. 나는 지역 대학에 등록하였고, 이번 해부터 수업을 듣기 시작했다. 그리고 조금씩 집에서 나가기 시작했고 전보다 불안함을 덜 느꼈다. 지금은 많이 좋아졌지만, 지난 2년간은 지옥이었다. 평범한 고등학교 생활을 보낼 수 없었다.

후회가 많이 남는다. 학교에 다니고 싶었지만 내가 한 일들 때문에 그럴 수 없었다. 술 마시고 정신을 잃은 날을 지우고 싶지만 그럴 수 없다는 걸 안다. 난 내 인생을 오랜 기간 동안 망가트렸고 다른 아이들이 보기에는 정상적이지 않은 삶이었다. 부모님은 여전히 나를 믿지 않으시기에 통금 시간도 있고 항상 모든 것을 허락받아야 한다. 때때로 독립을 하고 싶지만 난 취업을 할 수 없고, 그러면 돈도 벌 수 없다. 여전히 날 피하는 사람들이 있다. 여전히 친구들이 많지 않다.

내가 마신 많은 양의 알코올 때문에 위가 망가졌고 소화하는 데 어려움을 느끼고 있다. 또한 장기 기억 상실증을 갖게 되어서 공부하는 것에 어려움을 느끼고 있다. 의사들이 나의 뇌에 얼마나 큰 손상이 있었는지 확신하지 못하지만, 8시간 동안 코마 상태에 빠졌는데 손상이 없는 것은 불가피하다고 말해 주었다. 내가 술을 마시기 시작했을 때 아무 생각 없이 마셨고, 내게 나쁜 일이 일어날 거라는 상상조차도 못했다. 그냥 즐겨 마셨다.

그러나 나쁜 일이 일어나고 말았고, 만약 친구의 남자 친구가 나를 발견하지 못했다면 나는 죽었을 것이다. 그리고 가끔, 삶이 전과 너무 달라졌기 때문에 차라리 거기서 죽었으면 좋았을 거라는 생각도 한다. 그렇지만 이미 일어난 일을 바꿀 수는 없다. 만약 다른 사람들이 술을 마시기로 결정한다면 좀 더 책임감 있게 무슨 일이 일어날지 생각하고 마시라고 말하고 싶다.

―제시카, 19세

그건 나에게 어떤 의미일까?

자기 발달 4

🧑‍🏫 발달의 관점

이 발달 단계에서 청소년들은 좀 더 추상적으로 생각하기 시작합니다. 그러나 이러한 사고 능력이 발달하는 속도는 매우 다양하며, 많은 청소년들은 여전히 피드백, 비판 혹은 실패에 대해 개인적인 것으로 받아들이고, 자신이 누구인지를 자신이 무엇을 하는지와 동일시하는 경향이 있습니다. 이러한 개인화 경향성은 자아개념뿐만 아니라 정서적 안정에도 부정적인 영향을 미칠 수 있습니다.

👩‍💼 목표

▷ 한 영역에서 성과를 내는 것은 그 사람의 전체 가치를 반영하는 것이 아님을 깨닫기

👷 준비물

▷ 3명으로 구성된 각 그룹에게 제공할 '그건 나에게 어떤 의미일까?-게임판'(활동지 4)과 '게임 카드'(활동지 5)
▷ 각 학생에게 제공할 연필 한 자루

👩‍🏫 진행 절차

1. 자기 가치를 한 영역에서의 성과와 동일시하는 개념에 대해 토론하고, 이 요점을 설명하기 위해 다음과 같은 예시를 따릅니다.

차를 타고 가고 있다. 차는 연식이 오래된 차이지만 아직도 쓸 만하다. 그런데 갑자기 타이어가 바람이 빠지게 된다. 그렇다면, 이 바람 빠진 타이어 때문에 차를 버릴 것인가, 또는 그저 타이어의 문제이기 때문에 이 차는 여전히 쓸 만하다고 생각할 것인가?

대부분의 사람들은 차가 여전히 쓸 만하다고 생각하며, 그저 바람 빠진 타이어만 수리하면 될 거라고 생각할 것이다. 사람 또한 마찬가지다. 예를 들어, 누군가가 시

험을 잘 못 봤다고 해서 그 사람이 멍청하다는 의미는 아니다. 혹은 누군가가 축구 게임을 한 번 잘 못했다고 해서 그가 나쁜 축구선수라는 의미는 아니다. 한 번 겪었 던 경험을 자기 가치와 동일시하는 행동으로 자기 자신을 지속적으로 비하하는 행 동을 할 때, 쉽게 포기하게 되고 자신이 하는 그 어떠한 것도 의미 없다고 생각하기 쉬워진다. 이러한 일이 반복해서 발생한다면 자기 자신을 비하하기 더 쉬워질 것 이다.

2. 학생들을 3명씩 한 그룹으로 나누고, 각 그룹에 '그건 나에게 어떤 의미일까?'–게임판'(활동지 4)과 '게임 카드'(활동지 5)를 나누어 줍니다.
3. 게임을 하기에 충분한 시간을 주고, 내용 질문과 개인 질문에 대해 토론합니다.

토론

내용 질문

1. 어떤 반응이 자기 가치와 성과를 동일시하지 않았는지 찾기가 어려웠나요?
2. 스스로를 나쁜 사람이라고 생각하게 할 만큼 피드백, 비판 혹은 좋지 않은 성과 를 너무 개인에게 빗대어 받아들이는 것의 위험성은 무엇이라고 생각하나요?

개인 질문

1. 자기 가치와 자신의 성과를 동일시해 본 적이 있나요? 그렇다면, 그것이 좋은 영 향을 미쳤나요?
2. 자기 가치와 성과를 동일시하는 경향을 가졌다면, 그것을 바꾸고 싶나요? 그렇 다면, 이 패턴을 바꾸기 위해서는 무엇을 할 수 있다고 생각하나요?
3. 이 수업을 통해 자신에게 도움이 될 만한 어떤 것을 배웠나요?

후속 활동

학생들을 소그룹으로 나누어, 활동에서 주어진 예와 비슷하게 그들 자신의 이야기 와 상황, 그리고 사고방식에 대해 이야기하도록 합니다. 그리고 이러한 새로운 예 를 사용하여 다시 게임을 하도록 합니다.

그건 나에게 어떤 의미일까?

지시사항: 3인 1조로 함께 활동합니다. 그룹에서 한 사람은 점수 기록자가 됩니다. 점수 기록자는 게임을 하지 않고 각 질문에 대한 정확한 답을 확인해 줍니다. 나머지 두 사람은 교대로 카드를 꺼내, 어느 분야나 시점에서의 성과를 인간으로서의 가치와 동일시하지 않는 응답을 찾도록 합니다. 한 사람이 응답(A 또는 B)을 말하면, 점수 기록자는 답이 맞는지 확인합니다. 만약 정답이 맞다면, 그 사람은 × 또는 ○를 선택하여 게임판에 빙고게임처럼 표시합니다. 한 줄(가로, 세로, 대각선)을 먼저 채운 사람이 승리합니다.

그건 나에게 어떤 의미일까?

지도자 유의사항: 다음을 각각 자른 후, 3명으로 구성된 각 그룹에게 한 세트씩 나누어 줍니다. 정답 부분은 점수 기록자에게 줍니다.

1. 과학 시험지를 받았습니다. 항상 98점에서 100점을 받았지만, 이번에는 92점을 받았습니다. 이때 당신의 생각은:
   A. 나는 멍청이야. 내가 놓친 문제는 쉬운 문제였어. 이 수업에서 난 B를 받게 될 거야.
   B. 더 잘 받기를 바랐는데. 내가 틀린 문제는 꽤나 간단했네. 다음에 더 잘해서 점수를 올려야지.

2. 내일, 발표를 앞두고 있습니다.
   이때 당신의 생각은:
   A. 긴장되네. 발표하는 거 정말 싫어. 모두가 날 쳐다보는 것 같아.
   B. 발표하는 거 정말 싫어. 난 망할 거야. 그리고 발표를 잘 해내지 못한다면 모두가 날 비웃을 거고, 내가 멍청이라고 생각할 거야.

3. 당신은 농구부의 리드 3점 슈터입니다. 어젯밤 경기에서 몸이 제대로 풀리지 않아, 한 개의 3점 슛을 제외하고 모든 득점에 실패하였습니다. 이때 당신의 생각은:
   A. 우리 팀은 나 때문에 졌어. 나는 최악의 선수야.
   B. 어젯밤은 좋지 않았지만, 근데 그게 내가 못하는 선수라는 것을 의미하지는 않지.

4. 학교 연극에서 주연을 맡았습니다. 개막 날, 대사 몇 개를 까먹었습니다. 이때 당신의 생각은:
   A. 난 왜 이렇게 바보 같지? 사람들 앞에서 바보처럼 보이고 말았어. 난 최악의 배우이기 때문에 앞으로 주연을 맡지 못할 거야.
   B. 어떻게 대사를 까먹을 수 있지? 전날까지만 해도 다 알고 있었는데. 하지만 다른 배우들도 나처럼 실수했을 수도 있어. 다른 주연을 맡을 때 영향이 없었으면 좋겠다.

5. 초대되지 못한 파티에 대해서 듣게 되었습니다.
   이때 당신의 생각은:
   A. 왜 나를 초대하지 않았는지 궁금하네. 그렇지만 모두가 날 좋아하길 기대할 수는 없지.
   B. 그들은 날 싫어해. 내가 뭔가 그들이 싫어하는 짓을 했을 거야. 난 왜 이렇게 찐따 같지?

6. 여름 동안 할 수 있는 아르바이트에 지원했지만 뽑히지 않았습니다. 이때 당신의 생각은:
   A. 내가 책임감이 없을 것 같아서 날 뽑지 않았나 봐. 난 잘하는 게 없어.
   B. 일을 구했으면 좋았을 텐데. 그렇지만 그게 내가 무엇을 제대로 못하거나, 책임감이 없다는 걸 의미하지는 않아.

그건 나에게 어떤 의미일까?

7. 성적에서 F 하나를 받았습니다. 다른 성적들은 B 혹은 C입니다. 이때 당신의 생각은:

A. F 하나를 받았다고 해서, 그게 내가 멍청하다거나 잘하는 게 없다는 건 아니야.

B. 난 멍청이야. 다음 학년에 진급하지 못할 거야.

---

8. 오케스트라의 첫 열에 앉는 연주자로 뽑히지 않았습니다. 이때 당신의 생각은:

A. 나는 최악의 비올라 연주자야. 모든 연습은 쓸모없었어. 그만둬야겠어.

B. 첫 열에서 연주했으면 좋았을 텐데. 그렇지만 그게 내가 최악의 연주자라는 뜻은 아니지. 조금 더 열심히 연습해서 두 번째 열에서 차차 올라가야지.

---

9. 남자 친구 혹은 여자 친구가 당신을 차고, 다른 사람과 사귀기 시작했습니다. 이때 당신의 생각은:

A. 도대체 무슨 일인지 이해가 안 가네. 내 잘못이 아니었으면 좋겠어. 그렇지만 이게 내가 못난 사람이라거나, 다른 사람과 더 이상 사귈 수 없다는 뜻은 아니지.

B. 난 못생겼고, 멍청하고, 못났어. 앞으로 아무도 나와 사귀고 싶어 하지 않을 거야.

10. 어젯밤 통금 시간보다 몇 시간 늦게 집에 들어왔습니다. 아버지는 당신이 어디에 있었는지 전혀 몰랐습니다. 집에 도착하자 아버지는 안심하였지만 차 사고를 당했을지도 모른다는 생각이 들어 걱정했다고 말씀하셨습니다. 이때 당신의 생각은:

A. 나는 정말 무책임해. 항상 모든 일을 망쳐. 아버지가 이렇게 걱정하고 있는지 몰랐어. 왜 난 우리 형처럼 완벽하지 못할까?

B. 아버지가 걱정하지 않으시도록 앞으로 시간에 좀 더 신경 쓰고 전화도 자주 하면 될 거야. 다른 면에서는 책임감이 있으니, 이게 내가 못난 사람이라는 뜻은 아니야.

정답

1. B	6. B
2. A	7. A
3. B	8. B
4. B	9. A
5. A	10. B

정서
발달
1

'동의'에서 '논쟁'까지

16세

🧑‍🔧 발달의 관점

청소년들은 사이좋게 지내다가 고작 몇 분 만에 갑자기 논쟁을 할 수 있습니다. 이런 갑작스러운 기분의 전환은 청소년뿐만 아니라, 부모 혹은 교사에게도 혼란을 줍니다. 청소년들이 이러한 감정과 행동의 변화를 경험하는 것은 정상적이지만, 그들이 문제를 넓은 관점으로 보는 법을 배우도록 돕고, '동의'에서 '논쟁'까지 두 극단의 연속체를 따라 여러 가지 포인트가 있다는 점을 이해하도록 돕는 것도 중요합니다.

🧑‍🔧 목표

▷ 감정의 연속체에 대한 개념 이해하기

▷ 생각을 바꿈으로써 감정을 어떻게 바꿀 수 있는지 이해하기

🧑‍🔧 준비물

▷ 칠판

▷ 3~4명으로 구성된 각 그룹에게 제공할 "'동의'에서 '논쟁'까지-토론"(활동지 6)

▷ 종이와 연필

🧑‍🔧 진행 절차

1. 활동을 시작하기 위해 먼저 칠판에 수평선을 그립니다. 그리고 한쪽 끝에 '동의'를 적고, 다른 한쪽 끝에는 '논쟁'을 적습니다. '감정의 연속체' 개념에 대해 설명합니다. 이 연속체의 범주 안에는 많은 감정이 있지만 청소년들은 흔히 극단의 감정만을 보게 된다는 점을 강조합니다. 연속체에 있는 다양한 감정들을 이해하는 것이 한 사람의 감정, 생각 그리고 행동을 관리하는 데 도움을 줄 수 있다는 사실에 대해 토론합니다.

2. 각 학생들에게 종이와 연필을 꺼내서 감정을 나타내는 열 가지 단어를 브레인스

45

토밍하도록 합니다. 그리고 한 페이지에 4개의 수평선을 그리도록 합니다. 다음으로, 각각의 학생들에게 찾아낸 단어 중에서 서로 상반되는 단어 네 쌍을 생각해 보라고 합니다(한 줄에 한 쌍씩). 그리고 수평선의 양 끝에 각 극단의 단어를 쓰게 합니다(예: 상쾌한/불쾌한, 신이 난/우울한).

3. 학생들로 하여금 양 끝에 적힌 단어들 사이에 표시할 수 있는 4개의 단어를 떠올리고 적절한 곳에 그 단어들을 쓰도록 합니다.

4. 학생들이 서너 명씩 그룹을 만들어 연속체를 공유하게 합니다. 공유할 짧은 시간을 준 후, ''동의'에서 '논쟁'까지—토론'(활동지 6)을 나누어 줍니다. 학생들에게 활동지를 읽게 하고 소그룹으로 활동지를 하게 합니다.

5. 내용 질문과 개인 질문에 대해 토론합니다.

🧑‍🏫 토론

내용 질문

1. 감정의 연속체에서, 양 끝 사이에 표시할 다양한 지점들을 떠올리는 것이 어려웠나요? 다른 단어들보다 표시하기 유독 어려웠던 단어가 있었나요?

2. 만약 극단적인 감정을 경험한다면, 어떻게 생각을 바꿔서 감정의 연속체의 중간 지점으로 갈 수 있을까요?

개인 질문

1. 감정의 연속체에서, 양극단적인 지점을 이동했던 적이 있었나요? 그렇다면, 어떻게 할 수 있었나요?

2. 생각을 바꾸면서 감정을 바꾸는 것이 어떻게 도움이 될 거라고 생각하나요?

3. 이번 활동으로 극단적인 감정들을 조금 더 효과적으로 관리하는 방법에 대해 배울 수 있었다고 생각하나요?

🧑‍💻 후속 활동

각 학생들에게 하루 동안 자신의 극단적인 감정들을 파악하고 연속체를 따라 그 사이에 표시할 수 있는 감정들을 파악하도록 합니다. 학생들이 자신의 감정을 바꿀 수 있는지 보기 위해 자신의 생각을 바꾸는 연습을 하게 합니다.

'동의'에서 '논쟁'까지

지시사항: 다음의 정보 글을 읽고 끝부분의 연습 활동을 해 보세요.

감정을 느낄 수 있는 방법은 다양하다. 그러나 때로는 극도로 상반되는 두 가지 감정만 존재하는 것 같다. 예를 들어, 이런 일을 겪어 본 적이 있는가? 어느 날, 거실에 앉아서 부모님과 함께 기분 좋게 텔레비전을 보고 있는데 잠시 후 누군가가 당신에게 조금 짜증 나는 말을 해서 갑자기 논쟁을 벌이게 된다. 이는 청소년기에 나타나는 전형적인 상황이지만 매우 혼란스러울 수 있다. 아니면, 이런 경험을 해 본 적이 있는가? 꽤 행복하다고 느끼고 근심 걱정이 없었는데, 갑자기 무언가에 대해 거의 공황 상태에 빠져 있는 자신을 발견하게 된다. 때로는 이런 극단적인 감정들이 기분을 안 좋게 하지만 이를 어찌할 수 있겠는가? 당신이 할 수 있는 한 가지는 생각과 감정 사이의 연관성을 이해하는 것이다. 이것은 청소년기에는 어려울 수 있다. 왜냐하면 감정이 급격하게 변화하고, 이를 통제할 수 없는 것처럼 느껴지기 때문이다. 하지만 조금 어려울지라도 생각을 바꾸는 것은 감정을 바꾸는 데 도움을 줄 수 있다.

예를 들어 보자. 백화점 음반가게의 문 앞에 서 있는데, 한 여자가 당신을 거칠게 밀어내며 지나간다. 어떠한 기분이 들겠는가? 대부분의 사람들은 처음에는 여자의 행동이 무례하고 밀칠 필요가 없었다며 짜증이 날 수도 있다. 그러나 여자의 아들이 차에 치여서 그 여자가 주차장으로 뛰어가는 상황이었다고 가정해 보자. 그래도 짜증이 날까? 아마 아닐 것이다. 당신은 새로운 정보를 바탕으로 생각을 바꾸었고, 그 결과로 감정이 바뀌었다.

우리는 너무 자주 결론을 성급히 내리고 상황을 가정하며 그것으로 인해 특정한 감정을 경험한다. 우리가 나쁘거나 부정적인 것을 가정한다면 우리는 더 부정적으로 느낀다. 그리고 긍정적이거나 좋은 것을 가정한다면 우리는 더 긍정적으로 느낀다. 당연히 긍정적인 감정은 우리에게 문제를 일으키지 않는다. 부정적인 감정들이 문제를 일으킨다.

활동지 6

'동의'에서 '논쟁'까지

생각과 감정을 바꾸는 과정은 다음과 같다.

▶ 먼저, 상황에 대해 생각해 보는데 이때 아마 어떤 감정을 느낄 것이다. 다음의 예시처럼 상황과 감정을 생각해 보자.

친구가 이번 주에 집에서 하룻밤 자고 가라며 당신을 초대할 거라고 말했다. 하지만 며칠 뒤 친구가 갑자기 안 된다고 했다.

당신이 드는 감정은 _____.

▶ 다음으로, 이 사건에 대해 무엇을 생각하고 있는지 알아보자. 만약 화가 났거나 속이 상하다면, '그 친구는 더 이상 나를 좋아하지 않고, 아마 다른 사람을 초대했을 거야. 그 애는 더 이상 내 친구가 되고 싶어 하지 않아.'라고 생각했을 것이다. 반면에, 화가 나고 속이 상하는 대신 단지 실망했다면, '내가 하룻밤 놀러 갈 수 없다고 해서 우리가 반드시 친구가 아니라는 것을 의미하거나 그 애가 다른 사람을 초대했다는 것을 의미하지는 않아. 어쩌면 부모님이 아무도 데려오지 못하게 했을지도 모르고, 아마도 그 애가 나를 좋아하지 않는다는 뜻은 아닐 거야.'라고 생각했을 수도 있다.

혹시 차이점이 보이는가? 기분이 언짢을 때는 최악의 상황을 가정하고 있었고, 덜 언짢을 때는 상황에 대해 의미를 부여하지 않고 있었다. 이렇게 감정을 연속체의 낮은 끝에서 높은 끝으로 올라가게 할 수 있다.

다음의 예를 가지고 무엇을 할 수 있는지 알아보자.

1. 지리 시험에서 D를 받은 마커스는 자기 자신에게 매우 화가 났다. 마커스는 무슨 생각을 하고 있었을까?

2. 마커스가 화를 줄이고 싶다면 어떤 생각을 할 수 있을까?

이제, 당신의 예를 만들어 보자. 그리고 당신의 감정을 바꿀 수 있도록 어떻게 생각을 바꿀 수 있는지 방법을 찾아보자. 연속체의 낮은 지점에서 높은 지점으로 급변하는 것이 아니라 생각을 바꾸면서 중간 지점으로 온다면 기분이 나아질 수 있다는 것을 기억하자.

감정 조절하기

발달의 관점

청소년기의 감정기복은 몸에서 나타나는 호르몬 변화 때문에 일어납니다. 청소년
들은 종종 이런 감정기복을 조절할 힘이 없다고 느끼고, 자신의 감정을 조절하지
못할 때 압도당하고 낙담하는 경우가 많습니다. 압도당하고 낙담하게 되면 좋지
않은 감정 표현이나 충동적인 행동을 쉽게 할 수 있으며, 이는 오래 지속되는 부정
적인 결과를 초래할 수 있습니다. 그래서 청소년들에게 그들의 감정을 잘 조절하
도록 가르치는 것은 매우 중요합니다.

목표

▷ 감정을 잘 조절하기 위한 효과적인 방법 알아보기
▷ 도움이 되는 방법과 도움이 되지 않는 방법 구별하기

준비물

▷ 4명으로 구성된 각 그룹에게 제공할 종이, 연필, A4용지, 마커
▷ 마스킹 테이프
▷ 각 그룹에게 제공할 '감정 조절하기-분류판'(활동지 7)과 '감정 조절하기-게임
  카드'(활동지 8)가 담긴 봉투

진행 절차

1. '발달의 관점'에 나온 내용을 토론함으로써 활동을 시작합니다. 학생들을 4명씩
   한 그룹으로 나누고, A4용지와 마커를 나누어 줍니다. 각 그룹마다 기록자를 선
   정하여 아이디어를 A4용지에 기록하도록 합니다. 학생들에게 그들의 감정을 조
   절하기 위해 무엇을 하는지 토론하도록 합니다. 토론 후 그룹끼리 아이디어를 공
   유하도록 합니다. 향후 참고를 위해 용지에 적은 목록을 게시합니다.
2. 각 그룹에게 '감정 조절하기-분류판'(활동지 7)과 '감정 조절하기-게임 카드'

봉투(활동지 8)를 줍니다. 학생들은 봉투에 든 카드를 읽고 분류판의 영역에 분류해야 한다고 설명합니다. 학생들이 활동을 완료할 시간을 준 후 내용 질문과 개인 질문에 대해 토론합니다.

🧑‍🏫 토론

내용 질문

1. 그룹원들이 감정 조절하는 방법을 생각해 내는 것을 어려워했나요? 자신의 생각이 다른 그룹원들이 제안한 것과 비슷했나요?

2. 감정 조절하기 제안들을 분류판의 어디에 둘지 결정하기가 어려웠나요? 어떤 것이 가장 쉬웠나요? 어떤 게 가장 어려웠나요? 그룹원들은 각 영역에 어떤 제안을 넣어야 하는지에 대해 동의하였나요?

3. '부정적인 결과' 영역에 올려놓은 항목들에 대해 생각해 보세요. 왜 사람들이 기분이 나아지기 위해 이런 것들을 시도한다고 생각하나요? 이것이 장기적으로 보았을 때 정말 효과적일까요?

개인 질문

1. 감정 조절을 하기 위해 이런 방법을 시도해 본 적이 있나요? 어떤 것이 가장 효과적이었나요?

2. 다음에 감정기복을 경험할 때 시도해 볼 수 있는 가장 적합한 방법으로 보이는 것은 무엇인가요?

3. 단기간에 기분을 더 좋게 하려고 노력했지만, 결국에는 부정적인 결과를 경험해 본 적이 있나요? (예시를 공유합니다.)

4. 단기간에 기분이 더 좋아지는 데 도움이 된다고 생각하더라도 결국에는 부정적인 결과를 초래할 수 있는 것들을 피하기 위해 무엇을 할 수 있을까요?

5. 이 활동에서 배운 정보를 바탕으로 앞으로 생각해 볼 것은 무엇일까요?

🧑‍🏫 후속 활동

며칠이 지난 후에 학생들이 어떤 방법을 시도하고 있고, 어떤 방법이 그들에게 가장 적합한지 알아보기 위해 토론 시간을 갖도록 합니다.

감정 조절하기

지시사항: 봉투에 들어 있는 카드를 읽고, 이 분류판에 있는 다섯 단계로 분류해 보세요.

매우 도움이 됨
어느 정도 도움이 됨
전혀 도움이 되지 않음
도움이 되지 않음 / 부정적인 결과를 낳음
도움이 될 수도 있고 안 될 수도 있음

감정 조절하기

지도자 유의사항: 다음을 각각 자른 후 봉투에 담아 각 그룹에 나누어 줍니다.

음악을 크게 틀어 놓고 듣기	안정제와 같은 약 복용하기
시 쓰기	추측하지 않고 화를 내지 않도록 생각을 바꾸기
화난 사람들에게 편지 쓰기	자살 시도하기
조깅, 농구, 산책 등의 운동하기	자해하기
그만 먹기	다른 사람 탓하기
폭식하기(계속 먹기만 하기)	회피하기
누군가를 꾸짖기	술에 취하기
베개 같은 것을 때리기	부모님에게 말하기
문이나 벽을 주먹으로 치기	선생님 혹은 상담사에게 말하기
TV를 보거나 독서를 하며 생각 전환시키기	친구에게 말하기

정서 발달 3

감정 롤러코스터

발달의 관점

초기 청소년기를 특징짓는 감정기복이 이 발달 단계에서는 일반적으로 덜 만연하지만, 중기 청소년기가 언제 사춘기에 접어들었는지에 따라 감정기복이 나타나는 정도가 달라집니다. 그러므로 16세, 17세 청소년들이 이런 감정의 기복을 겪는 것은 전혀 드문 일이 아닙니다.

목표

▷ 청소년기를 특징짓는 감정기복에 대해 이해하기

준비물

▷ 각 학생에게 제공할 '감정 롤러코스터―이야기'(활동지 9)와 연필, 종이

진행 절차

1. 학생들이 롤러코스터라는 용어에 대해 떠오르는 단어들을 빠르게 브레인스토밍하게 함으로써 활동을 시작합니다. 어떤 사람들은 이 발달 단계를 특징짓는 감정기복 때문에 사춘기를 롤러코스터 타는 것으로 비유한다는 사실을 간단히 이야기합니다.
2. '감정 롤러코스터―이야기'(활동지 9)를 각 학생에게 나누어 주고 읽게 합니다.
3. 학생들이 이야기를 다 읽으면 마지막에 있는 질문들에 답하라고 합니다.
4. 내용 질문과 개인 질문에 대해 토론합니다.

토론

내용 질문

1. 이야기 속의 청소년이 겪은 감정들은 무엇이었나요?
2. 어떤 것들이 그런 감정을 유발했나요?

3. 그녀가 감정을 효과적으로 조절하기 위해 어떤 방법을 시도했나요?

개인 질문

1. 이야기 속 청소년과 공감할 수 있었나요? 그렇다면, 어떤 면에서 그랬나요?

2. 이러한 감정기복을 느껴 본 적이 있었다면, 그것을 다루기 위해서 어떤 시도를 해봤나요?

👨‍💻 후속 활동

학생들에게 그들이 겪는 감정기복과 그것을 어떻게 다루는지에 대해 적도록 합니다. 소그룹으로 경험을 공유할 수 있다는 점도 제안합니다.

감정 롤러코스터

이름: _____   날짜: _____

지시사항: 이 실제 이야기를 읽고, 끝부분에 있는 질문에 답해 봅니다.

나는 열여섯 살이다. 지난 몇 달 동안 많은 감정의 기복을 겪어 왔다. 아침에 일어나 친구들을 만나러 학교에 가는 것에 설레는 기분이 들다가, 갑자기 문을 나서기도 전에 기분이 좋지 않을 때도 있다. 아마도 그 이유는 원하는 대로 머리 스타일링이 안되었거나 입은 옷이 마음에 들지 않는 것처럼 별일이 아닐 수도 있다. 그러나 대부분의 경우 나는 정확한 이유 없이 우울하다. 나를 그렇게 느끼게 하는 엄청 큰 이유는 없는 것 같다. 아, 가끔 친구와 싸우거나 엄마가 내가 하고 싶은 일을 못 하게 하면 엄마에게 화가 날 수도 있지만, 대개는 아무런 예고도 없이 그런 감정이 그냥 생긴다. 일단 학교에 도착하면 나는 그런 감정들을 떨쳐 버릴지도 모르지만, 만약 그렇지 않다면 누구와도 이야기하고 싶지 않다.

이런 일의 나쁜 점은 내가 기분이 우울할 때 겁을 먹게 된다는 것이다. 때로는 그 나쁜 감정이 영원히 사라지지 않을 것 같고, 포기하고 싶어진다. 내가 좌절할 때, 나를 더 우울하게 만드는 다른 것들을 생각하는 경향이 있다. 그러면 그것은 더 악화된다. 내가 기분이 안 좋다고 느끼다가 갑자기 정말 기분이 좋아지고 행복해질 수 있는 것이 혼란스럽다. 계속 기분이 좋았으면 좋겠다. 그러면 계속 웃을 수 있고, 친구들과 신나게 놀고, 마냥 좋기만 할 텐데.

우울할 때 가끔 시비를 걸게 된다. 아무 이유 없이 엄마한테 소리치거나 친구들한테 화풀이하기도 한다. 그러면 나중에는 그렇게 행동한 것에 대해 죄책감을 느낀다. 마지막으로 아빠랑 같이 있었을 때, 식당에서 아빠한테 화를 냈는데 사람들이 나를 보기 시작했고 너무 창피했다. 내가 정말로 그런 식으로 행동하려고 계획한 것은 아니다. 단지 나를 통제할 수 없다고 생각했다. 이런 나쁜 감정에서 벗어나는 한 가지 도움이 되는 방법은 억지로 나가서 뭔가를 하도록 하는 것이다. 많은 노력이 필요하지만, 그렇게 하면 대개 기분이 좋아진다. 그 감정에 계속 머물다 보면 나에게 도움이 되지 않는다는 것을 알고 있기 때문에, 스스로에게 집중하는 것보다 다른 것에 관여함으로써 항상 깨어 있으려고 노력한다. 물론 내가 '계속 깨어 있을 것'이라는 보장은 할 수 없지만 적어도 단기적으로는 도움이 된다. 친구들과 무언가를 하는 것도 도움이 된다. 함께 어울리는 것만으로 재미있을 수 있다.

이야기 2쪽

감정 롤러코스터

   내가 끔찍한 삶을 살고 있거나 항상 우울해한다는 뜻은 아니다. 그런 것과는 다르다. 난 꽤 정상적인 십 대 같다. 하지만 때때로 아무리 노력을 해 봐도 소용이 없고, 감정이 나를 지배해 버린다. 그리고 나뿐만 아니라 친구들 중 많은 애들도 이렇게 느낀다는 것을 알고 있다. 그저 감정기복을 느껴도 감정에 지배되지는 않도록 노력해야 할 것 같다. 이 일이 영원히 지속되지 않을 거라고 나 자신에게 계속 상기시키려고 하는데, 그게 도움이 많이 된다.

−리즈, 16세

1. 리즈의 감정이 청소년기에 흔히 일어나는 감정이라고 생각하나요?

2. 리즈는 자신이 느끼는 감정에 왜 두려움을 느낀다고 생각하나요?

3. 하고 싶지 않은 일을 억지로 하는 것이 도움이 된다고 생각하나요?

4. 이 이야기에서 나온 비슷한 감정을 느껴 본 적 있나요? 그렇다면, 어떻게 해결했나요?

활동지 9

정서 발달 4 분노는…

🧑‍🏫 발달의 관점

분노는 대부분의 청소년들이 부적절한 방법으로 표출하기도 하지만 청소년기의 아주 흔한 감정입니다. 분노를 효과적으로 다루는 방법에 대해 이해하도록 돕는 것은 그들의 정서 발달의 중요한 부분을 촉진합니다.

👩‍🏫 목표

▷ 분노에 대해 배우고 그 감정이 어디에서 오는지 깨닫기
▷ 분노를 효과적으로 다루는 방법 배우기

👷 준비물

▷ 칠판
▷ 각 학생에게 제공할 '분노는… 활동지'(활동지 10)
▷ 각 학생에게 제공할 '분노는… 시'(활동지 10)
▷ 각 학생에게 제공할 연필

👩‍🏫 진행 절차

1. '분노는… 활동지'(활동지 10)를 를 각 학생에게 나누어 주며 수업에 대해 설명합니다. 학생들에게 활동지를 읽고 각 항목에 대해 동의하는지, 아니면 동의하지 않는지 빠르게 결정하도록 합니다. 모두 결정한 후, 파트너와 답변에 대해 토론하게 하고, 그 이후에 동의한 것과 동의하지 않은 것에 대해 전체 그룹과 토론하도록 합니다.

2. '분노는…' 이라는 시(활동지 11)를 각 학생에게 나누어 줍니다. 각 학생들에게 시를 읽게 하고, 그 밑에 짧은 감상글을 쓰도록 합니다. 감상에 대해 토론하도록 합니다.

3. 새로운 파트너를 찾아서 분노를 다스릴 수 있는 효과적인 방법에 대해 함께 브레인스토밍하도록 합니다. 파트너와 함께 전체 그룹과 답변에 대해 토론하도록

57

합니다. 칠판에 그들의 답변을 기록합니다.

4. 분노는 때때로 통제할 수 없는 강력한 감정이라고 설명합니다. 만약 사람들이 강렬한 분노를 가벼운 단계로 줄일 수 있다면, 의도하지 않은 말을 하거나 부정적인 결과를 초래할 수 있는 일을 할 가능성이 줄어든다는 것을 주목하게 합니다. 학생들이 다음과 같은 관점에 대해 의견을 표현하도록 합니다.

분노는 일이 일정한 방식으로 이루어져야 한다는 기대감에서 비롯되고, 그 기대가 충족되지 않을 때 화가 난 사람은 상황이 끔찍하고 견딜 수 없다고 생각합니다. 이러한 생각들에 도전하고 일이 항상 생각대로 되는 것은 아니라는 것(그것은 보통 세상의 끝이 아니라는 것)을 인식함으로써 사람들은 종종 분노의 강도를 줄일 수 있습니다. 화를 내는 것이 도움이 되는지 물어보는 것도 유용합니다. 소리 지르고 싸우고 욕하는 것이 관계에 도움이 되나요? 아니면 상처를 주나요? 감정을 누그러뜨려서 평정을 유지하면 화를 표현하는 데 더 효과적인 방법이 있을 수 있습니다.

5. 내용 질문과 개인 질문에 대해 토론합니다.

토론

내용 질문

1. 화를 내는 것을 피할 수 있다고 생각하나요? 왜 그렇게 생각하나요?
2. 분노라는 감정이 자신을 지배할 수 있다고 생각하나요? 그렇지 않다면, 그것에서 어떻게 벗어날 수 있나요?
3. 화를 내는 것이 도움이 된다고 생각하나요? 왜 그렇게 생각하나요?

개인 질문

1. 분노는 자주 느끼는 감정인가요?
2. 분노를 가장 효과적으로 다루었던 방법으로는 무엇이 있었나요?
3. 생각을 바꿈으로써 분노 감정의 강도를 줄여 본 적이 있나요? 만약 그렇다면, 그것은 어떻게 효과적이었나요?
4. 이번 수업을 통해, 다음에 화가 날 때 적용할 수 있는 어떤 것들을 배웠나요?

후속 활동

학생들에게 자신의 분노에 대한 시를 쓰도록 합니다.

분노는…

이름: _____   날짜: _____

지시사항: 다음의 문장을 읽고, 동의하면 '동의', 동의하지 않으면 '비동의'라고 써 봅니다.

_____ 1. 분노는 내 삶을 지배할 수 있는 감정이다.

_____ 2. 화를 내는 것은 약간 흥분하는 것에서부터 격렬한 분노에 빠지는 것까지 다양할 수 있다.

_____ 3. 분노가 격렬해지면 그것을 통제하기 위해서 도움이 필요하다.

_____ 4. 나는 분노를 통제할 수 있다.

_____ 5. 분노는 청소년들에게 흔한 감정이다.

_____ 6. 분노는 내가 강하다고 느끼게 해 줄 수 있다.

_____ 7. 분노를 느끼는 것이 슬픔을 느끼는 것보다 낫다.

_____ 8. 분노는 스트레스 혹은 긴장으로 유발될 수 있다.

_____ 9. 분노를 참는 것보다 표출하는 것이 낫다.

_____ 10. 화를 내지 않도록 선택할 수 있다.

분노는…

분노는 당신 안에 있다.

지옥의 문처럼 당신을 타오르게 한다.

당신을 지배하고 차오르게 한다.

분노는 붉은색이다.

태양처럼 뜨겁고,

돈처럼 강력하다.

분노는 멈추게 만든다.

당신의 팔과 다리를 붙잡는다.

당신을 무너트린다.

분노는 밝은 빛이다.

당신이 이기려고 하는 감정싸움이다.

당신과 분노 사이에 누가 점수를 얻게 될까?

－마크, 18세

친구들과의 싸움

발달의 관점

청소년기에 친구는 계속해서 정말 중요한 역할을 합니다. 만약 그들이 '형식적 조작 사고(가설과 논리적 추론)'를 달성했다면, 관계는 더욱 성숙해질 것입니다. 하지만 많은 청소년들에게 우정은 여전히 불안정할 수 있는데, 이것은 보통 상처받은 감정을 유발하는 싸움으로 특징지을 수 있습니다. 또래는 청소년의 삶에서 매우 중요한 부분이기 때문에 그들은 우정 문제를 다루는 기술이 필요합니다.

목표

▷ 친구들끼리 싸우는 이유들에 대해 알아보기
▷ 친구들 사이의 문제를 해결하는 기술 향상하기

준비물

▷ 각 학생에게 제공할 종이와 연필
▷ 4명으로 구성된 각 그룹에게 제공할 마스킹 테이프, 마커, 여러 장의 A4용지

진행 절차

1. 각 학생에게 종이와 연필을 꺼내서 친구를 묘사하는 데 사용할 세 단어를 빠르게 나열하도록 함으로써 수업을 시작합니다. 전체 그룹과 결과를 간략하게 논의하도록 합니다. 그다음에 각 학생들에게 친구들이 다투고 싸우는 최소한 다섯 가지 이유를 나열하도록 합니다.

2. 학생들을 4명씩 한 그룹으로 나누고, 각 그룹에서 기록자를 지정하게 합니다. 각 그룹에 A4용지, 마스킹 테이프 및 마커를 나누어 줍니다. 각 그룹의 과제는 친구들이 싸우는 이유에 대한 목록을 취합하고 그룹에서 합의를 통해 세 가지 이유를 결정하는 것이라고 설명합니다. 다음으로, 각 그룹은 이러한 우정 문제를 다루기 위한 가장 좋은 방법이 무엇이라고 생각하는지 토론하고 기록자에게

종이에 여섯 가지 구체적인 제안 목록을 작성하도록 합니다.

3. 각 그룹은 나머지 그룹에게 결과를 발표할 사람을 선택하고, 발표 시간을 갖도록 합니다. 향후 참고할 수 있도록 답변을 적은 종이를 교실에 게시합니다.

4. 내용 질문과 개인 질문에 대해 토론합니다.

🧑‍🏫 토론

내용 질문

1. 친구들이 싸우는 이유에 대해 그룹에서 쉽게 합의하였나요?

2. 친구들 사이에 생기는 문제들을 해결하는 방법에 쉽게 동의하였나요? 어떤 의견이 가장 합리적이었나요?

3. 또래 사이에서 친구들과 싸우는 것은 큰 문제라고 생각하나요? 왜 그렇게 생각하나요?

개인 질문

1. 오늘 알게 된 방법들 중에 친구와 싸웠을 때 해결하기 위해 사용해 본 것들이 있나요? 만약 그렇다면 얼마나 효과적이었나요?

2. 친구들과 자주 싸우나요? 만약 그렇다면, 안 그러고 싶지 않나요? 어떻게 해야 싸움에 쏟는 시간을 줄일 수 있을까요? (친구들과 자주 싸우지 않는 학생들을 불러서, 관계를 맺을 때 어떻게 싸움을 발생시키지 않는지에 대한 비결을 들어 봅니다.)

👩‍💻 후속 활동

학생들에게 제시된 아이디어 중에서 실행할 수 있는 것 하나를 선택하도록 합니다. 그리고 얼마나 효과적이었는지 후기를 말하도록 합니다.

합리적인 관계

발달의 관점

이 발달 단계에 있는 일부 청소년들이 추상적인 사고 능력을 발달시키긴 하지만, 여전히 많은 청소년들은 그렇지 않습니다. 결과적으로, 그들은 여전히 무엇을 개념화할 때 이것 또는 저것밖에 없는 것처럼 생각하며, 문제에 대해 지나치게 일반화하거나 결론을 성급히 내리는 경향이 있습니다. 그리고 관계 문제에 직면했을 때 비합리적으로 생각하여 스스로를 화나게 하기도 합니다.

목표

▷ 합리적으로 생각하는 기술 배우기
▷ 관계 문제에서 합리적으로 생각할 수 있는 기술 적용하기

준비물

▷ 각 학생에게 제공할 종이와 연필
▷ 백지 1장, 다음과 같이 쓰인 용지
  −사실에 대해 확인하지 않고 상황을 가정하기
  −상황을 부풀려서 실제보다 큰일로 만들기
  −소통의 오류
  −마음을 닫아 버림 또는 방어적인 태도
  −충동적으로 행동하기
  −현실을 왜곡하기

진행 절차

1. 각 학생에게 친구, 부모 또는 교사와 관련된 부정적인 관계에 대해 생각해 보라고 하면서 수업을 시작합니다. 학생들에게 무기명으로 문제에 대한 간단한 설명을 쓰도록 합니다. 이 글들은 공개되지 않고 개인적인 용도로만 사용된다는

것을 설명합니다.

2. 여섯 가지 항목이 나열된 용지를 게시하고, 각 항목들이 일반적으로 관계상 어려움을 초래하는 요인의 일부임을 설명합니다. 학생들이 이 항목에 대해 가질 수 있는 질문들을 명확히 하고 목록에 추가할 다른 항목을 생각할 수 있는지 물어봅니다. 각 학생에게 그들의 개인적인 관계에서 어려움을 초래할 수 있는 이러한 (또는 다른) 요인 중 하나 혹은 그 이상을 파악하도록 합니다. 전체 그룹과 결과를 논의하도록 합니다.

3. 다음 예를 소리 내어 읽고, 조금 전 나열한 요인들 때문에 발생할 수 있는 문제를 설명합니다. 각 괄호 안의 문구를 읽을 때마다 잠시 멈추고 학생들에게 어떤 요인들을 설명하고 있는지 알아보도록 합니다.

> 크리스티는 복도를 걸어가고 있는데 테레사가 다른 여자아이와 이야기하는 것을 본다. 크리스티가 가까이 다가갈수록 테레사와 다른 여자아이는 다른 쪽으로 걸어 나가기 시작하며 그녀와 말하고 싶지 않은 것처럼 행동한다. 크리스티는 그들이 자신에 대해 이야기하고 있고, 테레사가 자신에게 어떤 이유 때문에 화가 났다고 추측한다(사실에 대해 확인하지 않고 상황을 가정하기). 크리스티는 화가 나서 방과 후에 숙제를 같이 하려고 테레사를 집으로 초대했음에도 불구하고 그냥 도서관에 가 버리고 집에 있지 않을 것이라고 마음먹는다(충동적으로 행동하기). 크리스티는 도서관에 있을 때 자신이 무시당하는 것을 더 이상 참을 수 없고, 이제 그들이 다시는 친구가 될 수 없을 거라는 내용으로 테레사에게 편지를 쓴다(상황을 부풀려서 실제보다 더 큰일로 만들기). 그리고는 다음 날 아침 그 쪽지를 테레사의 사물함에 꽂는다.

> 크리스티는 오전 내내 테레사를 무시한다. 점심 때 테레사는 크리스티에게 가서 어제 숙제를 함께해야 했었는데 왜 집에 없었는지 물어본다. 크리스티는 자신을 항상 무시하는 사람과 함께 공부하지 않을 거라고 화를 내며 말한다(상황을 부풀리고, 마음을 닫아 버림, 소통의 오류). 테레사는 크리스티가 무슨 말을 하는지 이해가 안 된다고 말한다… 하지만 그렇게 행동하고 싶다면 그건 크리스티의 선택임을 인정한다.

4. 이 상황에서 무슨 일이 일어났는지, 그리고 그 가정 때문에 문제가 어떻게 왜곡되었고, 사실과 맞지 않게 부풀려졌는지를 토의하도록 합니다. 학생들에게 그들의 관계에서도 이런 일이 일어나는지 여부를 묻고 이런 일이 일어나지 않도록

예방하는 방법에 대해 토론합니다. 다음과 같은 합리적인 제안을 백지에 적고, 괄호 안에 있는 정보를 사용하여 개념을 뒷받침합니다.

▶ 사실과 가정의 차이점을 구별한다.

(이 경우, 크리스티는 친구가 다른 여자아이와 이야기를 나누며 다른 쪽으로 걸어가기 시작하는 것을 보았고, 그 친구가 자신에게 화가 났다고 가정했다.)

▶ 사소한 문제를 크게 만들지 않는다.

(이 상황에서는 크리스티의 친구는 그날 분명히 크리스티를 무시하고 있었다. 그렇다고 평생 크리스티를 무시하겠다는 뜻은 아니었다.)

▶ 상황에 대해 너무 의미를 부여하거나 방어적인 태도 때문에 소통의 오류를 만들지 않는다.

(이 경우, 크리스티는 상황에 대해 너무 의미를 부여하여 친구가 자신을 무시하는 것은 자신과 친구가 되고 싶지 않다는 것을 의미한다고 가정했다.)

▶ 사실이라고 생각하는 것에 대해 충동적으로 행동하지 않는다.

(집에 있지 않기로 충동적으로 결정함으로써 크리스티는 상황을 더 악화시켰는지도 모른다. 테레사는 크리스티에게 집으로 초대받은 것을 바람맞았거나, 쪽지를 받기 전에는 상황을 큰 문제로 여기지 않았을지도 모른다.)

▶ 인식에 따라 행동하기 전에 현실이 무엇인지 분명히 한다.

(이 사건의 현실은 한 친구가 다른 친구를 무시했다는 것이다. 그러나 두 사람의 우정을 망치는 중요한 사건은 생각의 왜곡이었다.)

5. 내용 질문과 개인 질문에 대해 토론합니다.

🧑‍🏫 토론

내용 질문

1. 여기서 나열한 몇 가지 또는 모든 요인이 관계에서 문제를 일으킬 수 있다고 생각하나요?

2. 만약 크리스티와 테레사가 합리적인 제안들을 고려했다면 그들의 상황이 달라질 수 있을 것이라 생각하나요?

3. 이러한 문제들이 남학생과 여학생에게 똑같이 만연하다고 생각하나요? 왜 그렇게 생각하나요?

개인 질문

1. 자신 혹은 자신이 아는 누군가가 확인한 요인들로 인해 관계에서 문제를 겪은 적이 있나요? (예시를 공유합니다.)
2. 타인과의 관계에서 문제가 생겼을 때 합리적인 제안들을 고려한다면 어떻게 될 것이라고 생각하나요?

후속 활동

학생들에게 최근에 있었던 관계에서의 문제를 파악하고, 그 문제에 기여하는 요인에 따라 분석하도록 합니다. 그런 다음, 학생들이 다음에 문제가 있을 때 합리적인 제안들을 활용하도록 하고 그 제안들이 문제를 다루는 데 도움이 되었는지에 대한 짧은 보고서를 쓰도록 합니다.

사회성 발달 3 또래 압력

👷 발달의 관점

이 발달 단계에서의 청소년들은 여전히 사회적 수용을 위해 노력하고 있기 때문에 또래는 계속해서 중요한 역할을 하고 있습니다. 또래 압력은 많은 관계에서 하나의 요소이며 종종 포함과 수용에 영향을 끼칩니다.

👷 목표

▷ 또래 압력의 긍정적인 점과 부정적인 점 구별하기
▷ 또래 압력에 저항했을 때 따르는 결과 알아보기

👷 준비물

▷ 칠판
▷ 각 학생에게 제공할 종이와 연필
▷ 다음의 12개 단어 및 문구가 적힌 카드(카드당 1개)
  −술 마시기
  −담배 피우기
  −성관계하기
  −대마초/코카인 하기
  −절도
  −커닝/부정행위 하기
  −부모님께 거짓말하기
  −집에서 몰래 탈출하기
  −좋은 성적 받기
  −술에 취하지 않기
  −바른 행동하기
  −운동/음악/취미 활동 등을 하기

👩‍🏫 진행 절차

1. '또래 압력'이라는 용어를 칠판에 쓰면서 수업을 시작합니다. 이 용어가 무엇을 의미하는지에 대한 토론에 학생들을 참여시키고, 긍정적인 그리고 부정적인 또래 압력의 예를 이끌어 냅니다.

2. 학생들을 4명씩 한 그룹으로 나누고, 각 그룹에 단어 및 문구가 적힌 카드를 한두 장씩 줍니다. 각 그룹에게 카드에 표시된 활동에서 어떤 식으로 또래가 압박을 주는지에 대해 논의하도록 합니다. 그리고 카드의 뒷면에 아이디어를 쓸 기록자를 지정하도록 합니다.

3. 모든 그룹이 의견을 나눌 수 있는 시간을 갖도록 합니다. 그런 다음, 학생들이 또래 압력에 저항하기 위해 무엇을 할 수 있다고 생각하는지, 그리고 그렇게 한다면 어떤 결과가 나올지에 대한 토론에 참여하도록 합니다.

4. 학생들에게 종이와 연필을 꺼내게 합니다. 각자에게 (긍정적이든 부정적이든) 또래 압력에 대한 개인적인 예를 생각하고, 이를 간략하게 설명하도록 합니다. 또한 학생들은 그 상황에서 어떤 감정을 느꼈는지 그리고 어떻게 대처했는지 적어야 합니다(이러한 반응은 다른 사람들과 공유되지 않을 것임을 강조합니다). 마지막으로, 학생들에게 자신이 생각한 상황에서 또래 압력에 저항하거나 저항하지 않음으로써 얻는 결과들에 대해 알아보도록 합니다.

5. 내용 질문과 개인 질문에 대해 토론합니다.

👨‍🏫 토론

내용 질문

1. 또래 압력은 좋은 것이라고 생각하나요, 나쁜 것이라고 생각하나요? 또래 압력의 좋은 점이 있다면 무엇인가요?

2. 흡연, 음주, 성관계와 같은 행동에 또래 압력이 크다고 생각하나요?

3. 또래 압력을 거부하기 가장 힘든 이유는 무엇인가요?

4. 또래 압력에 저항하면 친구들을 잃게 될까 봐 두려운가요? 현실에서 정말 이런 일이 일어날까요, 아니면 그냥 가정일 뿐일까요? 그 또래가 자신과 아무것도 같이 하지 않는다고 해서 모든 사람이 그러할 것이라는 의미인가요?

5. 또래 압력에 저항하는 것은 친구 관계에서 긍정적 영향을 미치나요, 부정적 영향을 미치나요?

개인 질문

1. 또래 압력을 경험한 적이 있다면, 압박당하는 기분이 어땠나요?

2. 또래 압력을 경험하고 그것에 굴복한 적이 있다면, 굴복하기 전에 결과를 생각해 보았나요?

3. 또래 압력을 경험해 봤다면, 그것을 다룬 방법에 대해 어떤 기분이 들었나요?

후속 활동

학생들에게 또래 압력에 관한 현재 문제와 그 압력을 다루는 방법을 제안하는 답변에 대해 고민 상담 편지를 쓰도록 합니다.

친구들의 피드백

발달의 관점

청소년들의 삶에서 친구는 중요한 역할을 차지하기 때문에 친구로부터 받는 피드백은 매우 큰 영향을 미칠 수 있습니다. 안타깝게도 청소년기에는 종종 적절한 피드백을 주고받는 기술이 부족하기도 합니다.

목표

▷ 피드백을 주고받는 다양한 방법 배우기

▷ 피드백을 주고받는 기술 개발하기

준비물

▷ 각 학생에게 제공할 '친구들의 피드백−질문지'(활동지 12), '친구들의 피드백−정보 활동지'(활동지 13), '친구들의 피드백−상황들'(활동지 14)

▷ 각 학생에게 제공할 연필

진행 절차

1. 학생들에게 '피드백'이라는 단어(사람들이 행동이나 태도에 대한 정보를 주고받는 과정)를 정의하도록 하며 수업을 시작합니다. 학생들이 피드백을 받을 때 기분이 어떠하고 피드백을 줄 때 기분이 어떤지 간단한 토론에 참여하도록 유도합니다. 그리고 사람들이 피드백을 제공하는 다양한 방법들을 식별하도록 하고, 피드백을 받는 방식이 전달되는 방식에 따라 달라지는지에 대해 고려하도록 합니다.

2. '친구들의 피드백−질문지'(활동지 12)를 각 학생들에게 나누어 줍니다. 학생들에게 설문지를 작성하여 파트너와 답변을 공유하도록 합니다. 그런 다음, '친구들의 피드백−정보 활동지'(활동지 13)를 나누어 주고, 정보를 읽은 후 빈칸을 채우도록 합니다.

3. '친구들의 피드백−상황들'(활동지 14)을 각 학생에게 나누어 줍니다. 그런 다음,

학생들을 3명씩 한 그룹으로 나눕니다. 이 3명을 피드백을 주는 사람, 받는 사람, 관찰자 역할로 각각 나눕니다. 상황 1부터 시작해서 피드백을 주는 사람이 받는 사람에게 피드백을 주면서 정보 활동지(활동지 13)에서 배운 것을 연습하도록 합니다. 관찰자는 피드백을 어떻게 주고받았는지 기록하고 피드백 제공자와 수신자에게 보고하도록 합니다. 상황 2와 3을 사용하여 역할을 바꾸고 과정을 반복합니다. 3명의 그룹 구성원이 모두 각 역할을 맡은 후 피드백을 주고받은 경험에 대해 토론하고 학생들의 의견을 정보 활동지의 피드백 정보와 비교합니다.

4. 내용 질문과 개인 질문에 대해 토론합니다.

토론

내용 질문

1. 질문지를 완성하면서 자신에 대해 어떤 것을 배우게 됐나요?
2. 피드백을 받는 세 가지 방법에 대해 무엇을 배웠나요? 이 활동지에 적힌 요점들에 대해 동의하나요?
3. 피드백을 주는 방법에 대해서는 무엇을 배웠나요?

개인 질문

1. 피드백을 어떤 방식으로 받나요? 이 방식이 자신에게 어떤 식으로 작용하나요?
2. 피드백을 어떤 방식으로 주나요? 이 방식에 대해 어떻게 생각하나요?
3. 이번 수업을 통해 배운 것을 바탕으로, 피드백을 주고받는 방식에 대해 바꾸고 싶은 것이 있나요? (답변을 공유합니다.)

후속 활동

학생들을 소그룹으로 나누어 '친구들의 피드백–상황들'(활동지 14)과 유사한 추가 상황들을 만들어 내도록 합니다. 각 그룹에서 상황들을 수집한 다음, 학생들은 새로운 그룹을 만들어 피드백을 주는 사람, 피드백을 받는 사람, 관찰자를 정하도록 합니다. 상황들을 다시 분배하고 학생들이 피드백을 주고받는 연습을 하도록 합니다.

친구들의 피드백

이름: _____ 날짜: _____

지시사항: 각 항목을 읽고, 나를 가장 잘 설명하는 칸에 체크합니다. 파트너와 함께 답변에 대해 토론합니다.

1. 친구가 나에게 피드백을 주었을 때, 나는 그것을 진지하게 받아들이고 친구가 내가 바뀌었으면 하는 부분에 대해 바뀌려고 시도해 본다.

        그렇다 ☐   때때로 그렇다 ☐   그렇지 않다 ☐

2. 나는 친구에게 피드백을 줄 때 친구가 어떤 기분이 들지에 대해 고려하면서 조심스럽게 전달한다.

        그렇다 ☐   때때로 그렇다 ☐   그렇지 않다 ☐

3. 누군가 내게 부정적인 피드백을 주었을 때, 나는 즉시 내가 잘못했거나 내게 문제점이 있다고 받아들인다.

        그렇다 ☐   때때로 그렇다 ☐   그렇지 않다 ☐

4. 나는 피드백을 줄 때 다른 사람이 어떻게 받아들일지 전혀 상관하지 않으면서 내가 의미한 바를 정확하게 말한다.

        그렇다 ☐   때때로 그렇다 ☐   그렇지 않다 ☐

친구들의 피드백

16세

5. 부정적인 피드백을 받으면 보통 화가 난다.

그렇다 ☐　　　　　때때로 그렇다 ☐　　　　　그렇지 않다 ☐

6. 나는 주로 피드백을 주지 않는다. 내가 말한 것 때문에 친구들이 나를 안 좋아할까 봐 두렵기 때문이다.

그렇다 ☐　　　　　때때로 그렇다 ☐　　　　　그렇지 않다 ☐

7. 피드백을 받으면 주로 방어적인 태도를 보인다.

그렇다 ☐　　　　　때때로 그렇다 ☐　　　　　그렇지 않다 ☐

8. 긍정적인 피드백을 받으면 주로 무시한다.

그렇다 ☐　　　　　때때로 그렇다 ☐　　　　　그렇지 않다 ☐

친구들의 피드백

이름: _____   날짜: _____

지시사항: 각기 다른 피드백 유형을 설명한 정보를 읽은 후, 각 질문에 답변을 적어 봅니다.

사람들이 피드백을 받는 방법에는 주로 다음과 같은 세 가지가 있다.

▶첫째, 다른 사람이 말한 것을 즉시 내면화하고 그들이 말한 것을 전부 사실로 받아들인다.
▶둘째, 즉시 그것을 무시하고 피드백을 거절한다.
▶셋째, 받은 피드백에 대해 생각해 보고, 사실이라고 생각하지 않는 부분은 거절하고 가치가 있다고 생각하는 부분만 받아들인다.

 첫째 유형에는 위험이 있다. 누군가로부터 너무 둔감하다는 피드백을 받았다고 가정해 보자. 그 사람이 한 말을 즉시 그대로 받아들인다면 당신은 화가 날 것이고 자신을 비난할 것이다. 당신은 이것이 단지 한 사람의 인식이라는 것을 고려하지 않는다. 비록 그것이 사실일지라도(적어도 그 사람에게 어느 정도는) 모두가 자신에 대해 이런 식으로 생각하고 있다고 쉽게 가정할 것이고, 결국 자신에 대해 아주 낙담하게 된다.

 둘째 유형에도 위험이 있다. 이전 사례로 돌아가 보자. 둔감하다는 피드백을 받고 당신은 즉시 그것을 무시한다. 그것이 그 사람만의 의견이라고 생각하고 그 사람이 나에 대해 아무것도 모른다고 생각한다. 여기에 위험이 있다. 즉, 당신이 그 사람에게 둔감하다는 것은 사실일 수도 있으므로 해당 피드백이 타당할 수도 있다(적어도 그 사람에게는 적용될 수 있는 만큼, 적어도 어느 정도는). 피드백을 무시한다면 당신의 행동은 변하지 않는다.

 셋째 유형은 명백하게 좋은 유형이다. 어떤 피드백을 받을 때 당신은 이를 객관적으로 생각을 한다. 당신은 스스로에게 '그 사람이 나에 대해 말한 것이 사실인가?'라고 묻는다. 사실일 수도 있지만, 이때 당신이 이러한 피드백을 듣기 싫다면 행동을 바꾸도록 선택할 수 있다. 또는 그 사람의 의견이 당신에게 중요하지 않다면 그것을 무시하는 것을 선택할 수도 있다. 비록 당신이 그 사람의 피드백이 정확하다는 것을 인정할지라도, 모든 사람들이 당신에 대해 항상 이런 식으로 생각하지는 않고, 둔감하다는 이유로 좋은 사람이 아니라고 생각하지 않으며, 자기 자신을 비난하지 않는 것이 이 유형의 장점이다.

친구들의 피드백

16세

우리는 부정적인 피드백에 초점을 맞추어 왔다. 가끔 사람들은 그저 한 사람의 의견에 불과하며, 그 사람은 당신을 잘 모른다고 가정하면서 긍정적인 피드백마저 무시할 때가 있다. 이것이 바로 셋째 유형을 채택해야 하는 이유다. 무엇이 정확하다고 생각하는지 주의 깊게 검토하고, 최소한 그것을 반영할 때까지 자신을 비난하거나 피드백을 무시하지는 말아야 한다.

내가 피드백을 '받는' 유형은 어떤 유형인가? _____

_____

피드백을 전달하는 방식도 고려해야 할 아주 중요한 부분이다. 너무 직설적이어서 당신이 하는 말에 상대방이 방어적으로 되거나 화를 내지는 않는가? 당신이 말하는 것이 타당할지라도 말하는 방식은 상대방이 어떻게 받아들이는지와 큰 관련이 있다. 예를 들어, 당신이 친구에게 그가 여자 친구와의 문제에 대해 과민반응한다는 말을 하고 싶다고 가정해 보자. '너 전달법(You-message)' 으로 이렇게 말할 수 있을 것이다. "너는 여자 친구와 이런 일에 대해 너무 방어적이야. 너는 항상 여자 친구에게 과민반응을 보이는 것 같아. 그냥 좀 넘어가." 이와 반대로 '나 전달법(I-message)' 으로 말할 수도 있는데 "나는 네가 여자 친구가 하는 일에 대해 가끔 과민반응을 보이는 것 같아. 내 생각에는, 만약 그렇게 하지 않는다면 두 사람이 더 잘 지낼 것 같아."라고 하는 것이다.

두 유형의 차이점이 보이는가? 어떤 유형이 가장 효과적이라고 생각하는가? 이것이 당신이 그 사람과 어떤 우정을 가졌는지에 따라 달라지는가?

세 번째 옵션이 있다. 아무 말도 하지 않고 그냥 조용히 있는 것이다. 그러나 침묵의 위험성은, 문제에 따라 때로는 상대방과 같이 있고 싶지 않을 정도로 상대방에 대한 감정이 점점 더 부정적으로 변하여 관계를 위태롭게 할 수도 있다.

내가 피드백을 '주는' 유형은 어떤 유형인가? _____

_____

친구들의 피드백

지시사항: 피드백을 주고받는 연습을 위해 다음의 상황들을 사용합니다. 진행자가 더 자세한 설명을 해 줄 것입니다.

상황 1

친구가 몇 주간 매우 무례하고 퉁명스럽게 행동했다. 나에게뿐만 아니라 다른 친구들에게도 마찬가지였다. 나는 그 친구의 이런 행동이 그의 대인관계에 영향을 미칠 것이라고 생각하여 한마디 해 주기로 결정했다.

> 피드백을 주는 사람: 메시지를 전달한다.
> 피드백을 받는 사람: 메시지에 반응/답변한다.
> 관찰자: 피드백을 주는 사람이 어떻게 피드백을 제공했는지, 그리고 피드백을 받는 사람의 반응이 어떤 영향을 끼쳤는지 적는다. 또한 피드백을 받는 사람의 반응도 기록한다.

상황 2

몇몇 친구들에게, 내 친구 중 한 명이 질 나쁜 친구와 어울리기 시작했다는 말을 들었다. 나는 개인적으로 그 그룹과 어울리지 않고, 내 친구를 걱정하고 있다. 나는 친구에게 말을 해 주기로 결정했다.

> 피드백을 주는 사람: 메시지를 전달한다.
> 피드백을 받는 사람: 메시지에 반응/답변한다.
> 관찰자: 피드백을 주는 사람이 어떻게 피드백을 제공했는지, 그리고 피드백을 받는 사람의 반응이 어떤 영향을 끼쳤는지 적는다. 또한 피드백을 받는 사람의 반응도 기록한다.

상황 3

사물함을 같이 쓰는 짝꿍과 도저히 잘 지낼 수가 없었다. 왜냐하면 그 친구는 항상 다른 사람들을 무시하고 모든 것에 부정적으로 반응하기 때문이다. 나는 그에게 말을 해 주기로 결정했다.

> 피드백을 주는 사람: 메시지를 전달한다.
> 피드백을 받는 사람: 메시지에 반응/답변한다.
> 관찰자: 피드백을 주는 사람이 어떻게 피드백을 제공했는지, 그리고 피드백을 받는 사람의 반응이 어떤 영향을 끼쳤는지 적는다. 또한 피드백을 받는 사람의 반응도 기록한다.

인지 발달 1 | 생각, 감정, 행동

발달의 관점

성숙 정도에 따라 이 시기의 청소년들은 좀 더 추상적으로 생각하기 시작합니다. 문제를 보다 나은 관점에서 바라보고, 결과에 대해 좀 더 진지하게 생각할 수 있도록 성장합니다. 만약 청소년들이 생각, 감정 그리고 행동 간의 연관성을 잘 이해한다면 상황 및 발달적 관점에서의 스트레스를 좀 더 능숙하게 다룰 수 있을 것입니다.

목표

▷ 생각이 감정과 행동에 어떻게 영향을 미치는지 알아보기

준비물

▷ 칠판
▷ 각 학생에게 제공할 '생각, 감정, 행동–활동지'(활동지 15), 연필

진행 절차

1. 학생들에게 다음과 같은 짧은 시나리오를 읽어 주고 이 상황에서 그들이 어떻게 느낄지 설명하도록 합니다.

   어젯밤에 시험을 위해 오랫동안 공부했다. 그 과목은 쉬운 과목이 아니었다. 오늘은 시험 날이다. 그런데 선생님이 들어오시더니 시험이 내일로 연기되었다고 한다.

2. 몇 가지 감정(아마도 학생마다 다를 것인데)을 이끌어 낸 후, 학생들에게 왜 일부는 안도하고 일부는 실망할 것 같은지 물어봅니다. 이 상황에 대해, 자신이 생각하는 것이 감정에 영향을 미친다는 것을 설명합니다. 만약 잘하기를 원하고 그것이 어려운 과목이어서 더 많은 공부 시간이 필요하다고 느끼는 학생이라면 안도감을 느낄 것입니다. 만약 시험을 그냥 빨리 끝내고 싶은 학생이라면 실망할 것입니다.

77

어느 쪽도 상관하지 않는 학생이라면 이러한 무관심도 감정에 영향을 미칠 것입니다. 생각과 감정 사이의 연관성을 강조하고 학생들에게 다른 예를 공유하도록 합니다. 사람들이 부정적인 감정을 강하게 가지고 있을 때 대개 무언가가 정말 끔찍하며 참을 수 없다고 생각하거나 발생한 일이 공평하지 않고 일어나지 말았어야 했거나 그들에게 뭔가 잘못된 것이 틀림없고 나쁘거나 비난받아야 한다고 생각한다는 것을 설명합니다. 이후, 이 설명을 앞의 시나리오에 적용하도록 합니다. 만약 어떤 학생들이 불안함을 하루 더 견디지 못해 시험이 연기되는 것이 끔찍하다고 생각했다면, 시험의 연기를 그저 작은 불편함이라고 생각했을 때보다 훨씬 더 화가 날 것입니다.

3. 사람이 감정을 느끼는 방식이 그 사람의 행동에 영향을 미친다는 개념을 소개합니다. 각 학생들에게 최근에 화가 났던 일에 대해 생각해 보라고 합니다. 화가 났을 때 어떻게 행동했는지에 대한 이야기를 듣고, 칠판에 다양한 행동들을 나열하도록 합니다(예를 들어, 어떤 사람은 다른 사람들을 비난했을지도 모르고, 어떤 사람은 분노를 속에 감춰 두었을지도 모르고, 어떤 사람은 사람이나 물건을 때렸을지도 모릅니다).

4. 각 학생에게 '생각, 감정, 행동-활동지'(활동지 15)를 나누어 줍니다. 활동지를 작성하도록 요청하고, 본인을 제외한 다른 두 학생과 답변에 대해 토론하도록 합니다.

5. 토론 시간이 좀 지난 후에 학생들에게 그들이 생각하는 방식을 바꿈으로써 행동도 바꿀 수 있다는 것을 보여 줍니다. 활동지의 첫 번째 상황을 참고합니다. 만약 학생이 수석 연주자가 되지 못했다는 것에 화가 났다면 그는 상황이 불공평하다고 생각할지도 모르며, 이 경우 학생은 아마도 화가 나서 선생님께 폭언을 할 수도 있다고 설명합니다. 아니면 자신은 쓸모없다고 느끼고 우울해하며 잠시 다른 사람들을 피할 수도 있습니다. 우울한 감정과 행동을 바꾸려면 학생들은 자신에게 이렇게 물어봐야 합니다. "수석 연주자가 되지 못했기 때문에 내가 정말 쓸모없는 것일까? 선택받지 못했다고 해서 재능이 없다는 뜻은 아니잖아?" 자신에게 일련의 질문들을 한 후에 학생들은 상황에 대해 더 잘 이해할 것입니다. 비록 기분 나쁜 감정이 지속될지라도 그 학생은 자기비하감을 덜 느끼고 덜 우울해할 것입니다. 만약 선생님이 불공평하다고 생각했다면 자신에게 할 질문들은 달라질 것입니다. "선생님이 하는 일을 내가 통제할 수 있을까? 비록 내가 그것이 공평하다고 생각하지 않더라도 틀림없이 이유가 있을 거야. 모든 것이

항상 공평할 수는 없지. 그렇게 화내는 게 정말 나에게 도움이 될까?" 다시 한번 말하지만, 나쁜 감정이 남아 있을지라도 학생은 자신의 생각을 들여다본 후 화를 가라앉힐 수 있습니다. 화를 가라앉히고 침착한 상태에서 공격적인 의사소통 방식보다는 적극적인 의사소통 방식을 사용하여 선생님과 상황에 대해 논의할 수 있을 것입니다.

6. 학생들에게 그룹별로 '상황 2'와 자신의 상황에 대한 다양한 질문들을 생각하고, 이러한 질문들을 하는 것이 감정과 행동을 어떻게 변화시킬지 예측해 보도록 합니다.

7. 내용 질문과 개인 질문에 대해 토론합니다.

🎤 토론

내용 질문

1. 활동지의 사례에서 생각, 감정, 행동을 파악하는 데 어려움을 느꼈나요?

2. 생각, 감정, 행동 사이의 연관성은 무엇인가요?

3. 다른 사람들과 서로 질문하면서 무엇을 배웠나요?

   이 질문들을 함으로써 자신이 어떻게 느끼고 행동하는지에 어떤 영향을 미칠 수 있는지 알 수 있나요?

개인 질문

1. 활동지에 적은 개인의 상황들을 다시 한번 보세요. 자신의 생각, 감정, 행동을 파악하는 것이 얼마나 어려웠나요?

2. 생각을 바꾸면서 그 결과로 감정과 행동이 달라진 경험을 해 본 적이 있나요? (경험을 공유합니다.)

3. 생각, 느낌, 행동에 대해 배운 것을 삶에서 경험하고 있는 문제들에 어떻게 적용할 수 있다고 생각하나요?

🖥 후속 활동

학생들에게 다음 주 동안 최소한 한 가지 상황에 대하여 생각, 감정, 행동을 구별하도록 합니다. 그런 다음 학생들이 생각, 감정, 행동의 변화를 가질 수 있도록 돕기 위해 자기 자신에게 질문들을 하도록 합니다. 이 과정이 그들에게 어떻게 작용했는지에 대해 보고할 시간을 줍니다.

생각, 감정, 행동

이름: _____   날짜: _____

지시사항: 다음의 두 가지 상황을 읽고, 가능한 감정과 행동을 구별해 봅니다. 그런 후 일상에서의 상황을 생각해 보고 똑같이 적용해 봅니다.

상황 1

나는 고등학교 오케스트라에서 연주하고 있으며, 바이올린 수석 연주자가 되기 위해 노력해 왔다. 마지막 수업 이후 선생님은 나에게 수석 연주자가 되기에는 부족하다고 말해 주었다. 그렇지만 오케스트라는 내게 매우 중요하다.

1. 나는 어떤 생각을 하게 될까?
2. 어떤 감정을 느낄까?
3. 어떻게 행동할까? 나의 감정으로 무엇을 할까?

상황 2

나는 학교 연극에서 주연을 맡고 싶어 했지만 그러지 못했다. 내가 주연 역할에서 떨어졌다는 소식을 들은 이후, 두 명의 친구가 라커룸에서 나에 대해 이야기하는 것을 들었다. 그들은 내가 너무 확신에 차 있었기 때문에 내가 주연을 맡지 않는 것이 잘됐다는 듯이 이야기하였다.

1. 나는 어떤 생각을 하게 될까?
2. 어떤 감정을 느낄까?
3. 어떻게 행동할까? 나의 감정으로 무엇을 할까?

생각, 감정, 행동

나의 상황

_____

_____

_____

_____

1. 나는 어떤 생각을 하게 될까?

2. 어떤 감정을 느낄까?

3. 어떻게 행동할까? 나의 감정으로 무엇을 할까?

멋진 결과

 발달의 관점

청소년들은 종종 자신이 내린 결정에 따르는 결과들을 어느 정도 예상할 수 있지만, 대부분 이를 상관하지 않거나 피해 가는 방법을 알고 싶어 하기 때문에 그 결과들을 무시합니다. 안타깝게도 결정 중 일부는 장기적으로 부정적인 결과를 가져올 수 있습니다. 그렇기 때문에 청소년들이 미리 계획을 세우고 결과에 대해 진지하게 생각할 수 있도록 돕는 것은 매우 중요합니다.

목표

▷ 결정에 대해 평가하고 결과들을 구별하기
▷ 부정적인 행동을 바꾸는 방법 배우기

준비물

▷ 각 학생에게 제공할 '멋진 결과-이야기'(활동지 16)와 연필

진행 절차

1. 학생들에게 자신이나 자신이 알고 있는 다른 사람들이 내린 매우 좋았던 결정들에 대해 생각해 보라고 함으로써 수업을 시작합니다. 그리고 이와 반대로 아주 나쁜 결정들에 대해서도 생각해 보도록 합니다. 좋은 결정과 나쁜 결정이 무엇인지에 대한 토론을 유도합니다. 무엇이 좋은 결정을 만들고 나쁜 결정을 만드는지를 파악하여 장기 및 단기 결과의 관련성을 강조하도록 합니다.

2. 각 학생에게 '멋진 결과-이야기'(활동지 16)를 나누어 줍니다. 학생들에게 그 이야기를 읽고 각 결정에 밑줄을 긋도록 합니다. 다 끝냈으면 활동지 뒷면에 그 결정에 따를 수 있는 결과들을 최소한 8개씩 열거하도록 합니다.

3. 학생을 4명씩 한 그룹으로 나누고 그들이 확인한 결정들과 열거한 결과들을 공유하도록 합니다. 그리고 이야기에서 나온 청소년이 어떻게 부정적인 결과를

초래한 결정을 하게 되었는지 토론하게 합니다.

4. 내용 질문과 개인 질문에 대해 토론합니다.

🧑‍🏫 토론

내용 질문

1. 이야기 속의 청소년이 내린 결정들은 무엇이었나요?
2. 그가 결정을 내리기 전에 결과에 대해 생각했다고 보나요?
3. 무엇이 그가 내린 선택에 대해 생각을 하게 한 것 같나요?

개인 질문

1. 이야기 속의 청소년이 그랬던 것처럼 단지 자신도 어떤 식으로 피해갈 수 있는지 보기 위해 도전하나요? 만약 그렇다면 어떤 결과가 있었나요?
2. 나중에 후회하게 된 결정을 내린 적이 있나요? 그렇다면 이 사실이 앞으로의 행동에 영향을 미칠까요?
3. 이 이야기에서 자신의 삶에 어느 정도 적용이 될 만한 것을 배웠나요?

🧑‍🦰 후속 활동

학생들에게 자신의 삶이나 또래들의 삶을 바탕으로 멋진 결과들에 대한 자신만의 이야기를 쓰게 합니다.

멋진 결과

이름: _____ 날짜: _____

지시사항: 이야기를 읽고, 각 결정에 밑줄을 그어 봅니다.

나는 열다섯 살이었고 비참했다. 그냥 죽었으면 좋겠다고 생각했다. 약을 많이 먹고 인생을 끝내려고 했지만, 이 모든 것들은 나를 정말 아프게 만들 뿐이었다. 그러고는 손목을 긋기 시작했고 피를 흘리는 내 모습을 봤다. 그것으로는 부족해서 빨리 죽음에 이르는 무언가를 하기로 결정했다. 나는 천장에 줄을 매달아 놓고는 친구에게 전화를 했고 친구는 나에게 말로 하자며 설득했다. 지금 생각해 보면 사실 다행이지만, 그 당시에는 친구가 이번에는 나를 막았지만 결국 나는 자살할 것이라고 생각했다.

하지만 여전히 기분이 좋지 않았기 때문에 고통을 없애기 위한 방법으로 마약을 하기 시작했다. 그리고 학교를 빠지기 시작했다. 학교 행정관이 쫓아와서 통지를 하고는 다시는 그런 일이 일어나지 않도록 주의를 주었다. 그러나 난 그런 일이 계속 일어나도록 놔뒀고 그런 통지만으로는 충분하지 않았다. 학교 시스템을 가지고 계속 놀면서 내가 어디까지 갈 수 있는지 알고 싶었다. 결국은 연말까지 정학을 당했다.

그때 지옥 같은 여름이 왔다. 나는 부모님에게 많은 고통을 주었다. 새벽 2시나 3시가 되어야 집에 갔다. 엄마는 매우 걱정하셨다. 엄마는 내가 어디에 있는지 누구와 있는지 전혀 알지 못하기 때문에 내가 죽은 채 도랑에 누워 있을지도 모른다고 생각했다. 엄마가 자기 전에 많이 운 것을 알았지만 당시에는 별로 신경 쓰지 않았다. 나는 보통 술에 취해 있었다. 약을 많이 했고 마약이 나를 가장 멋진 사람처럼 보이게 한다고 생각했다. 마약을 하면 모든 사람들이 나를 알고 싶어 하고 나와 함께 놀고 싶어 한다고 생각했는데, 그렇지 않았다. 사실 사람들은 내가 마약에 중독되지 않았을 때의 나를 더 좋아했다. 그러나 그때는 그들이 어떻게 생각하든 상관하지 않았다. 학기가 다시 시작되었고 나는 수업을 빼먹지 않기로 결심했다. 괜찮을 거라고 생각했다. 하지만 첫날은 점심식사 후 5교시 수업을 빼먹었고 학교로 돌아가고 싶은 마음도 들지 않았다. 신입생들은 점심을 먹으러 건물 밖으로 나갈 생각조차 못했지만 나는 나갔다. 안 걸릴 줄 알았기 때문이다. 그리고 더 많은 수업들을 빠지기 시작했고 남은 하루를 버틸 수 있도록 최대한 많은 약을 했다. 심지어 엄청 취한 채 교실에 앉아서 수업을 들으려고 한 적도 있었다.

멋진 결과

16세

몇 달 후, 학교 행정부에서 알아채고 날 쫓아왔다. 그들은 나에게 반성할 수 있는 세 번의 기회를 주었다. 아빠는 학교까지 나를 따라와서 내가 수업에 들어가는지 확인하셨다. 너무 창피했다. 큰 마음을 먹고 약 2주 동안 학교를 빠지지 않았지만 결국 다시 안 가기 시작했다. 이번에는 학교에서 쫓겨나서 청소년 보호관찰센터로 보내졌다. 그곳이 너무 싫었다. 아주 사소한 일로도 구금을 당할 수 있었다. 나는 꽤 순진하고 좋은 학생인 척할 수 있었기에 많은 선생님들은 내가 왜 그곳에 있는 지 궁금해했다. 그러나 센터에 항상 담배를 가지고 다니다 걸렸고, 결국 하루 동안 정학을 당하자 그들의 태도가 바뀌었다. 그 후 다시는 센터에 담배를 가져오지 않았다.

나는 드디어 정신을 차리고 말썽을 일으키지 않기로 결심했다. 그렇게 하면 교장 선생님은 나를 예전에 다니던 학교로 돌아가게 해 주겠다고 하셨다. 나는 친구들과 밴드를 했던 것이 그리웠다. 그래서 엄청 노력했고 3개월 후에 다시 돌아갈 수 있었다. 오랫동안 보지 못했던 친구들을 만나니 정말 좋았다. 지금은 돌아온 지 약 9주 정도 되었는데 한 번도 수업에 빠지지 않았고 이제는 그럴 생각도 없다. 내 인생이 어디로 흘러가는지 몰랐고 다시 보호관찰소로 돌아가고 싶지 않다.

지난 몇 년 동안 내가 한 선택들을 되돌아보고 내가 얼마나 어리석었는지를 생각한다. 내가 한 모든 선택들은 이제 무의미해 보인다. 나는 학교를 빼먹지 않고, 여전히 가끔 취하기는 하지만 이 전만큼 심하진 않다. 내가 이 모든 것을 이겨 낼 수 있었던 것은 친구들과 가족이 나를 결코 의심하 지 않았고 항상 같은 모습으로 내 곁에 있었기 때문이다. 그들에게 감사함을 느끼며, 이제 그들을 정말로 믿을 수 있다는 것을 알게 되었다.

−크리스, 16세

문제해결 능력

발달의 관점

청소년들은 사람들이 어떻게 반응할지에 대해 가정하거나, 위험을 따져 보지 않거나, 자신에게 어떤 일이 일어날지 상관하지 않기 때문에 종종 스스로 문제를 악화시킵니다. 이 모든 요인들은 그들의 문제해결 행동에 영향을 미칩니다. 청소년들의 문제해결 능력을 발달시켜 주는 것은 이 발달 단계에서 매우 필요합니다.

목표

▷ 효과적인 문제해결 능력 배우기

준비물

▷ 칠판
▷ 각 학생에게 제공할 연필과 종이
▷ 다음의 내용이 쓰인 인쇄용지

〈비효율적인 문제해결 능력〉
−가정을 제대로 확인하지 않는 것
−위험 요소들을 무시하는 것
−다른 사람에게 '복수하기' 위해 결정하는 것
−자신이 얼마나 버틸 수 있는지 알고 싶어 하는 것
−자신에게 어떤 일이 일어날 것인지 신경 쓰지 않는 것

진행 절차

1. 학생들을 3명씩 한 그룹으로 나누어, 효과적인 문제해결 기술 능력에 대해 빠르게 브레인스토밍하도록 함으로써 수업을 시작합니다.
2. 각 그룹에서 의견을 공유할 수 있도록 시간을 줍니다. 칠판에 '효율적인 문제해결 능력'이라는 제목 아래 의견을 적도록 합니다. 그리고 다음을 읽도록 합니다.

앤드류는 수업에 거의 낙제할 뻔했다. 선생님과 이야기해도 아무 소용이 없을 거라고 생각했다. 부모님이 정말 화가 나실 거라고 생각했기 때문에 그것에 대해 아무 말도 하지 않고 그냥 수업에 가지 않기로 했다. 결국 학교는 부모님께 앤드류가 수업을 빠지고 있다는 것을 알렸다. 선생님이나 부모님은 앤드류가 겪고 있는 문제에 대해 왜 아무 말도 하지 않았느냐고 물었고, 앤드류는 그것이 아무 도움이 되지 않을 것이라고 생각했을 뿐이라고 말했다.

학생들에게 앤드류의 문제해결 과정에 어떤 결함이 있었는지, 그리고 그가 다르게 행동했다면 어떤 일이 일어났을지 물어봅니다. 문제해결 과정의 중요한 부분으로서 가정을 확인해야 하는 것을 논의합니다.

3. '비효율적인 문제해결 능력'의 목록들을 게시하고, 각 그룹에게 각각에 대한 예(이름은 적지 않음)를 제시해 달라고 요청합니다.

4. 학생들에게 예를 공유하도록 합니다. 그런 다음, 가정을 확인하지 않거나, 위험을 고려하지 않거나, 다른 사람에게 복수하기 위함이거나, 자신이 얼마나 버틸 수 있는지 알기 위함이거나, 자신에게 어떤 일이 일어날 것인지 신경 쓰지 않은 채로 결정을 내리려고 할 때 또는 문제를 해결하려 할 때 발생할 수 있는 문제점에 대해 토론하도록 합니다.

5. 내용 질문과 개인 질문에 대해 토론합니다.

토론

내용 질문

1. 이 수업 이전에 비효율적인 문제해결 능력에 대해 알고 있었나요? 무엇이 그것을 비효율적이게 만드나요?

2. 사례 속에서 만약 사람들이 좀 더 효율적인 능력을 사용했다면 어떤 일이 일어났을 것 같나요?

3. 비효율적인 문제해결 능력에 관한 다른 사례가 있나요? 혹은 효율적인 문제해결 능력에 관한 다른 사례가 있나요?

개인 질문

1. 어떤 문제를 해결하려 했을 때 수업에 등장한 비효율적인 방법 중 하나를 사용한 적이 있나요? 그렇다면 당신의 문제해결 능력에 어떤 영향을 미쳤나요?

2. 자신의 문제해결 능력에 얼마만큼 만족하나요? 바꾸고 싶은 부분이 있다면 어떻게 할 것인가요?

3. 이후에 문제를 좀 더 효율적으로 해결할 수 있도록 하는 데 도움이 될 만한 것을 이번 수업을 통해 배울 수 있었나요?

후속 활동

학생들에게 자신의 문제해결 과정 및 그 과정에 대해 그들이 특히 비효율적 혹은 효율적이라고 생각하는 것을 반영하도록 격려해 주세요.

문제해결에 대한 강점 혹은 개선되어야 할 부분에 대해(어떻게 그들이 발전을 할 것인지에 대해서) 적도록 합니다. 특히 그들이 갖고 있는 문제해결 능력이 그들의 삶에 어떻게 영향을 미치는가에 대해 언급하도록 합니다.

현실적 추론

발달의 관점

비록 이 발달 단계까지는 많은 청소년들이 추상적인 사고 능력을 더 자주 활용하지만, 그들은 종종 상황에 대한 평가에 현실적이지 않습니다. 이러한 현실성의 결여는 상황에 대해 어떻게 반응하는지에 영향을 미칩니다. 청소년들은 때때로 자기를 비하하는 행동을 하게 하는 오류적인 사고방식을 바로잡는 법을 배울 필요가 있습니다.

목표

▷ 현실적으로 상황을 평가할 수 있는 기술 개발하기
▷ 현실적 추론을 뒷받침할 수 있는 기술 개발하기

준비물

▷ 각 학생에게 제공할 '현실적 추론-단편'(활동지 17)과 연필

진행 절차

1. 다음의 문장을 읽고 학생들에게 해당 사항에 손을 들게 함으로써 수업에 대해 설명합니다.

   ▶ 나는 어떤 것에 대해 참을 수 없다고 생각하지만 실제로는 참을 수 있다.

   ▶ 나의 잘못이 아님에도 불구하고 나는 모든 것에 책임이 있다고 가정한다.

   ▶ 나는 내가 생각하는 대로 사람들이 행동해야 한다고 생각한다.

   ▶ 나는 모든 것이 공정해야 한다고 생각한다.

   ▶ 나는 내 인생에서 좌절할 만한 경험을 겪지 않아도 된다고 생각한다.

2. 앞에서 말한 것들은 사람들의 행동에 영향을 주는 인지적 오류 또는 사고적 오류라는 것을 설명합니다. '현실적 추론-단편'(활동지 17)을 각 학생에게 나누어 주고 읽으라고 합니다. 읽으면서 각 단편에서 잘못된 추론이라고 생각하는 것

에 밑줄을 긋도록 합니다.

3. 학생들이 읽고 밑줄을 그은 후 밑줄 그은 부분을 파트너와 토론하게 합니다.

4. 내용 질문과 개인 질문에 대해 토론합니다.

🧑‍🏫 토론

내용 질문

1. 단편에 등장한 잘못된 추론의 문제점들을 알아챌 수 있었나요? 어떤 점에서 잘못되었다고 생각하나요?

2. 잘못된 추론을 근거로 내세우는 것이 행동에 어떻게 영향을 미치나요?

3. 이러한 잘못된 사고방식을 갖고 있는 사람들이 얼마나 흔하다고 생각하나요?

개인 질문

1. 자신 또는 자신이 아는 사람이 과거에 잘못된 추론을 내세운 경험이 있었나요? 그렇다면 그것이 행동에 어떤 영향을 미쳤나요?

2. 만약 아직도 현실적 추론을 대지 않고 행동하는 경향이 있다면, 어떻게 생각을 바꿔서 좀 더 합리적이게 행동할 수 있다고 보나요? (사소한 것을 크게 만들고, 상황이 절대 변하지 않을 것이라 가정하고, 어떤 일에 너무 열심히 일할 필요가 없다고 생각하고, 끔찍하다거나 최악의 생각을 하며, 미래를 보지 않고 현재를 생각하는 개념들에 대해 토론하고 다른 예를 더 생각하도록 합니다.)

🧑‍🏫 후속 활동

학생들에게 영화나 TV 프로그램을 보고 잘못된 추론으로 행동하는 예를 찾아보도록 한 후 글로 쓰게 합니다. 명확한 추론을 내세운 경우, 결과에 어떤 영향을 미쳤을지 검토하여 전체 그룹과 토론할 시간을 갖도록 합니다.

현실적 추론

이름: _____   날짜: _____

지시사항: 각 단편을 읽고, 잘못된 추론을 대는 곳에 각각 밑줄을 그어 봅니다.

1. 16세 롭과 폴라는 6개월째 사귀고 있다. 둘은 매우 진지한 사이였다. 어느 날 폴라는 롭에게 얽매이고 싶지 않다고 말했고, 헤어지고 그냥 친구로 지내자고 했다. 롭은 폴라를 잃는다는 생각을 견딜 수 없었고, 자신만큼 폴라를 많이 사랑하는 다른 사람을 절대 찾지 못할 거라고 알고 있었다. 롭은 폴라 없이 사는 고통은 견딜 수 없을 거라 생각하며, 집으로 가서 극단적인 선택을 하였다.

2. 부모님이 이혼을 하게 되면서 나타샤와 어머니는 멀리 떠나야 했다. 나타샤는 예전 친구들과 떨어져 있는 것을 견딜 수 없을 것 같았고, 아는 사람도 없는 비참할 것 같은 학교에서 1학년을 마쳐야 하는 것도 싫었다. 새로운 곳에서 절대 친구를 사귀지 못할 거라 생각했고 끔찍할 거라고 느꼈다. 나타샤는 도망가기로 결심했다.

3. 어머니가 평일에 밤 10시 넘어서까지 밖에 있는 것을 금지했기 때문에 에이미는 엄마와 큰 싸움을 하게 되었다. 에이미는 그것이 불합리하다고 생각하여 그냥 친구 집에 가서 그 말다툼을 잊으려고 술을 마셨다.

4. 킴은 치어리딩에 도전하고 싶었지만 자신이 너무 뚱뚱하다고 생각했다. 몸매를 가꾸기 위해 운동을 시작했지만 너무 많은 시간이 걸렸고 운동하는 것을 싫어했다. 단지 먹는 것을 중단한다면 살을 빼기가 쉬울 것이라 생각했지만, 과자와 사탕을 포기하기가 너무 어려웠다. 결국 운동을 하지 않고 더 빨리 살을 빼기 위해 킴은 억지로 토하기 시작했다.

5. 파블로는 중간고사에서 사회 과목을 잘 못 봤기 때문에 남은 기간 동안 무엇을 해도 그 과목을 낙제할 것이라고 판단하고 모든 과제를 하지 않기로 했다.

단편 2쪽

현실적 추론

6. 지나의 남자 친구는 마약을 거래하면서 돈을 잘 벌고 있었다. 그는 학교를 중퇴했다. 지나는 정말 바보 같은 결정이라고 생각했지만, 친구들이 중퇴한 마약상과 계속 어울리면 그녀의 이미지가 망가질 것이라고 말했는데도 불구하고 계속 그와 사귀었다. 지나는 그들의 말을 무시했다. 그리고 자신의 이미지가 어떻게 보일지 별로 신경 쓰지 않았다.

7. 칼은 유명한 밴드부에 선발되지 않아서 음악을 그만두었다. 그는 자신이 형편없는 연주자라고 생각했고, 음악을 하는 것은 미래가 없다고 생각했다.

REBT 기반 인성교육 프로그램

자기 발달
〈활동〉
1. 거울아, 거울아
2. 나는 이런 사람입니다
3. 내 몸무게가 싫어
4. 이미지대로 살기

정서 발달
〈활동〉
1. 감정을 변화시키기
2. 혼란감 조절
3. 감정의 층을 벗기기
4. 과연 내 기분이 다시 좋아질까?

사회성 발달
〈활동〉
1. 소문과 관계
2. 이별의 아픔
3. 점점 멀어져 가는 것
3. 그들은 나를 왜 이렇게 취급하는 걸까?

인지 발달
〈활동〉
1. 목표를 통해 달성하기
2. 의사결정
3. 결정하는 데 위험을 예측하기
4. 위험한 결정들

자기발달 1 거울아, 거울아

발달의 관점

이 발달 단계에서 청소년들은 일반적으로 자신감을 갖고 집단 내에서 구성원으로서 자리 잡기 시작하지만, 옷이나 머리스타일로 개성을 드러내기도 합니다. 거울을 바라보았을 때 더 이상 아이의 모습은 보이지 않고 어른이 될 모습에 호기심이 생깁니다. 또한 추상적으로 생각한다 해도 여전히 자신을 긍정적인 점, 부정적인 점 두 가지를 다 가진 사람으로 보지 않고 긍정적 또는 부정적인 한쪽으로만 바라보는 경향이 있습니다.

목표

▷ '모 아니면 도'의 극단적 자기평가와 개개인의 특성을 평가하는 것의 차이를 구별하기

준비물

▷ 거울(학생들이 많으면 여러 개 필요)
▷ 각 학생에게 제공할 종이와 연필

진행 절차

1. 거울을 돌려 학생들에게 자신을 잠깐 보라고 하며 수업을 시작합니다(모든 학생들이 거울을 보는 것이 어렵다면 거울을 들고 자기 자신을 보고 있다고 상상하도록 합니다).
2. 각 학생에게 종이와 연필을 꺼내서 거울을 볼 때 자신이 본 네 가지 긍정적인 것을 쓰도록 합니다.
3. 학생들에게 외모만이 아니라 그들 자신의 모든 면을 생각해 보라고 합니다. 다시 한번, 각자가 가진 네 가지 긍정적인 장점(예: 스케이트를 잘 타거나, 이야기를 잘 들어 주거나, 리더십이 좋거나 등)을 적도록 합니다.

4. 거울을 다시 한번 돌립니다(혹은 학생들이 상상을 하게 합니다). 이번에는 거울을 들여다볼 때 마음에 들지 않는 것을 최대 네 가지 찾게 합니다. 이번에도 마찬가지로 외모와 무관한 점을 쓰도록 합니다(예: 운동을 못하거나, 수학을 못하거나 등).

5. 다 쓰면 각자에게 종이를 뒤집어서 큰 원을 그리게 하고, 원 안에 몇 개의 플러스(+)와 마이너스(−)를 표시하도록 합니다.

6. 학생들에게 조금 전에 찾은 자신의 특징 중 일부를 원 안의 플러스와 마이너스 옆에 쓰도록 합니다.

7. 모든 사람들은 실제로 많은 장점과 단점을 가지고 있지만, 사람들은 자기 자신을 전부 또는 아무것도 아닌 '모 아니면 도'의 극단적 방식으로 평가하는 경향이 있다는 사실에 대해 토론합니다. 사람들은 몇몇 단점을 개선하기 위해 노력할 수 있지만 그렇게 하지 않더라도 여전히 좋은 사람일 것입니다. 단 하나의 특성에만 근거하여 자신을 좋거나 나쁘다는 평가를 하지 않는 것이 중요함을 강조합니다.

8. 내용 질문과 개인 질문에 대해 토론합니다.

🧑‍🏫 토론

내용 질문

1. 긍정적인 특징과 부정적인 특징 중 어떤 것이 찾아내기 더 어려웠나요?
2. 부정적인 특징이 있다는 것은 무엇을 말하나요?
3. 어떤 사람이 긍정적인 특징만을 갖거나 혹은 부정적인 특징만을 가질 수 있다고 생각하나요?

개인 질문

1. 자신이 가장 자랑스러워하는 긍정적인 특징은 무엇인가요?
2. 자신이 가장 바꾸고 싶은 부정적인 특징은 무엇인가요? 바꿀 수 있다고 생각하나요? 그러면 어떻게 가능한가요?
3. 자신의 한 측면만을 근거로 자신을 좋은 사람 또는 나쁜 사람으로 평가했던 적이 있나요? 예를 들어, 만약 농구 경기에서 잘 못했거나 시험을 잘 치르지 못했을 때 스스로를 나쁜 사람이라고 생각해 본 적이 있나요? 그렇다면 실제로 당신은 나쁜 사람인가요? (경험을 공유합니다.)
4. 한 가지 혹은 몇 가지 부정적인 특징들을 근거로 자신을 부정적으로 평가했을

때 어떤 부정적인 영향을 주었나요?

5. 자신이 누구인지에 대해 스스로에게 어떤 메시지를 줘야 한다고 생각하나요?
   긍정적인 특징과 부정적인 특징을 모두 가진 사람이라고 할 수 있나요?

 후속 활동

학생들에게 활동을 통해 그들이 파악한 특징들과 또 다른 자신의 특징들을 통합해
서 '나는 나 자신을 ~한 사람으로 받아들인다'라는 이야기를 쓰도록 합니다.

자기발달 2 나는 이런 사람입니다

🧑 발달의 관점

정체성 개발은 이 발달 단계에서 아주 중요한 작업입니다. 청소년들이 자신의 정체성을 탐색하는 과정에서 관심사, 계획, 친구들을 바꾸거나, 다양한 버릇 또는 신념을 채택하는 것은 드문 일이 아닙니다. 이 모든 경험들은 청소년의 발달에 중요한 부분입니다.

👩 목표

▷ 자기 정체성에 대해 명확하게 알기

👷 준비물

▷ 각 학생에게 제공할 '나는 이런 사람입니다-분류판'(활동지 1)과 '나는 이런 사람입니다-문장 카드'(활동지 2)가 담긴 봉투

🧑 진행 절차

1. 제스처로 반응을 이끌어 냄으로써 수업을 시작합니다. 학생들에게 자신이 정말로 어떤 사람인지를 확실히 알고 있다고 생각하면 손을 들라고 하고, 잘 모르겠으면 손을 내려놓고 이리저리 흔들게 하며, 조금이라도 알고 있다고 생각하면 손바닥을 내밀도록 합니다.

2. '나는 이런 사람입니다-분류판'(활동지 1)과 문장 카드(활동지 2)를 각 학생에게 나누어 줍니다. 학생들에게 문장 카드를 읽고 분류판의 카테고리에 따라 분류하도록 합니다.

3. 분류를 마치고 파트너와 함께 결과물을 공유하도록 합니다.

4. 내용 질문과 개인 질문에 대해 토론합니다.

토론

내용 질문

    1. 분류하는 작업은 얼마나 쉬웠나요?

    2. 당신과 파트너는 다양한 카테고리에 문장 카드를 비슷하게 분류했나요?

    3. 특별히 분류하기 어려웠던 항목이 있었나요? 그렇다면 어떤 것들인가요?

개인 질문

    1. 이 활동을 통해서, 자신의 생각만큼 스스로를 잘 안다고 할 수 있었나요?

    2. '정말 나 같은' 카테고리에 지금은 들어가 있지 않지만, 있길 바라는 항목이 있을
       까요? '전혀 나 같지 않은' 카테고리의 경우는 어떤가요?

    3. 앞의 질문에 대한 답변을 근거로 자신에 대해 바꾸고 싶은 것이 있나요? 그것이
       가능한가요? 어떻게 할 수 있나요? (예시를 공유합니다.)

    4. 아무것도 바꿀 수 없다고 가정해 봅시다. 그래도 자신을 있는 그대로 받아들일
       수 있나요?

    5. 이 활동을 통해 자신에 대해서 무엇을 배웠나요?

후속 활동

    학생들에게 '전혀 나 같지 않은' 카테고리 중에서 가지고 싶은 항목 하나를 '나 같
은' 카테고리로 변경할 수 있도록 달성 가능한 목표를 세우게 합니다.

나는 이런 사람입니다

이름: _____   날짜: _____

지시사항: 문장 카드를 읽고 그에 따라 자신을 가장 잘 설명하는 문장들을 분류판에 분류합니다.

정말 나 같은
나 같은
어느 정도 나 같은
그다지 나 같지 않은
전혀 나 같지 않은

나는 이런 사람입니다

지도자 유의사항: 각각 자른 후, 학생들에게 한 세트씩 나누어 줍니다.

나는 믿을 수 있는 사람이다.	나는 뭐든 열심히 하는 사람이다.
나는 위험을 감수하는 사람이다.	나는 근심 걱정이 없는 사람이다.
나는 책임감 있는 사람이다.	나는 또래 압력을 쉽게 받는 사람이다.
나는 다른 사람들의 감정에 민감한 사람이다.	나는 완벽해야 한다고 생각하는 사람이다.
나는 리더이다.	나는 자신이 없는 사람이다.
나는 리더를 따르는 사람이다.	나는 다른 사람이 나의 진짜 모습을 잘 알지 못하게 가면을 쓰는 사람이다.
나는 인기가 많은 사람이다.	나는 생각보다 더 예민한 사람이다.
나는 부모님께 정직한 사람이다.	나는 화를 잘 내는 사람이다.
나는 학교생활을 잘하는 것에 신경을 쓰는 사람이다.	나는 사회적 상황에서 부적응을 느끼는 사람이다.
나는 다른 사람이 나에 대해 어떻게 생각하는지 걱정하는 사람이다.	나는 내 시간을 잘 활용하는 사람이다.
나는 내 미래를 걱정하는 사람이다.	나는 과거에 내가 한 몇 가지 일들에 대해 수치스럽게 느끼는 사람이다.
나는 친구를 쉽게 사귀는 사람이다.	나는 다른 사람들이 존경하는 사람이다.
나는 새로운 환경에 잘 적응하는 사람이다.	나는 내 삶에 대해 행복감을 느끼는 사람이다.
나는 내 권리를 지키는 사람이다.	나는 실수를 할 수 있다고 생각하고 내 자신을 비난하지 않는 사람이다.
나는 내 평판에 대해 신경 쓰는 사람이다.	나는 독립심이 강한 사람이다.

내 몸무게가 싫어

발달의 관점

완벽한 신체 이미지에 대한 고정관념은 청소년들에게 많은 부담을 줍니다. 이상적인 미의 기준을 따르려는 노력으로 점점 더 많은 청소년기 여성이 섭식장애를 일으킬 위험에 처해 있습니다. 섭식장애는 특히 '체급 조절'을 해야 하는 레슬링 선수들처럼 청소년기 남성에게도 점점 흔해지고 있습니다. 이러한 섭식장애는 매우 심각하지만 청소년들은 보통 장기적인 결과에 대해 생각하지 않기 때문에 어떤 결과를 초래할지 깨닫기 전에 피해를 볼 수도 있습니다.

목표

▷ 거식증과 폭식증에 대한 사실 배우기
▷ 섭식장애와 관련한 사회, 감정, 인지 그리고 신체적 문제들에 대해 이해하기

준비물

▷ 칠판
▷ 각 학생에게 제공할 '내 몸무게가 싫어-보고서'(활동지 3)와 '내 몸무게가 싫어-이야기'(활동지 4)
▷ 각 학생에게 제공할 연필

진행 절차

1. 칠판에 '거식증' '폭식증'이라는 용어를 쓰며 수업을 시작합니다. 학생들에게 가능한 한 많은 특징을 열거하며 용어를 정의하도록 합니다.
2. '내 몸무게가 싫어-보고서'(활동지 3)를 각 학생에게 나누어 주고 읽게 합니다. 모두 읽으면 활동지 하단에 각 장애에 대해 배운 세 가지를 나열하도록 합니다. 학생들에게 파트너와 자신의 답변을 논의해 보라고 합니다.
3. '내 몸무게가 싫어-이야기'(활동지 4)를 각 학생에게 나누어 줍니다. 읽을 시간

을 준 후에 이야기에서 나온 청소년의 거식증과의 싸움에 영향을 준 네 가지를 적어 보게 합니다. 학생들에게 인상적인 점들을 파트너와 나누라고 합니다.

4. 내용 질문과 개인 질문에 대해 토론합니다.

🧑‍💼 토론

내용 질문

1. 거식증에 대해 무엇을 배웠나요?
2. 폭식증에 대해 무엇을 배웠나요?
3. 섭식장애가 주는 단기적인 결과는 무엇이 있나요?
4. 섭식장애가 주는 장기적인 결과는 무엇이 있나요?
5. 이 이야기에서 나온 소녀가 섭식장애를 이겨 내기 위해 노력했던 것 중 인상적인 것은 무엇이었나요? 그녀에게 장기적인 결과는 무엇이었나요?

개인 질문

1. 자신 혹은 자신이 아는 사람 중에 섭식장애를 겪은 사람이 있나요? 그렇다면 그것이 어떤 영향을 미쳤나요?
2. 이 수업을 통해 배운 것 중에 도움이 될 만한 것은 무엇이 있나요?

🧑‍💼 후속 활동

섭식장애 전문가 혹은 간호사를 초청하여 섭식장애의 신호와 증상에 대해 이야기하도록 합니다. 가능하다면 섭식장애를 극복 중인 사람의 경험담을 들어 보는 시간을 가지도록 합니다.

내 몸무게가 싫어

거식증과 폭식증은 두 가지 가장 큰 섭식장애이다. 거식증에 걸리면 사람들은 살찌는 것이 두려워 굶곤 한다. 그들은 왜곡된 신체상을 갖고 있고 심각한 저체중임에도 불구하고 여전히 뚱뚱하다고 생각한다. 거식증에 걸리면 음식에 집착하게 되는데, 자신이 무엇을 먹고 얼마나 먹는지에 대해 걱정한다. 이 집착은 사회생활과 학교 활동에 지장을 주는데, 거식증에 걸리면 주목받을까 봐 혹은 놀림 당할까 봐 사람들 앞에서 먹는 것을 원치 않기 때문이다. 거식증은 삶을 심각하게 위협한다. 만약 충분히 먹지 않는다면 체내의 주요 기관들은 기능을 멈출 것이다.

폭식증은 많은 양의 음식을 한 번에 많이 먹는다는 점에서 거식증과 다르다. 폭식증에 걸리면 먹고 나서 토를 한다. 그들은 설사약을 사용할 수도 있다. 예를 들어, 큰 과자 한 봉지를 먹은 후 여러 개의 샌드위치, 쿠키 한 박스, 그리고 두 잔의 쉐이크를 먹는다. 폭식증에 걸리면 살이 찌는 것이 두려워 구토를 한다. 폭식증과 배가 고파 많이 먹는 행동을 구분해야 한다. 그냥 대식가라면 폭식도 하지 않고 구토도 하지 않으며 무엇을 어디서 먹는지 비밀로 하지도 않는다. 폭식증은 종종 '체급을 만들려는' 레슬링 선수들에 의해 행해진다. 폭식증에 걸리면 충동적으로 먹게 되며, 음식을 사기 위해 돈을 훔치기도 한다. 폭식증 또한 매우 심각하지만, 폭식하고 토하는 행동 때문에 발각되기 쉽다.

내 몸무게가 싫어

17세

〈거식증의 신호와 증상〉

극심한 체중 감소

왜곡된 신체상에 극심한 불만족을 느낌

과도한 운동

언제, 무엇을, 얼마나 먹을지 과도하게 걱정함

당이나 지방이 전혀 들어 있지 않은 안전한 음식을 먹도록 심각하게 제한을 둠

임신이 불가할 정도로 생리 주기가 불규칙함

너무 많이 먹거나 운동을 하지 않으면 죄책감을 느낌

사회 및 학교 활동에서 빠짐

우울, 반항, 짜증, 죄책감, 분노와 같이 감정기복이 심함

낮은 자존감

무기력증

〈폭식증의 신호와 증상〉

급격히 살이 찌고 빠짐

폭식하고 토하는 것을 숨김

구토를 하려고 손을 목구멍에 찌르다 보니 손가락에 상처가 생김

충치와 잇몸질환

왜곡된 신체상에 극심한 불만족을 느낌

구토하기 위해 혹은 설사약을 먹고 자주 화장실을 감

낮은 자존감

짜증, 분노, 죄책감, 우울, 외로움을 느낌

활동지 3

내 몸무게가 싫어

열 살 때의 나는 내 몸을 싫어했다. 내가 만약 말랐다면 완벽해질 것이라고 생각했고 남은 내 인생이 행복할 것이라고 생각했다. 나는 내가 무슨 일에 몰두하고 있는지 거의 알지 못했다.

초등학교 시절 내내 남들에게 내가 어떻게 보이는지에 대해 많은 신경을 썼다. 매주 새로운 다이어트에 돌입하곤 했고, 6학년 말에는 다이어트에 질려서 정말로 마지막으로 다이어트를 하기로 결심했다.

저녁 식사 때 2인분을 먹지 않기로 했고 방과 후에 간식을 먹지 않기로 했다. 위가 아프거나 몸살이 있다는 거짓말을 하며 아침을 안 먹고 나가곤 하였다. 엄마가 내가 점심을 안 먹은지도 모르게, 싸 준 도시락도 버렸다. 그 어떤 디저트, 과자 혹은 조금이라도 지방이 있는 음식은 먹지 않도록 했다. 식단에서 고기도 아예 빼 버렸다.

그렇게 해서 살이 빠지는 모습은 쉽게 볼 수 있었다. 내겐 쌍둥이 자매가 있는데 우린 항상 정말 똑같았다. 하지만 지금은 내가 더 말랐을 뿐 아니라 키도 더 작다. 성장기에 굶었기 때문이다. 머리가 빠지기 시작했지만 영양부족 때문이라고는 생각하지 않았다. 웃고, 말하고, 심지어 미소 지을 힘도 없었다. 옷을 네 겹이나 껴입고도 죽을 듯한 추위를 느꼈다. 점점 성질이 나빠졌고 이기적으로 변했고 짜증이 많아졌다.

그러나 나는 거짓말이 늘었고 이런 일상생활을 모두에게 큰 비밀로 숨기고 있었다. 내 갈비뼈와 뼈를 숨기기 위해 펑퍼짐한 옷을 입었다. 점심을 사 먹지 않을 것이지만 점심 먹을 돈을 달라고 했다. 새 변명거리를 만드는 데 천재적이었고 먹지 않는다고 잔소리를 들을 때는 거짓말을 일삼았다. 게다가 내 성적은 좋은 편이었고 학교생활에 충실했는데 어떤 문제가 있겠다고 생각하겠는가? 나는 외적으로 완벽해 보였지만 내적으로는 도움을 요청하며 울고 있었다.

나는 매우 혼란스러웠다. 인정하고 싶지 않았음에도 불구하고 굶고 있다는 것을 알고 있었다. 내가 하는 일이 잘못되어 몸에 해롭다는 것을 알고 있었지만 솔직히 살이 빠질수록 행복하고 건강하며 잘 살 것이라고 믿었다. 살을 빼는 것에 중독되었다. 멈출 수가 없었다. 목표체중에 도달하면 그만둘 것이라고 스스로에게 말하곤 했지만 내 몸무게는 내 기준에 맞게 낮아진 적이 없었다. 더 잘할 수 있고 2kg 정도는 더 감량할 수 있다고 계속해서 스스로에게 말했다.

가족들에게 거짓말을 하는 것이 엄청난 죄책감을 느끼게 했지만 어쩔 수 없었다. 내가 피해를 주고 있다는 것이 끔찍했지만, 가족과 친구들을 포함한 모든 것보다도 섭식장애가 우선이었다. 나 자신이 수치스럽다고 생각했지만 동시에 자랑스러웠다. 학교에서 나와 같은 의지력을 가진 사람은 아무도 없었다. 내가 앉아서 아무것도 먹지 않는 동안 다른 사람들이 먹는 것을 볼 때 뿌듯했다.

내 몸무게가 싫어

나는 권력과 통제력을 갖고 있다고 느꼈고 주목도 받고 있었다. 모든 일을 잘하고 있었지만 스스로 굶는 것이 가장 잘하는 일이라고 생각했다. 하지만 내 인생의 다른 모든 것들과 마찬가지로 나는 굶는 것에 최고가 되어야 했다. 불행하게도 최고가 되는 것은 최악을 느끼는 것을 의미하기도 했다. 하지만 나는 학교에서 가장 날씬한 소녀가 되기로 결심했다. 나보다 체중이 덜 나간 사람이 있다는 얘기를 들으면 질투심이 폭발했다. 내가 가장 말랐다면 인기도 많아지고 남자 친구도 생기고 치어리더도 될 거라고 생각했다.

몸무게가 줄면서 부모님은 매우 걱정하셨다. 나는 여러 의사와 영양사와 심리치료사를 만났다. 그러나 내가 도움을 원하지 않았기 때문에 아무도 나를 도울 수 없었고, 나에게 문제가 있다는 것을 믿지 않았다. 결국 가장 낮은 몸무게(122cm, 25kg)에 이르렀을 때, 부모님과 치료사는 나에게 입원해야 한다고 말했다. 그들은 깜짝 놀라 나를 학교에서 끌고 나왔고 나는 병원까지 가는 길에 울부짖었다. 부모님은 이전부터 내게 스스로 살을 찌우지 않으면 이렇게 하겠다고 위협해 왔었지만, 나는 결코 심각하게 여기지 않았다. 화가 났고 정말 무서웠다. 여전히 나에게는 문제가 없다고 생각했다.

치료의 첫 주는 내 생애 최악의 날이었지만 지금 되돌아보면 억지로 그곳에 가도록 해 주신 신께 감사한다. 의사가 내 생명을 구하기 위해 가능한 모든 일을 하겠다고 했을 때 나는 치료를 받는 것이 옳다고 생각했다. 그러나 여전히 나아지고 싶지 않았다. 음식을 제한하고 버리거나 냅킨에 숨기면서 가능한 한 모든 것을 피하려고 노력했다. 밤마다 울면서 잠을 청했다. 치료에 있어서 유일하게 긍정적인 것은 섭식장애를 가진 다른 소녀들과 대화하는 것이었다. 음식에 대해 이런 이상한 생각을 하는 사람은 나뿐만이 아니라는 것을 알게 되었다. 뭐든 한 입만 먹으면 5kg 찔 것 같은 기분이 드는 사람은 나뿐만이 아니었다. 상상할 수 있는 모든 음식의 정확한 지방과 칼로리를 아는 사람은 나뿐만이 아니었다. 갈비뼈가 몸 밖으로 튀어나와도 과체중으로 본 것은 나뿐만이 아니었다. 다른 사람들 앞에서 식사하는 것을 두려워하거나 음식과 관련된 어떤 상황에도 두려움을 느끼는 사람은 나뿐만이 아니었다. 다른 사람들이 먹는 모든 것에 주의를 기울이는 것은 나뿐만이 아니었다.

병원의 모든 제한사항에 질려서 결국 치료를 받게 되었다. 식사를 거부한다면 더 오래 머물러야 했다. 그들은 내가 너무 위험할 정도로 말랐기 때문에 정맥주사를 맞히겠다고 협박해서, 살을 찌워야 한다면 음식을 먹으면서 찌우는 것이 낫다고 생각했다. 나에게 거식증이 있고 도움이 필요하다는 사실을 스스로 인정하는 것이 우선이었다. 식사를 제대로 하고 자존감, 성감, 영양, 의사소통,

내 몸무게가 싫어

그리고 신체 이미지에 대한 수업을 듣기 시작했다. 집단상담을 통해 섭식장애가 하나의 증상일 뿐이라는 것을 알게 되었고, 그 바탕에는 완벽주의에 대한 나의 문제가 있었다.

약 한 달 동안 치료를 받은 후에 나를 포함한 모든 사람들에게 내가 더 나아졌다고 설명할 수 있었다. 주말마다 잘 먹었다. 치료를 따랐다. 그들은 내가 이상적인 몸무게에 도달하기 전에 나를 퇴원시켰다. 혼자 있는 것이 두려웠다. 치료할 때는 안전했지만 이제부터 먹는 것은 다시 나의 몫이기 때문이다.

가을에 개학할 때까지는 잘 지켰다. 그러나 매우 바빠진 탓에 스트레스에 시달렸다. 섭식장애를 겪는 것만이 스트레스를 풀 수 있는 유일한 방법이었기 때문에 2학년 때 다시 섭식장애에 빠졌다.

그해에 또다시 입원해야 했다. 정말 화가 났다. 재발하지 않도록 스스로에게 약속했기 때문이다. 나 자신과 가족을 포함해서 모두를 실망시켰다. 더 이상 거식증을 겪고 싶지 않으면서도 그만두고 싶지도 않았다. 거식증이 없는 나는 누구일까? 3학년 때부터 이런 식이었다. 섭식장애가 없다면 삶은 어떨까? 섭식장애를 겪는 것은 너무나 익숙한 일이었기 때문에 놓을 준비가 되어 있지 않았지만 놓고 싶었다.

2학년 때 받은 치료는 별 도움이 되지 않았고 고등학교 3학년 때는 증상이 더 심해졌다. 섭식장애 외에도 우울감과 강박증을 겪었다. 아침에 일어나기 싫었고 학교에서 하루를 간신히 버틸 수 있었다. 나는 매 수업 시간마다 잤다. 선생님들은 부모님께 전화를 했고 모두 나 때문에 화가 났다. 하루에 밥 한 끼와 물 한 병만 먹었다. 빨래와 다른 일들을 끝낸 후에야 음식을 먹었다. 4~6km 달리기, 계단 오르기 40분, 실내 자전거로 40분, 윗몸 일으키기 1,600회로 구성된 매일의 운동 일과를 마칠 때까지는 식사를 할 수 없었다. 내가 어떻게 칼로리를 섭취하지 않은 상태에서 운동을 할 수 있었는지 모른다. 나 자신을 위해 새로운 규칙을 만들었다. 무언가를 많이 이루어 내야만 먹을 자격이 있다는 규칙이었다. 내 자신에게 더 엄격하게 굴었다. 한번은 밤 11시가 되어도 집안일이 충분히 끝나지 않아 한 끼도 먹지 않은 적이 있다. 식기세척기에 한 번 돌렸어도 설거지를 해야 했고, 청소기를 돌리고 샤워를 하고 나서야 내가 먹을 수 있는 자격이 생길 만큼 깨끗하다고 느꼈다.

한번은 아무것도 먹지 않고 48시간 동안 일했다. 나는 배고픔을 무시하는 법을 배웠다. 가끔씩 바닥에 쓰러져도 음식과 휴식이 필요하다고 생각하지 않았다. 그러다 굴복하고 밥을 먹을 때마다 엄청난 죄책감을 느꼈다. 나는 먹을 자격이 없는 돼지라고 생각했으며 칼로리 소모를 위해 많은 운동을 했다.

내 몸무게가 싫어

17세

이렇게 3개월 동안 살 수 있었다. 그러나 7kg가 빠져서 다시 병원에 입원했다. 이번에는 병원으로 돌아가고 싶었고 더욱 대담해지고 싶었지만 나 혼자서는 할 수 없다는 것을 알고 있었다. 부모님이나 의사가 아니라 나 자신을 위해 나아져야 한다는 것을 이번만큼은 알고 있었다. 앞서 두 번 치료를 받은 것보다 이번 치료에서 더 많은 것을 얻었다. 드디어 나의 오래되고 맹신했던 습관들을 바꿀 준비가 되었다. 거식증을 갖고선 더 이상 살 수 없었다. 섭식장애 진단을 받은 것과 더불어 우울감과 강박증이라는 꼬리표에 힘겨워했다. 나는 생각했던 것보다 훨씬 더 비정상이었다. 이제 나는 싸워야 할 세 가지 장애를 가지고 있었다. 특히 의사가 프로작이라는 약을 먹으라고 했을 때는 내가 미친 사람인 건가 싶었다. 그러나 도움이 필요하다는 것을 인정해야 했고 기꺼이 받아들여야 했다.

입원 이후 많이 좋아졌다. 이제는 밥 먹기 전에 매번 설거지와 샤워하는 것을 더 이상 하지 않았다. 하루에 딱 한 번만 진공청소기를 돌렸고 일주일 내내 먼지를 닦지 않고도 지낼 수 있었다. 더 이상 마트에서 가장 좋은 사과를 고르는 데 30분이나 걸리지 않았다. 일하기 전에도, 그리고 학교에서도 식사를 할 수 있었다. 프로작을 복용하기 시작했기 때문에 우울하지 않게 되었다. 그래서 친구들과 함께 지낼 수 있고 재미있게 놀 수 있었다. 무엇을 할 에너지가 많이 생겼다. 지금은 몸무게가 전보다 더 나가지만 기분은 좋아졌다.

음식과 몸무게는 아직 나에게 큰 문제이긴 하지만 이제는 날씬해지는 것보다 행복해지는 것이 더 중요하다. 나는 회복하고 싶다는 걸 깨달았으니 지금부터 시작해 보는 게 낫다고 생각한다. 지금은 하루하루가 기대되고 비록 한 끼 한 끼 챙겨 먹는 것은 여전히 힘들지만 천천히 한 끼씩 챙겨 먹고 있다.

최근에 나와 함께 치료를 받던 친구 중 한 명이 거식증으로 죽었다는 것을 알게 되었다. 그 친구는 열세 살이었다. 그 사건은 내가 얼마나 어리석었는지를 깨닫게 했다. 내가 한 일을 후회한다. 내 몸에 한 짓을 후회한다. 생리를 시작한 적이 없기 때문에 아이를 가질 수 없을 것이다. 너무 오랫동안 굶었기 때문에 콜레스테롤 수치도 극도로 높다. 성장기 동안 굶었기 때문에 결코 키가 자라지 않을 것이다. 섭식장애가 없었더라면 좋았을 텐데, 그것으로부터 많은 것을 배우고 성장했다. 나의 실수는 나를 더 강한 사람으로 만들었지만 큰 대가를 치러야 할 것이다. 나는 비현실적으로 이상적인 여성상을 만들어 낸 사회에 화가 났다. 아직도 나보다 더 마른 사람을 보면 다시 내가 그때의 거식증 소녀였으면 하는 생각이 가끔 들기도 하지만, 행복해지는 것과 섭식장애를 갖는 것이 공존할 수 없다는 것을 알고 있다. 둘 중 하나를 선택해야 하고 결국 행복해지기로 결심한 것이다.

내 몸무게가 싫어

올해까지 섭식장애를 가지고 있는 것을 가능한 한 비밀로 해 두었지만, 가식적인 삶을 사는 데 지쳐 버렸다. 내가 아닌 척을 계속할 수는 없다. 난 거식증을 갖고 있는 카라가 아닌 그냥 카라이다. 내 친구들과 가족들은 진짜 나를 더 좋아하고 나도 진짜 내가 더 좋다.

섭식장애를 갖는 것은 보이는 것만큼 좋지 않다. 그것은 마약에 중독되는 것과 같다. 멈추고 싶어도 멈출 수 없고, 엄청 기분 좋게 해 주면서도 동시에 끝이 보이지 않을 정도로 우울감을 준다. 상황이 최악으로 치닫고 스스로 두려워할 때까지 부정하게 된다. 음식은 당신을 지배하고 곧 당신의 삶 그 자체가 된다. 당신이 하는 모든 일은 음식을 중심으로 돌아가며, 섭식장애를 실천하기 위해서 무엇이든지 하는 중독자가 된다. 그러나 모든 것에는 최후가 있기 마련이다.

－카라, 18세

이미지대로 살기

17세

발달의 관점

이 발달 시기에 청소년들은 자신이 어떤 사람인지 알아내려고 하고, 다른 사람들이 자신을 보는 방식에 부응하기 위해 고군분투합니다. 특히 다른 사람들이 자신에 대해 가지고 있는 이미지로부터 벗어나는 데 어려움을 겪을 수도 있는데, 비록 그 이미지들이 더 이상 그들이 자신을 어떻게 보는지를 반영하지 않더라도 그렇습니다. 때때로 이러한 긴장감은 다른 사람들의 기대에 부응하지 못하고 있다는 죄책감이나 소외감을 초래합니다.

목표

▷ 자신의 이미지와 다른 사람이 자신을 어떻게 보는지에 대한 인식을 비교하기
▷ 자기 가치를 다른 사람의 인식과 동일시하지 않는 법을 배우기

준비물

▷ 각 학생에게 제공할 종이와 연필
▷ 큰 양면 거울. 한쪽 면에는 다음과 같은 단어들을 테이프로 붙입니다: 게으른, 동기가 없는, 반항적인, 건방진.
  다른 한쪽에는 다음과 같은 단어들을 붙입니다: 지루한, 학교생활에 질린, 규칙들에 질린, 내 자신에 대한 확신.
▷ 각 학생에게 제공할 '이미지대로 살기-시'(활동지 5)
▷ 종이, 풀, 가위, 마커, 잡지, 다른 미술 재료들

진행 절차

1. 학생들에게 자신의 삶에서 중요한 두 사람에 대해 생각해 보도록 합니다. 종이에 이름을 적은 다음, 그 사람들이 자신을 어떻게 보는지 설명하는 두세 단어를 쓰도록 함으로써 수업을 시작합니다. 즉, 스스로에게 '저 사람의 나에 대한 이미

111

지는 무엇인가?'라고 묻게 하는 것입니다. 친한 친구의 대답은 '똑똑하고 재미있는 사람', 부모님의 대답은 '자신감과 책임감'이 될 수 있습니다.

2. 학생들이 파트너와 답변을 공유하도록 합니다. 그룹을 만들어 다른 사람이 자신을 바라보는 이미지가 자기 자신을 바라보는 이미지와 일치하는지 아닌지에 대해 토론하도록 합니다. 왜냐하면 다른 사람들이 그들을 보는 방식과 그들이 자신을 보는 방식이 같지 않기 때문에 그들이 누군가를 실망시키고 있다고 느낀 적이 있는지 물어봅니다. 예를 들어, 부모님들은 나를 자신감 있는 음악가로 보지만 본인은 내면적으로 연주 능력에 대해 많은 의심을 가지고 있다고 생각하거나, 할머니 할아버지의 생각보다 자신은 더 많은 경험을 했는데 그분들은 나를 착하고 어린 아이들로 보는 것과 같은 예입니다.

3. 자신에 대한 타인의 인식이 부정적이거나 자신과 타인의 인식이 불일치할 때 쉽게 자기 의심을 품게 되고 쓸모없는 듯한 기분을 느끼기 시작한다는 사실을 토론합니다. 양면 거울을 들고 첫 번째 면에 있는 타인의 인식을 나타내는 단어를 읽도록 합니다. 그리고 반대편에 있는 단어를 읽게 합니다. 다른 사람들이 부정적인 시각으로 본다고 해서 그 사람이 나쁜 사람인지를 학생들에게 물어봅니다. 인간은 누구나 실수할 수 있다는 사실을 강조합니다. 그리고 다른 사람들이 자신을 어떻게 인식하든 혹은 자신이 스스로를 어떻게 인식하든 간에, 결점이 있거나 자신을 타인과 다른 관점으로 바라보아도 자신을 가치 있는 사람으로 받아들일 필요가 있다는 데에 중점을 둡니다.

4. '이미지대로 살기−시'(활동지 5)를 각 학생에게 나누어 주고 읽도록 합니다.

5. 미술 재료를 나누어 주고 학생들이 자신의 이미지를 나타내는 콜라주를 만들도록 합니다. 각 학생은 용지를 반으로 나누어서 절반은 자기 이미지를 묘사하고 나머지 절반은 다른 중요한 사람들이 자신을 어떤 식으로 인식하는지에 대해 생각하며 묘사합니다.

6. 학생들이 작은 그룹으로 콜라주를 공유할 수 있도록 한 다음, 내용 질문과 개인 질문에 대해 토론합니다.

👩‍🏫 토론

내용 질문

1. 시를 쓴 청소년은 다른 사람들을 실망시킨 것이 무엇을 의미한다고 생각하나요?
2. '숨 쉬고 움직이지만'이라는 글쓴이의 표현은 무엇을 의미한다고 생각하나요?

3. 외로움과 공허함에 대해 쓴 글쓴이는 무슨 의미로 쓴 것 같나요? 그는 왜 아무도 자신에게 주목하지 않는다고 생각했을까요?

개인 질문

1. 시 속에 담긴 메시지에 공감할 수 있나요? (의견을 공유합니다.)
2. 콜라주를 만들 때 자신에 대한 이미지는 다른 사람들이 생각하는 것과 같았나요? 아니면 달랐나요?
3. 시를 쓴 청소년은 다른 사람들이 생각하는 이미지에 부합하지 않는 삶을 살며 힘들어하는 것 같습니다. 당신도 마찬가지인가요? 그렇다면 이것을 어떻게 해결하나요?
4. 다른 사람이 자신에 대해 생각하는 이미지에 부합하지 않는 삶을 산다면 본인의 가치가 사라진다고 생각하나요? 자신을 비하하지 않기 위해서 기억해야 하는 것은 무엇인가요?

후속 활동

학생들에게 그들의 자기 이미지와 다른 사람들이 생각하는 자신의 이미지에 관한 자신만의 시 혹은 이야기를 쓰도록 합니다.

이미지대로 살기

나는 나의 가족, 친구들 그리고 한때 내 안에 존재했던 순진한 아이를 실망시켰다.

오, 내 영혼에 죄의 흔적조차 없었던 그 어린아이.

종종 나에게 나로서 살아가는 것이 무엇인지 묻는다.

세월이 흐른다. 이전보다 빠르게 왔다 갔다 한다.

그리고 매년 내 어린 시절에 아주 강하고 낯선 무언가가 다가온다.

나는 누구인가? 더 이상 모르겠다.

그들은 내가 그들에게 부응하기를 기대하지 않는다고 말하지만 나는 실망감을 느낀다.

내가 그들의 이미지에 부합하지 않을 때. 하지만 그게 나인가?

난 그렇게 생각하지 않아…

나는 그들이 생각하는 그런 사람이 아니다.

나에게 외로움이 안 보일까? 내 눈 속에서 공허한 눈빛을 볼 수 없는 걸까?

그들이 한때 알았던 그 어린아이가 더 이상 없다는 것을 알아차리긴 할까? 관심이 있긴 한 걸까?

내가 숨 쉬고 움직이지만 내 마음과 영혼은 거기에 있지 않은 것이 보일까?

네가 날 알아 줬으면 좋겠어. 신경 써 줬으면 좋겠어. 하지만 어떻게 그럴 수 있을까?

내가 보는 내가 네가 생각하는 내가 아닌데.

—알렉스, 17세

정서 발달 1 | 감정을 변화시키기

발달의 관점

청소년들은 그들의 부정적인 감정의 빈도와 강도에 압도당합니다. 그들은 종종 그러한 감정들을 어떻게 할 수 없다고 느낍니다. 이러한 감정이 청소년들의 삶을 지배하는 것을 방지하기 위해서 부정적인 감정들을 다루는 구체적인 방법을 배울 수 있도록 돕는 것이 중요합니다.

목표

▷ 부정적인 감정을 변화시키는 구체적인 방법 배우기

준비물

▷ 각 학생에게 제공할 '감정을 변화시키기−활동지'(활동지 6)와 연필

진행 절차

1. 목표를 설명하며 수업을 시작합니다. 다음으로, 각 학생에게 '감정을 변화시키기−활동지'(활동지 6)를 나누어 주고 읽으라고 합니다. 학생들이 활동지의 끝부분에 있는 연습 활동을 다 끝내기 전에 개념을 복습하는 시간을 갖도록 합니다.
2. 학생들에게 활동지 끝부분에 있는 예제를 완성하고 파트너와 자신의 반응을 토론하도록 합니다.
3. 내용 질문과 개인 질문에 대해 토론합니다.

토론

내용 질문

1. 비합리적 신념이란 무엇인지 예를 들어서 설명해 봅니다.
2. 논박한다는 것은 무엇을 의미하나요?
3. 생각이 변한다면 기분은 어떻게 바뀌나요?

개인 질문

1. 비합리적 사고를 가져본 적이 있나요? (경험을 공유합니다.)

2. 비합리적 사고에 대해 스스로 이의를 제기해 본 적이 있나요? 그렇다면 자신이 느끼는 감정에 어떤 영향을 주나요?

3. 이번 활동을 통해 얻은 정보를 자신의 삶에 어떻게 적용할 수 있을 것이라고 생각하나요?

후속 활동

며칠 동안 학생들 자신의 생각과 감정을 관찰한 다음 비합리적 신념을 찾아보고, 그에 대해 논박을 제기하려는 시도의 예를 공유하도록 합니다.

감정을 변화시키기

17세

이름: _____   날짜: _____

지시사항: 다음의 설명문을 읽고, 활동지 끝의 예제를 완성합니다. 파트너와 함께 답변에 대해 토론해 봅니다.

인지정서행동치료(REBT)를 개발한 앨버트 엘리스에 따르면, 사람들은 비참하고 불행하고 화가 나고 죄책감을 느끼거나 부끄러워할 필요가 없다고 한다. 물론 마법 지팡이를 흔드는 것처럼 쉽지는 않지만 생각하는 방식을 바꾸면 감정도 바꿀 수 있다. 이렇게 하면 된다.

▶ 우선, 속상하게 만든 상황이나 사건을 파악한다. 자신이 했거나 혹은 자신에게 일어난 일이다. 이것을 선행사건(A)이라고 부른다.

▶ 다음으로, 이 사건이나 상황에 대해 어떻게 느끼고 있는지 확인한다. 이것을 정서적 결과(C)라고 한다.

▶ 다음으로, 이러한 감정이 그냥 일어나는 것이 아니라는 것을 기억할 필요가 있다. 다른 누군가는 같은 사건에 대해 전혀 다르게 느낄 수도 있다. 그러므로 이러한 감정을 초래하는 자신의 생각을 살펴본다. 부정적인 감정을 불러일으킬 수 있는 사고방식은 다음과 같은 세 가지가 있다. 이러한 유형의 사고를 '비합리적 신념'이라고 부른다.

자기비하: 무슨 일이 생길 때마다 즉시 자신의 잘못이라고 생각하거나 자신이 못난 사람이라고 생각하는 것이다. 자신의 가치를 자신이 얻은 성과와 동일시한다. 예를 들어, 나쁜 점수를 받으면 자신이 나쁘고 못난 사람이라고 생각한다. 자기비하를 하는 사람들은 비판을 받아들이는 데 어려움을 겪는다. 그들은 자신이 완벽해야 하고, 그렇지 않으면 못난 사람이라고 생각한다.

요구: 모든 것이 자기 뜻대로 되어 공정해져야 한다고 요구하고, 그렇지 않으면 끔찍하다고 생각한다면 큰 화를 자초하고 있는 것이다. 세상의 모든 것이 공평한 것은 아니며 항상 내가 원하는 대로 흘러갈 수는 없다. 자신의 행동만 스스로 제어할 수 있을 뿐, 다른 사람들은 내가 제어할 수 없는 것이다.

감정을 변화시키기

낮은 욕구좌절 인내심: 욕구가 좌절되는 것을 견뎌 나가는 능력이 낮은 것이다. 모든 것이 자신에게 쉬워야 한다고 생각하고, 어떤 일을 위해 너무 열심히 하지 말아야 하며, 지루한 일이면 하지 않아도 된다고 생각한다.

추가로, 매사에 최악을 상상하고 지나치게 일반화하며 가정을 하는 것도 비합리적 사고의 형태다. 최악을 상상하거나 지나치게 일반화하거나 가정을 하면 실제보다 훨씬 더 상황을 악화시킬 수 있다. 사실 확인 없이 상황을 가정하고 상황이 결코 나아지지 않을 것이라고 생각하고 모든 것이 끔찍하다고 생각하는 것이다.

▶ 일단 비합리적 신념(B)을 확인하고, 그다음으로 그 비합리적 신념에 논박(D)을 제기한다. 증거를 찾거나 스스로에게 몇 가지 비판적인 질문을 해 보는 것이다. 15세 애슐리에 관한 다음의 예는 A–B–C–D 과정을 이해하는 데 도움이 될 것이다.

중학생인 애슐리는 친구가 많지만 종종 그들과 싸운다. 남자 친구도 있지만 그와도 많이 싸운다. 최근 애슐리에게는 이러한 일이 일어났다.

선행사건(A) = 애슐리는 남자 친구에게 쇼핑몰에서 만나자고 했지만 그는 끝내 나타나지 않았다.
정서적 결과(C) = 애슐리는 처음에는 화가 났고 그다음에는 우울해지기 시작했다.
비합리적 신념(B) = 애슐리는 다음과 같은 생각을 했다.

요구: 오겠다고 했으니 꼭 왔어야만 했어. 어떤 핑계도 용납되지 않아.
최악을 상상하기/과잉일반화: 남자 친구는 약속한 것을 절대 지키지 않아. 항상 믿을 수 없어. 만나는 것을 정말 기대했는데 그가 나타나지 않은 것은 너무 끔찍해. 왜냐하면 이제 월요일까지 만날 수 없기 때문이야. 아마 안나의 집에 가 있어서 나를 바람맞혔을 거야.
낮은 욕구좌절 인내심: 이건 정말 참을 수 없어. 남자 친구는 내 삶을 그렇게 비참하게 만들어서는 안 돼.
자기비하: 그는 나보다 누군가를 더 좋아하는 것 같아. 아마 내가 한 일이 남자 친구를 짜증 나게 했을 거야. 어쩌면 나는 그가 만족할 만큼 예쁘지 않나 봐.

감정을 변화시키기

논박(D) = 애슐리는 다음과 같은 방법으로 자신의 생각에 논박을 제기했다.

> 나는 내가 원하는 것을 모두 요구할 수 있지만 남자 친구 역시 자신이 원하는 것을 하겠지. 나는 그를 통제할 수 없고, 그는 여기 없는데 왜 내가 화를 내야 할까? 꼭 여기 와야만 한다는 법은 없잖아. 그리고 그가 여기 없다고 해서 반드시 안나랑 같이 있다는 뜻일까? 그리고 그는 절대로 믿을 수 없는 사람일까? 하겠다고 한 일을 한 적도 있지 않았나? 너무 싫지만 어쩔 수 없지.
> 남자 친구가 나타나지 않았다는 사실이 나보다 다른 사람을 더 좋아한다는 뜻은 아니야. 그리고 내가 그를 화나게 만들었다거나 내가 충분한 연인이 아니라는 것을 의미하지는 않아.

애슐리가 했던 것처럼 스스로에게 반박하는 질문을 하면 문제들을 더 명확하게 이해할 수 있고 덜 화가 날 가능성이 있다. 이 논박의 과정은 생각에 대해 더 깊이 알아보고 그 결과로 화가 덜 나게 하는 좋은 방법이다. 행복을 보장하지는 않지만, 아마도 화가 덜 날 것이고 단지 짜증만 날 것이다.

정말로 화가 났을 때 효과적으로 문제를 해결하기 힘들 수 있으며, 계속해서 자신을 비난하고 자신이 부족하다고 생각하거나 모든 것이 자신의 잘못이라고 가정할 때 우울해진다는 것을 기억하자. 이런 감정들은 청소년들이 보통 갖고 싶어 하지 않는 감정이므로, 부정적인 감정을 덜 느끼고 싶다면 이 A-B-C-D 과정을 시도해 보자.

이제 삶에 적용해 보자. 부정적인 감정이 있을 때 이 과정을 사용할 필요가 있다는 것을 기억하자. 긍정적인 감정을 느낄 때는 문제를 일으키거나 나쁜 감정을 유발하는 신념을 갖지 않을 것이다.

감정을 변화시키기

예제 1

A(사건) _____

_____

C(감정) _____

_____

B(신념) _____

_____

D(논박) _____

_____

예제 2

A(사건) _____

_____

C(감정) _____

_____

B(신념) _____

_____

D(논박) _____

_____

정서 발달 2 혼란감 조절

🧑‍💼 발달의 관점

이 시기의 청소년들은 보통 정서적 안정을 찾기 시작하지만, 이것은 그들이 언제 사춘기에 접어들었느냐에 달려 있습니다. 게다가 이 발달 단계에 접어들면서 관계와 성, 미래 계획, 능력에 대한 불안감 등 혼란을 초래하는 수많은 문제에 직면하게 됩니다. 이러한 혼란감은 종종 청소년들을 힘들게 하며, 따라서 자기패배적인 행동에 빠지지 않고 그것에 대처하는 법을 배우도록 돕는 것이 중요합니다.

👩‍🏫 목표

▷ 혼란감을 만드는 원인 알기
▷ 혼란감을 다루는 효과적인 방법 배우기

👷 준비물

▷ 각 학생에게 제공할 '혼란감 조절−체크리스트'(활동지 7), '혼란감 조절−해결책'(활동지 8)
▷ 각 학생에게 제공할 연필

👩‍🏫 진행 절차

1. 학생들에게 자신을 혼란스럽게 만드는 한 가지를 생각해 보라고 하며 활동을 시작합니다. 경험을 공유하도록 합니다.

2. '혼란감 조절−체크리스트'(활동지 7)를 각 학생에게 나누어 준 뒤 작성하게 하고, 그들에게 혼란을 주는 항목에 추가하도록 합니다.

3. 체크리스트를 완료한 후, 학생들이 파트너와 자신의 답변을 공유하도록 합니다.

4. '혼란감 조절−해결책'(활동지 8)을 각 학생에게 나누어 줍니다. 학생들에게 해결책을 읽고 자신의 의견을 추가한 다음, 그들이 사용한 것에 동그라미를 치도록 합니다. 파트너와 함께 다른 그룹에 합류하여, 4명씩 한 그룹으로 만들어 해결

121

책 활동지에 대한 의견을 공유하게 합니다.

5. 내용 질문과 개인 질문에 대해 토론합니다.

토론

내용 질문

1. 체크리스트의 순위를 매기는 것이 어려웠나요? 그렇다면 무엇이 어렵게 만들었나요?

2. 체크리스트에 추가한 혼란감의 원인이 되는 다른 항목은 무엇인가요?

3. 활동지에 나온 모든 해결책에 대해 알고 있었나요? 그렇지 않다면 자신에게 새로운 개념은 무엇인가요? 해결책에 대한 의견은 무엇인가요?

4. 해결책 목록을 읽어 본 후, 다른 것들을 구별할 수 있었나요? (경험을 공유합니다.)

개인 질문

1. 체크리스트에 있는 많은 항목들의 내용에 공감할 수 있었나요?

2. 자신의 혼란감을 어떻게 처리하나요? 그 방법은 건강한 방법이라고 생각하나요, 건강하지 않은 방법이라고 생각하나요?

3. 만약 자신의 방법이 건강하지 않다면 그것을 바꾸고 싶나요? 그렇다면 어떻게 해야 할까요?

4. 이번 활동에서 배운 해결책 중에 시도해 볼 만한 합리적인 방법이 있나요? 그렇다면 어떤 것인가요?

후속 활동

학생들에게 자신의 혼란감과 그것을 다루는 방법에 대한 짧은 글을 쓰도록 합니다. 또한 혼란감을 다루기 위한 해결책 목록에 추가하도록 하고 활동에서 제안한 방법들을 적용해 보도록 합니다.

혼란감 조절

17세

이름: _____   날짜: _____

지시사항: 체크리스트 항목을 읽고, '3 = 정말 나 같은, 2 = 어느 정도 나 같은, 1 = 나 같지 않은'이라는 기준으로 각 항목에 점수를 매깁니다. 결과에 대해 파트너와 토론해 봅니다.

_____ 1. 나는 명백한 이유 없이 화가 나곤 한다.

_____ 2. 나와 같은 감정을 느끼는 사람은 어디에도 없을 것이다.

_____ 3. 내가 한 일에 가끔 죄책감을 느끼는 이유를 알지 못하겠다.

_____ 4. 나는 수치심을 자주 느낀다.

_____ 5. 인생에서 내가 무엇을 원하는지에 대해 혼란감을 느낀다.

_____ 6. 성장하는 것은 고통스럽다.

_____ 7. 내가 진짜 누구인지 나도 잘 모르겠다.

_____ 8. 내 감정기복은 나를 혼란스럽게 만든다.

_____ 9. 행복하고 근심 걱정이 없었던 때가 언제였는지 기억이 안 난다.

_____ 10. 나를 두렵게 혹은 혼란스럽게 만드는 것들이 있다(예를 들어, 성적으로 보이고 싶다거나, 절대 행동으로 옮기지 않을 것이지만 삶을 끝내는 것에 대해 생각하는 것이다).

활동지 7

123

혼란감 조절

1. 나만 혼란감을 겪는 것이 아니라 대부분의 청소년들이 성장 과정에서 어느 정도 혼란감을 겪는다는 것을 깨닫자.

2. 충동적으로 행동하지 말자. 즉, 내가 우울하더라도 이 우울감은 영원히 지속되지 않을 것임을 기억하자. 고통을 견딜 수 없다고 생각하며 다리에서 몸을 던질 생각을 하지 말아야 한다. 고통은 일시적일 뿐이다.

3. 좌절감에 대한 내성을 만들자. 인생은 항상 쉽지만은 않고, 어떤 일들은 지루하다는 것을 기억하고, 대부분의 사람들은 성공을 위해, 발전을 위해, 혹은 좀 더 좋은 감정을 갖기 위해 노력해야 한다는 것을 기억해야 한다.

4. 나의 혼란감에 대해 사람들과 이야기 나누어 보자. 실제로 느끼는 감정들을 표현하는 것을 두려워하지 말자. 만약 부모님이 이해할 것 같지 않다고 생각한다면 상담자와 이야기할 수 있게 해 달라고 부탁한다. 좋은 상담자를 찾기 위해서 상담을 받는 몇몇 친구들과 함께 이야기를 나누며 누가 청소년들의 마음을 진정으로 이해하는 상담자인지 알아봐도 좋다. 그리고 기분이 안 좋다는 이유로 상담자를 찾는 행동은 이상하지 않다는 것을 기억하자. 몸이 안 좋으면 의사를 만나는 것과 다르지 않은 행동이다.

5. 계속 문제를 일으키고 어리석은 결정을 내릴지도 모르는 아이들과 어울려 다니지 말자. 때때로 그것은 나를 더 안 좋게 할 것이다.

6. 마약과 술을 사용하여 기분을 좋게 하는 것에 대해 다시 한번 생각해 보자. 장기적으로 보았을 때 단지 새로운 문제들을 만들어 낼 뿐이다.

7. 감정을 표현하기 위해 노래, 시 또는 일기를 써 보자. 그런 뒤에 나의 혼란감을 해결하는 데 도움을 줄 수 있는 누군가와 그것을 공유한다.

혼란감 조절

해결책 2쪽

17세

8. 하루에 하나씩 천천히 해결해 나가자. 나이가 들수록 혼란을 덜 느낄 가능성이 높다. 포기하지 말자. 사춘기는 영원히 지속되지는 않는다.

9. 합리적으로 생각하는 법을 배우자. 가정들이 맞는지 확인해 보고, 자신을 비하하지는 말자. 요구하기보다는 선호하자.

10. 이런 종류의 생각은 내 나이에 할 수 있는 평범한 생각이라는 것을 알자. 만약 정말 걱정된다면 신뢰하는 누군가와 이야기하자.

〈나의 제안을 추가하기〉

11. _____

_____

_____

12. _____

_____

_____

활동지 8

125

감정의 층을 벗기기

발달의 관점

이 단계에서의 청소년들은 감정을 표현하는 데 점점 능숙해지지만, 분노로 상처, 고통, 우울, 양가감정과 같은 다른 감정들을 숨기는 것이 매우 흔한 일입니다. 일반적으로 진짜 문제의 핵심인 이런 감정들은 분노에 초점이 맞춰져 있기 때문에 좋게 해소되지 않는 경우가 많습니다. 청소년들이 숨기고 있는 감정들을 이해하도록 돕는 것은 그들의 정서적 발달 과정의 중요한 부분입니다.

목표

▷ 감정을 숨긴다는 것이 무엇인지 이해하기
▷ 감정을 숨겼을 때 긍정적인 효과와 부정적인 효과 알아보기

준비물

▷ 양파와 칼
▷ 각 학생에게 제공할 연필과 종이
▷ 각 학생에게 제공할 '감정의 층을 벗기기—상황들'(활동지 9)

진행 절차

1. 양파를 들어 천천히 껍질을 벗기고 이에 대한 학생들의 의견을 물으며 수업을 시작합니다. 양파는 껍질을 벗길 수 있는 층이 있다는 것을 강조합니다.

2. 우리의 감정에도 층이 있는 경우가 많다는 사실을 전합니다. 즉, 사람은 실제로 상처를 받거나 우울할 수도 있지만 그 기분을 분노나 미소로서 덮어 버릴 수 있다는 것을 말입니다. 학생들과 함께 그들의 실제 감정을 숨기려고 하는 이유와 그렇게 했을 때의 장단점을 토론합니다.

3. 각 학생에게 종이 한 장을 꺼내어 아코디언 접듯이 접으라고 합니다. 그런 뒤 '감정의 층을 벗기기—상황들'(활동지 9)을 나누어 줍니다. 학생들은 상황 1을 읽

고 접힌 종이의 첫 번째 면에 숫자 1과 그 상황에서 가장 분명하게 느껴지는 감정 중 첫 번째로 떠오르는 단어를 적습니다. 그런 다음, 몇 번 접은 후 처음에 느꼈던 감정에 가려졌을지도 모르는 다른 감정들을 파악합니다. 첫 번째 상황을 마친 후 종이에 숫자 2를 쓰고, 상황 2를 읽고 똑같이 진행합니다.

4. 학생들이 다 마쳤을 때, 이들이 확인한 상황과 감정에 대해 토론하기 위해 3명씩 한 그룹으로 나눕니다.

5. 내용 질문과 개인 질문에 대해 토론합니다.

토론

내용 질문

1. 각 상황에서 설명된 감정을 표현하는 단어를 찾기가 어려웠나요?

2. 자신과 그룹원들은 표현된 모든 감정에 동의하나요?

3. 감정의 층을 벗긴다는 것은 무엇을 의미하나요? 사람들이 이런 것을 자주 한다고 생각하나요?

개인 질문

1. 분노를 미소와 같은 또는 다른 감정으로 숨긴 적이 있나요? 그렇다면 그렇게 한 이유는 무엇인가요?

2. 진짜 감정을 숨겼을 때 감정을 더 잘 다룰 수 있다고 생각하나요? 왜 그렇게 생각하나요?

3. 감정을 숨기는 것은 좋은 행동이라고 생각하나요? 왜 그렇게 생각하나요?

4. 이번 활동을 통해 감정에 대해 무엇을 배웠나요?

후속 활동

감정을 숨기고 감정의 층을 벗기는 것에 대한 시를 쓰거나 찾도록 합니다.

감정의 층을 벗기기

이름: _____   날짜: _____

지시사항: 상황 1을 읽고, 접힌 종이의 첫 번째 면에 숫자 1을 씁니다. 그리고 그 상황에서 제일 처음 느낀 감정을 적어 봅니다. 그런 뒤 다음 접힌 부분에는 그 첫 번째 감정에 가려진 다른 감정들을 적어 봅니다. 상황 2에도 반복합니다.

상황 1

잡지에서, 어떤 사람들은 겉으로는 웃고 있지만 속으로는 슬퍼하며 울고 있다는 글을 읽었다. 나를 설명하는 것 같았다. 나는 아침에 일어나서 미소를 짓고 하루 종일 연기한다. 힘들다. 가끔 사물함 앞에 서 있을 때 사람들이 속삭이는 것을 본다. 그냥 웃고 지나가지만 내가 파티에서 술에 취해 누군가와 스킨십을 한 것에 대해 얘기를 하는 것 같다. 진짜 내 감정을 그들에게 표현할 수가 없다. 학교에서 집으로 돌아오면 연기를 계속 못 할 때가 있어서 그냥 부모님께 감정을 털어놓는다.

상황 2

나는 가끔씩 내가 왜 그렇게 행동하는지 모르겠다. 파티에 갔었는데 여자 친구의 관심을 받고 싶었나 보다. 여자 친구는 계속해서 다른 사람들과 이야기를 나누었고, 나는 여자 친구가 나를 알아보도록 정말 어리석고 미친 듯이 행동하기 시작했다. 여자 친구가 어떤 남자와 함께 밖으로 나가자 그때 폭발해 버렸다. 차 안에 있는 걸 봤는데 그들이 스킨십을 한다고 생각했다. 단지 창문을 두드리려 했는데 생각보다 힘이 들어가 창문을 깨뜨려 버렸다. 누구와도 마주할 수 없어서 그냥 도망쳤고, 그날 밤 늦게야 집으로 돌아갔다.

| 정서
발달
4 | # 과연 내 기분이 다시 좋아질까? |

👩 발달의 관점

청소년들은 거의 현재만 생각합니다. 모든 것이 매우 즉각적으로 보이고 미래를 예상하는 데에 어려움을 겪습니다. 부정적인 감정에 압도당했을 때(대부분은 그 이유를 이해하지 못하고) 분노, 우울함 또는 혼란감이 영원히 지속될 것이라고 생각하기 쉽습니다. 청소년들은 이런 나쁜 감정을 영원히 견딜 수 없다며 극단적인 선택도 할 수 있기 때문에 이것은 걱정스러운 일입니다. 부정적인 감정이 일시적이라는 것을 이해하도록 돕는 것은 그들이 현재의 삶을 좀 더 효과적으로 다루도록 돕는 데 매우 중요합니다.

👩 목표

▷ 감정의 혼란에 대하여 다양한 관점으로 바라보기

👷 준비물

▷ 각 학생에게 제공할 '과연 내 기분이 다시 좋아질까?-이야기'(활동지 10)

👩 진행 절차

1. 수업의 목적을 설명한 후, 각 학생에게 '과연 내 기분이 다시 좋아질까?-이야기'(활동지 10)를 나누어 줍니다. 학생들에게 조용히 이야기를 읽고 활동지 하단에 짧은 감상을 적도록 합니다.
2. 학생들이 이야기를 다 읽고 감상을 적으면, 내용 질문과 개인 질문을 토론합니다.

👨 토론

내용 질문

1. 이야기 속의 케이시가 열다섯 살일 때 어떤 감정을 느꼈나요? 열일곱이 된 지금은 그 당시에 느꼈던 부정적인 감정들을 그때만큼 나쁘게 느끼나요?

129

2. 특정한 상황이 케이시를 화나게 한 것이었나요? 혹은 케이시는 평소에도 기분이 안 좋나요?

3. 케이시의 감정은 어떻게 변했나요?

개인 질문

1. 케이시와 비슷한 경험을 한 적이 있나요?

2. 부정적인 감정이 평생 지속되지는 않는다는 사실을 깨닫는 것이 자신에게 도움이 되나요?

3. 오늘 배운 정보가 어떻게 유용할까요?

후속 활동

선배 학생들을 불러서 격렬한 감정들에 대해 대화를 나누도록 하고, 그 감정들의 정도가 성장하면서 줄었는지에 대한 이야기도 함께 나누도록 합니다.

과연 내 기분이 다시 좋아질까?

17세

이름: _____ 날짜: _____

지시사항: 이야기를 읽고, 하단의 빈 공간에 자신의 감상을 적어 봅니다.

처음 우울해지기 시작했을 때 나는 열다섯 살이었다. 삶에서 특별히 나를 기분 나쁘게 하는 일은 없었다. 좋은 친구들이 있었고 부모님과 꽤 잘 지냈고 학교생활도 잘했다. 때로는 여동생과 싸웠지만 그것이 나쁜 감정의 원인은 아니었다. 그냥 교실에 앉아 있거나 점심시간에 놀다가도 갑자기 기분이 우울해지곤 했다. 때로는 그런 기분이 하루 종일 지속될 때도 있었고 때로는 한 시간 만에 기분이 좋아지기도 했다. 매우 혼란스러웠다.

더 안 좋은 것은 이런 기분을 느낄 때마다 가끔 사람들에게 시비를 걸고 싶었다는 점이다. 아무런 이유 없이 부모님께 말대꾸해서 결국 부모님과 싸우게 되고, 아니면 가끔 친구들을 괴롭히기도 했다. 그건 정말 창피한 일이었고, 왜 그랬는지 이해할 수 없었다. 그래서 부모님은 결국 나에게 상담사를 만나게 해 주기로 결정하셨다. 처음에는 그렇게 한다는 것에 정말 화가 났고, 난 아무 말도 하지 않겠다고 했다. 나를 미쳤다고 여기는 게 틀림없다고 생각했다. 하지만 내겐 선택권이 없었다. 첫 번째 상담 시간 동안, 상담사는 내가 상담을 받으러 오는 일이 싫을 수 있다는 것을 이해한다고 말해 주었다. 왜냐하면 내가 자신을 정말 문제가 있다고 생각할 수 있기 때문이라고 했다. 상담사는 부모님에게 들은 것을 근거로 내게 문제가 있다고 생각하지 않는다고 말했고, 사춘기 초반의 우울감과 분노는 매우 정상적인 것이라고 설명했다. 그런 말을 들으니 안도감이 느껴졌지만 그래도 나는 상담사에게 많은 말을 하려고 하지 않았다. 상담사가 나에게 이 감정기복이 얼마나 오래 지속될 수 있는지 설명해 주었다. 감정기복은 수개월 혹은 최대 1년 동안 지속될 수도 있지만, 호르몬의 영향이라면 영원히 지속되지 않을 것이고, 약이 도움이 될 수 있다고 했다. 그리고 내가 마음만 먹으면 이런 기분을 다스릴 수 있는 방법을 찾을 수 있도록 도와줄 수 있다고 말했다.

나는 기분이 좀 좋아진 채로 첫 상담을 마쳤다. 적어도 내가 정상이라는 것을 알았고 나만 이런 기분을 느낀 것은 아니라는 것을 알게 되었다. 또한 이 기분이 평생 지속되지는 않을 것이라는 것을 알게 되어 기뻤다. 그러나 여전히 이런 감정들을 잘 다루는 데 도움을 줄 수 있는 사람이 있다고 확신하지는 않았다. 하지만 상담은 가야 했으니 한번 시도해 보는 게 낫겠다고 생각했다. 어떤 것이든 내가 지금 느끼는 것보다 나을 것 같았다. 두 번째 상담에서 상담사에게 내가 어떤 감정을 느끼는지에 대해 조금 더 말해 주었다. 나는 우울해졌을 때 모든 것이 끔찍해 보인다고 말했다. 상담

과연 내 기분이 다시 좋아질까?

사는 나에게 불행의 척도를 보여 주면서 상황을 균형 있게 보는 법을 배우도록 도와주었다. 척도는 1부터 10까지 실제 상황이 얼마나 나쁜지를 평가하는 것이었다. 상담사는 또한 나쁜 감정을 느끼기 시작할 때 참고할 수 있도록 내가 즐겨 하는 일이나 기분이 나아지도록 도와주는 일들의 목록을 만들자고 제안했다. 그러면서 나쁜 감정이 계속 커지도록 내버려 두기보다는 그것에서 벗어나기 위해 억지로 뭔가를 해야 할지도 모른다고 했다. 하지만 나는 가끔 기분이 안 좋을 때는 잠만 자고 싶었기 때문에 어려울 거라고 말했다. 상담사는 그것이 정상이라고 말했지만, 그렇게 되면 우울해지는 것이 더 심해질 수 있기 때문에 활동적으로 지내는 것이 더 좋다고 말했다. 그리고 다른 내담자 중 몇 명은 일기를 쓰거나 음악을 듣거나 그림을 그리는 것이 우울증을 극복하는 데 도움이 되었다고 말해 주었다.

한동안 상담사를 계속 만났고 기분은 좋아지기 시작했다. 지금 나는 열일곱 살이고 훨씬 덜 우울해졌다. 전보다 짜증을 덜 내게 되었고, 비록 여전히 감정이 안 좋을 때도 있지만 예전처럼 자주 그러지는 않는다. 지금은 우울해진다 해도 그것이 영원히 지속되지 않을 것임을 알고, 내가 미친 사람이 아니라는 것도 안다. 최근에 열네 살인 여동생이 내가 열다섯 살이었을 때 그랬던 것처럼 행동하기 시작했다는 것을 알게 되었다. 어머니가 여동생에게 그것은 단지 사춘기일 뿐이라고, 극복할 수 있을 것이라고 말하는 것을 들었다. 나도 겪어 봤던 일이라고 생각한다.

－케이시, 17세

소문과 관계

 발달의 관점

이 단계의 청소년들은 좀 더 추상적으로 생각하며 관계에서 생기는 많은 문제들을 다양한 관점에서 바라보는 능력을 갖기 시작하지만, 대부분 여전히 다른 사람들과 소통하는 방식에서 성숙하지 못합니다. 소문, 뒷담화 그리고 근거 없는 가정은 사춘기를 겪는 동안 대인관계에 많은 어려움을 초래할 수 있습니다.

목표

▷ 소문, 뒷담화 그리고 가정하는 것의 부정적인 영향 알아보기
▷ 소문, 뒷담화 그리고 가정하는 부정적인 행동을 중단하는 방법 배우기

준비물

▷ 각 학생에게 제공할 종이, 연필
▷ 다음의 메시지가 적힌 종이카드

선생님이 이사야에게 뭐라고 말했는지 못 믿을걸. 만약 성적을 올리지 않으면 축구를 절대 하지 못하게 하고, 부모님께 전화해서 일주일 내내 집 밖으로 못 나가게 하라고 말씀드린대. 그리고 선생님 수업뿐만 아니라 다른 과목의 성적도 올리기 전까지는 이사야를 못 만난다고 여자 친구한테 말하겠다며 협박했어. 그리고 선생님은 이사야에게 학교의 모든 선생님들이 이사야가 학교에서 가장 게으른 학생이라고 생각한다고 그랬대.

진행 절차

1. 교실 앞에 나란히 서 있을 지원자 8명을 뽑고 수업을 시작합니다. 첫 번째 지원자를 따로 옆에 세워 놓고 그 사람에게 메시지를 전달합니다. 그리고 그 지원자에게 다음 사람에게 말하도록 하고, 그 사람은 그다음 사람에게 말하도록 합니다. 제일 마지막에 있는 사람에게는 메시지를 큰 소리로 말하도록 하고 처음의

133

메시지와 비교해 보도록 합니다.

2. 소문과 뒷담화에 대한 개념에 대해 토론하고 메시지가 한 사람에게서 다음 사람에게로 전달될 때 얼마나 쉽게 왜곡될 수 있는지를 생각하면서 활동을 설명합니다. 학생들에게 그들의 나이대에 소문과 뒷담화가 얼마나 흔한지, 그리고 그것들이 관계에 어떤 영향을 미치는지 물어봅니다.

3. 학생들에게 종이와 연필을 꺼내서 다음에 대하여 대답을 이끌어 내도록 합니다.
   ▶ 첫째, 소문이나 뒷담화의 대상이 된(혹은 어떤 식으로든 연관이 되었던) 때를 떠올린다.
   ▶ 둘째, 그 일이 일어났을 때 어떤 감정을 느꼈는지 떠올린다.
   ▶ 셋째, 그 소문과 뒷담화가 자신에 대해 무엇을 말했는지를 떠올린다. 소문이 실제로 자신이 그렇다는 것을 말했는가?
   ▶ 넷째, 소문이나 뒷담화에 따르는 결과를 파악한다.

4. 학생들에게 짝을 지어 무엇을 썼는지 토론해 보라고 합니다. 전체 그룹에서는 결과를 포함하여 소문과 뒷담화와 관련된 감정들을 논의합니다. 사실을 확인하지 않고 가정하면서 바로 결론을 내 버리는 것에 대한 개념을 소개합니다. 학생들에게 이 행동이 소문과 뒷담화, 그리고 관계에 미치는 부정적인 영향과 관련이 있는지 의견을 나누도록 합니다. 소문에 귀를 기울이면 행동에 어떤 영향을 주는지를 설명하기 위해 다음과 같은 악순환 과정을 설명합니다.
   ▶ 학생 1은 자신에 대한 소문을 듣는다.
   ▶ 학생 1은 화를 내며 소문에 반응한다.
   ▶ 학생 2는 학생 1의 행동에 반응한다.
   ▶ 학생 1은 학생 2의 행동에 반응한다.
   ▶ 그리고… 누군가가 그 순환을 깨뜨릴 때까지 계속 반복한다.

5. 학생들에게 악순환을 멈추는 것을 가르칩니다. 그러기 위해서는 우선 자신에 대해 다른 사람들이 말하는 것이 사실인지 생각해 볼 필요가 있습니다. 사실이 아니라면 화낼 만한 가치가 있는 것일까? 다른 사람들이 자신에 대해 말하는 것을 통제할 수 있을까? 둘째로, 가정을 하기 전에 먼저 사실을 확인할 필요가 있습니다. 다음 예제를 따라 설명합니다.

조시는 학교 복도를 걸어가다가 에이미와 마주치고는 에이미에게 남자 친구인 피터를 보았는지 물었다. 그러자 에이미는 "응, 하지만 지금은 찾지 않는 게 좋아. 피터는 카라와 점심을 먹고 있거든."이라고 대답했다. 조시는 피터가 더 이상 자신을 좋아하지 않으며, 전날 밤 자신과 함께 있지 않았기 때문에 카라와 함께 있었을 거라고 가정했다. 조시는 방과 후까지 기다렸다가 피터와 대면하면서 이렇게 말했다. "어젯밤에 카라랑 같이 있었던 거 알아. 나와의 관계는 없던 걸로 해. 너와 어떤 관계도 맺고 싶지 않아." 조시는 피터의 얼굴에 그가 준 편지와 반지를 던지고는 주차장 쪽으로 달려갔다. 피터는 조시의 뒤를 따라가서 "그래, 뭐, 네가 그걸 원한다면 나도 네가 내 인생에서 사라졌으면 좋겠어."라고 소리쳤다.

학생들에게 이 상황에서 두 사람이 진실이라고 알고 있는 것이 무엇인지 물어봅니다. 조시의 가정들이 조시와 피터의 행동에 어떻게 영향을 미쳤는지에 대해 토론하도록 합니다. 악순환 과정을 다시 참고하면서 조시가 이러한 가정을 하지 않았다면 순환 과정에서 어떻게 달라졌을지 학생들에게 설명해 보라고 합니다.

6. 내용 질문과 개인 질문에 대해 토론합니다.

토론

내용 질문

1. 청소년의 관계 속에서 소문, 뒷담화, 가정하는 것이 흔하다고 생각하나요? 그렇다면 이러한 요인들은 관계에 어떤 영향을 주나요? 이러한 영향은 부정적인가요, 긍정적인가요?

2. 사람들이 결론을 곧바로 내거나 소문이나 뒷담화를 들을 때, 부정적인 악순환 과정을 어떤 방법으로 멈출 수 있나요?

개인 질문

1. 소문, 뒷담화 혹은 근거 없이 결론을 곧바로 내리는 것에 영향을 받은 적이 있나요? 그렇다면 관계에 어떤 영향을 미쳤나요?

2. 다른 사람이 자신에 대해 뒷담화하는 것을 들었다면 그들이 말하는 것이 사실인지 먼저 생각하나요? 만약 사실이 아니라면 화를 내는 것이 어떤 도움이 될까요? 사실이라고 해도 그것이 자신이 좋은 사람이 아니라는 것을 의미하나요?

3. 근거 없이 결론을 내리거나 소문과 뒷담화의 유혹에 빠지는 태도를 바꾸고 싶나요? 만약 그렇다면, 무엇을 바꾸고 싶고 어떻게 바꿀 수 있을까요?

후속 활동

학생들에게 소문과 뒷담화로 특징지어지는 관계를 초래하는 악순환 과정을 피하기 위해 사실을 확인하는 활동을 실행해 보라고 합니다. 사실을 확인하는 효과에 대한 짧은 보고서를 쓰도록 합니다.

사회성 발달 2   이별의 아픔

👨‍🦰 발달의 관점

일부 청소년들은 남보다 더 일찍 이성을 사귀기 시작하지만, 더 깊은 감정으로 관여된 진지한 관계는 보통 16세 이후에 시작됩니다. 중학생 때보다 조금 더 성숙해졌다 할지라도 청소년기의 깊은 관계를 다루는 능력은 각 개인의 추상적인 사고와 정신적인 성숙 정도에 크게 좌우됩니다.

👩 목표

▷ 연인관계의 끝에 생기는 그와 관련한 감정과 문제 파악하기

▷ 연인관계의 끝을 효과적으로 다루는 방법 배우기

▷ 이별은 한 사람의 가치를 반영하지 않는다는 것을 깨닫기

👷 준비물

▷ 칠판

▷ 각 학생에게 제공할 종이와 연필

▷ '분노, 우울, 죄책감, 좌절감' 단어가 각각 적힌 4장의 종이

▷ 각 그룹에게 제공할 백지와 마커

▷ 각 학생에게 제공할 '이별의 아픔-이야기'(활동지 11)

▷ 각 학생에게 제공할 '이별의 아픔-에세이'(활동지 12)

👩 진행 절차

1. 학생들에게 종이와 연필을 꺼내서 연인관계의 이별과 관련 있다고 생각하는 감정들의 목록을 브레인스토밍하게 하면서 수업을 시작합니다. 이를 칠판에 적습니다. 그리고 다음과 같은 관계가 어떤 식으로 끝날 수 있는지에 대해 토론하도록 합니다. 즉, 한 사람만 원하고 다른 한 사람은 원하지 않는 이별, 성숙한 합의하에 둘 다 원하는 이별, 충동적인 싸움으로 벌어진 이별, 부모의 반대로 헤어진

이별입니다. 이러한 경우 각각 감정과 생각이 같은지 또는 상황에 따라 달라질지에 대해 토론합니다.

2. 감정 단어가 각각 적힌 종이 4장을 게시합니다. 학생들을 4개의 그룹으로 나누고, 이 단어 중 하나를 각 그룹에 배정합니다. 각 그룹에게 백지와 마커를 주고 감정 단어와 관련된 생각을 적으라고 합니다. 가령 '죄책감'이라는 단어라면 '내가 관계를 잘되게 하기 위해 더 노력했어야 했다'는 생각을 적을 수 있습니다. 이후, 각 그룹에게 전체 그룹과 결과를 공유하라고 합니다. 특정한 감정과 사고 방식의 연관성을 강조합니다. 즉, '분노'는 상대방이 저지른 것은 해서는 안 될 행동이라는 생각과 관련 있습니다. '우울'은 어떠한 상황이 끔찍하다거나, 특정한 관계가 없는 삶을 상상할 수 없다거나, 관계가 잘 풀리지 않아서 자신에게 문제가 있다는 생각과 관련 있습니다. '죄책감'은 뭔가 다르게 행동했어야 했다는 생각과 관련이 있고, '좌절감'은 불편함을 견딜 수 없고 관계를 다루는 것을 어려워하지 말아야 한다는 생각과 관련이 있습니다.

3. '이별의 아픔-이야기'(활동지 11)를 각 학생에게 나누어 줍니다. 학생들에게 이야기를 읽고 마지막에 질문에 답하도록 합니다.

4. 4명씩 한 그룹으로 나누어 이야기에 대한 감상과 질문에 대한 답변을 서로 논의하게 합니다.

5. 내용 질문과 개인 질문에 대해 토론합니다.

토론

내용 질문

1. 이야기 속에 나온 소녀의 경험이 우리 나이대에 전형적인 것이라고 생각하나요? 왜 그렇게 생각하나요?

2. 이야기 속 소녀가 이별에 대처하는 방법에 대해 어떻게 생각했나요? 이런 상황에서 제안할 수 있는 좀 더 건강한 대처 방법이 있을까요?

3. 만약 상대방이 헤어지자고 했다면 자신은 가치가 없는 사람인가요?

4. 만약 상대방과 헤어지고 나쁜 감정을 느껴도 참을 수 있나요? 언젠가는 다시 기분이 좋아질 것이라고 생각하나요? 그렇다면 안 좋은 감정에서 벗어나기 위해 무엇을 할 수 있나요?

5. 헤어지길 원하는 쪽이 자신이라면 기분과 생각은 달라질 것이라 생각하나요? 왜 그렇게 생각하나요?

개인 질문

    1. 이야기 속 상황과 같은 경험을 해 본 적이 있나요? 그렇다면 어떤 감정이 들었었나요?

    2. 이별을 경험해 보았다면 어떻게 대처했나요? 그 대처법은 건강했나요, 건강하지 않았나요?

    3. 이별을 경험해 보았다면 이별의 어떤 부분이 가장 힘들었나요?

후속 활동

학생들에게 '이별의 아픔–에세이'(활동지 12)를 읽도록 하고, 이별을 했었다면 그때 어떤 감정을 느꼈는지에 대한 이야기 혹은 시를 쓰도록 합니다.

이별의 아픔

이름: _____   날짜: _____

지시사항: 다음의 이야기를 읽고, 문제에 답해 봅니다.

이것은 이별의 아픔을 다루기 위해 노력했던 나의 이야기다.

셰인을 처음 봤을 때, 항상 수업 시간에 조용히 앉아 있었기 때문에 완전히 왕따인 줄 알았다. 그러던 어느 주말, 우리가 같은 무리와 어울렸다는 것을 깨달았고 셰인을 볼수록 더 알고 싶어졌다. 나는 셰인에게 전화를 하기 시작했고 우리는 한 달 정도 이야기를 나누었다. 그리고 결국 그가 나에게 데이트 신청을 했고, 물론 나는 승낙했다.

셰인은 정말 다정했다. 어느 주말엔가 셰인은 시내에 갔다 왔는데 내가 보고 싶었다며 장미를 선물해 주었다. 그때 우리는 사귄 지 2주 됐었다. 나는 너무 행복했다… 아무도 나에게 장미를 선물해 준 적이 없었다. 셰인은 나를 보기 위해 항상 우리 집에 왔고 주말에는 친구들과 함께 놀았다.

셰인의 가장 친한 친구는 트래비스였고, 내 친구는 앤지였다. 앤지도 셰인의 친구였고 둘에겐 짧은 과거가 있었다. 내가 걱정할 일은 아닌 것 같았기에 별로 신경 쓰지 않았다. 어느 날 우리 집에 앤지와 셰인 그리고 트래비스가 올 때까지는 모든 일이 순조롭게 진행되었다. 앤지는 셰인과 시시덕거리고 있었다. 다음 날 나는 앤지에게 그것 때문에 화가 났다고 말했다. 앤지는 내게 아무 일도 없었다고 말했지만 나는 앤지한테 셰인에게 가까이 가지 말라고 경고했다.

셰인과 사귄 지 두 달 정도 되었을 때쯤, 사이가 서로 멀어지기 시작했다. 우리는 겨우 주말에만 가끔 대화할 수 있었는데, 어느 월요일에 셰인이 복도에서 쪽지를 주었을 때 가슴이 철렁 내려앉았다. 이틀 동안 이야기를 나누지 않은 탓에 그 쪽지를 읽기도 전에 눈물이 나오기 시작했다. 내게 쪽지를 건네주는 순간 거기에 무엇이 적혀 있는지 알았다. 나는 학교에서 조퇴한 후 그 쪽지를 계속 읽으면서 더 심하게 울었다. 셰인은 이별이 내 잘못이 아니라 가족 문제와 관련이 있고, 지금 우리의 관계를 감당할 수 없다고 말했다. 미안하다며 우리가 여전히 친구로 지낼 수 있기를 바란다고 했다.

그 후 며칠 동안 밥도 먹지 못했다. 눈물이 마를 때까지 많이 울었다. 그러고는 조금 기분이 나아지기 시작했고 트래비스와 이야기를 나누기 전까지는 잘 극복하고 있다고 생각했다. 트래비스가 셰인과 내가 헤어진 지 나흘 후에 앤지가 셰인에게 가끔 그를 친구 이상으로 생각한다는 내용의 쪽지를 썼다고 말해 주었다. 두 사람은 서로 이야기를 나누고 있었는데 나는 전혀 몰랐던 것이다.

이별의 아픔

17세

　앤지에게 너무 화가 났다. 이별을 감당하기도 힘들었지만 이젠 내 절친이 한 일에 대해서도 감당해야 했다. 나는 여전히 셰인을 사랑하지만 이제 그는 앤지와 함께 있다. 그렇게 4주가 흘렀다. 결국 나는 앤지에게 그냥 셰인과 사귀라고 말했다. 왜냐하면 내게 기회가 없다는 것을 알았고 셰인이 행복하기를 원했을 뿐이다. 앤지에게 그런 말을 하는 것이 얼마나 힘들었는지, 셰인을 더 이상 신경 쓰지 않는 척하는 것이 얼마나 힘든지 이해할 수 있는 사람이 있을까. 셰인이 수업 시간에 교실 건너편에 앉아 내가 아닌 앤지를 생각하는 모습을 보기가 힘들다. 더 이상 내가 셰인에게 아무런 의미도 없다고 생각하니 정말 우울하다.

　지금 내가 할 수 있는 일은 바쁘게 지내고, 시간을 갖고, 관계는 끝났으니 셰인은 다시 돌아오지 않을 것이라는 사실을 나 자신에게 상기시켜 주는 것이다. 여전히 믿기 어렵다. 앤지와의 관계가 끝나더라도 셰인이 나에게 돌아오지 않을 것이라는 사실을 받아들이기 힘들다. 나는 시를 쓰기도 하는데, 시는 내가 느끼는 감정을 간접적으로 말할 수 있도록 도와준다. 헤어진 뒤 한두 주 동안에는 울기만 했는데, 이상하게도 지금은 울고 싶어도 눈물이 나오지 않는다. 내겐 남은 눈물이 없다. 적어도 셰인을 위한 눈물은. 이런 감정을 추스리기 위해 최선을 다하고 있지만 너무 힘들다.

—앨리시아, 15세

1. 앨리시아가 경험한 감정들은 어떤 것이 있나요?

2. 앨리시아가 왜 이 상황을 다루는 데 힘들어했다고 생각하나요?

3. 앨리시아는 사실일 수도 있고 아닐 수도 있는 가정을 하고 있었나요?

4. 앨리시아는 이 문제를 다루기 위해 무엇을 했나요? 이 방법들이 좋았다고 생각하나요?

이별의 아픔

　모든 것이 너무 혼란스러워서 똑바로 생각할 수 없다. 오늘 이후로 기분이 어떨지 모르겠다. 그가 너무 그리울 것이다. 그를 잊을 수 없다. 난 정말 이것과 고군분투하는 중이고, 설령 아니더라도 고군분투하는 것 같은 감정을 느낀다. 내 안에서 감정들이 뜨거운 피가 솟구치는 것처럼 분출되고 있다. 마음속 깊은 곳은 텅 비어 있지만, 동시에 그를 여전히 너무 사랑하기 때문에 채워진 느낌도 든다. 그를 얼마나 사랑하는지, 그리고 어떻게 더 이상 사랑하지 않을 수 있는지 설명하기 힘들다. 그가 나를 떠날 수 없도록 그의 길을 막고 싶다. 내가 느껴서는 안 되는 감정들이지만 나는 느끼고 있고, 이 감정들과 맞설 수 없을 것 같다. 나는 더 이상 내가 원했던 나 자신이 아니다. 내가 되고 싶었던 사람이 아니다. 그럴 수 있으면 좋겠지만, 과거로 돌아간다고 해도 변하는 건 없다. 아마 나 빼고 모든 사람들은 내가 무엇을 해야 하는지 알 것이다. 알고 있으면서도 왜 그렇게 하지 못하는 걸까?

-카트리나, 16세

사회성 발달 3

점점 멀어져 가는 것

발달의 관점

이 발달 단계의 청소년들은 성숙의 속도에 따라 점점 독립적으로 변하고 중학교 시절보다 자신의 개성을 표현하는 것을 두려워하지 않습니다. 결과적으로, 그들은 집단에서 느끼는 편안함과 소속감에 덜 의존하게 됩니다. 청소년들은 성숙해지면서 자신에게 중요한 것에 대해 더 생각하게 되며 관심사와 행동, 가치관이 변하면서 기존에 있던 친구들과 멀어질 수도 있습니다.

목표

▷ 성숙해지면서 우정이 변한다는 것 배우기
▷ 우정에서 무엇이 중요한지 명확히 하기

준비물

▷ 각 학생에게 제공할 '점점 멀어져 가는 것–활동지'(활동지 13)
▷ 각 학생에게 제공할 연필과 종이

진행 절차

1. 학생들에게 초등학교 때 친한 친구를 생각해 보라고 하며 수업을 시작합니다. 여전히 그 사람들과 친구라면 손을 들도록 합니다. 청소년들이 자라면서 어른 및 또래와의 관계는 다양한 이유로 변한다는 사실을 토론합니다. 학생들에게서 그 이유가 무엇일지를 이끌어 냅니다.
2. '점점 멀어져 가는 것–활동지'(활동지 13)를 각 학생들에게 나누어 준 뒤, 정보를 작성하도록 합니다.
3. 학생들에게 그룹을 만들어 활동지에 대한 답변을 토론하도록 합니다.
4. 내용 질문과 개인 질문에 대해 토론합니다.

토론

내용 질문

    1. 이번 활동에서 자신의 관계들에 대해서 무엇을 알게 되었나요?

    2. 어떤 이유로 당신의 관계가 바뀐다는 것을 알게 되었나요? (답변을 공유합니다.)

개인 질문

    1. 만약 자신의 관계가 대부분 바뀌었다면 이것에 대해 어떻게 생각하나요?

    2. 또래와의 관계가 더 많이 바뀌었다고 생각하나요? 아니면 어른과의 관계가 더 많이 바뀌었다고 생각하나요?

후속 활동

    학생들에게 더 이상 관계를 맺고 잊지 않은 사람들에게 편지를 쓰도록 합니다. 그리고 관계에 대해 어떻게 느끼는지를 표현하고 그들의 추억을 공유하도록 합니다. 편지를 보낼지 말지는 학생들의 선택입니다.

점점 멀어져 가는 것

17세

이름: _____ 날짜: _____

지시사항: 다음의 설명을 따라 활동지의 각 부분에 답해 봅니다.

나와 친하게 지냈던 사람 6명의 이름을 씁니다(또래 혹은 어른): 초등학교 때 3명, 중학교 때 3명

초등학교 때	중학교 때

만약 그들과 아직도 매우 친하다면 이름 옆에 숫자 1을 적습니다. 어느 정도 친하다면 숫자 2를 적고, 전혀 친하지 않다면 숫자 3을 적습니다.

2와 3이라고 적은 사람들과 왜 더 이상 많이 친하지 않은지 생각해 봅니다. 그리고 다음 중 그 이유가 될 것 같은 항목에 체크해 봅니다.

_____ 관심사가 서로 달라져서

_____ 예전만큼 그들에게 의지하지 않기 때문에

_____ 어렸을 때만큼 어른과 친하게 지낸다는 것이 이젠 멋지지 않아서

_____ 그들은 약, 술 등에 빠졌지만 난 그러지 않아서

_____ 그들은 운동만 하는데 난 그렇지 않아서

_____ 그들은 연인과 대부분의 시간을 보내서

_____ 그들은 금수저인데 난 그렇지 않아서

_____ 그들은 질이 나쁜 사람인데 난 그렇지 않아서

점점 멀어져 가는 것

_____ 그들은 공부벌레인데 난 그렇지 않아서

_____ 성격이 안 맞아서

_____ 음악 취향이 달라서

_____ 다른 무리와 어울리다 보니

_____ 나는 혼자 있는 것이 좋은데 그들은 무리를 좋아해서

_____ 다른 학교에 가기 때문에

_____ (나의 이유를 적는다) _____

_____ (나의 이유를 적는다) _____

만약 앞에 적은 사람들과 친하지 않다면, 그것에 대한 감정은 어떤가요?

_____

_____

_____

_____

만약 앞에 적은 사람들과 여전히 친하다면, 이 관계들에 대해 어떻게 생각하나요?

_____

_____

_____

_____

사회성 발달 4

그들은 나를 왜 이렇게 취급하는 걸까?

발달의 관점

이 단계의 청소년들은 점점 성숙해진다 할지라도 여전히 친구 문제로 시름을 겪습니다. 친구들의 거절은 매우 흔하고, 친구가 공부, 운동, 음악에서 더 뛰어나면 질투를 느낍니다. 경쟁은 장학금과 상을 받기 위해 경쟁하기 시작하는 고학년이 될수록 만연해집니다. 거절과 친구들 사이의 관계를 다루는 방법에 대해 배우는 것은 청소년들에게 매우 중요한 문제입니다.

목표

▷ 친구에게 거절당하면 느낄 수 있는 감정 알아보기

▷ 다른 사람에게 거절당했다고 해서 자기비하를 하지 않는 방법 배우기

▷ 거절을 다루는 효과적인 방법 배우기

준비물

▷ 각 학생에게 제공할 '그들은 나를 왜 이렇게 취급하는 걸까?—시'(활동지 14)와 연필

진행 절차

1. 친구들이 서로 거절하는 이유와 거절을 당했을 때 느낄 수 있는 감정들에 대해 토론하며 수업을 시작합니다.

2. '그들은 나를 왜 이렇게 취급하는 걸까?—시'(활동지 14)를 각 학생에게 나누어 줍니다. 학생들에게 시를 읽고 끝부분의 문제에 답변하도록 합니다.

3. 파트너를 찾아 시와 그에 대한 답변에 대해 토론하라고 합니다.

4. 내용 질문과 개인 질문에 대해 토론합니다.

토론

내용 질문

　　1. 이 시는 자신에게 어떤 의미를 부여했나요? 글쓴이가 어떤 문제를 다루고 있었다고 생각하나요?

　　2. 다른 사람들이 왜 글쓴이를 존중하지 않았다고 생각하나요?

　　3. 글쓴이는 이 상황을 어떻게 건강한 방법으로 대처할 수 있다고 생각하나요?

　　4. 만약 사람들이 그녀를 좋아하지 않는다는 이유로 글쓴이는 자신을 비하하는 것이 옳다고 생각하나요?

개인 질문

　　1. 친구들에게 거절당하거나 불공평하게 취급당한 적이 있었다면 그 상황을 어떻게 다루었나요?

　　2. 다른 방법으로 행동했다면 상황이 더 좋아졌을 것이라고 생각하나요?

　　3. 누군가에게 거절을 당했었다면, 그 사람이 자신을 싫어한다는 이유로 자신을 비하하거나 좋은 사람이 아니라고 생각한 적이 있나요? 만약 누군가가 자신 또는 자신의 행동을 거절한다면 나는 좋은 사람이 아니라는 의미인가요?

　　4. 친구들과 이러한 문제를 겪는 사람이 있다면 어떤 조언을 줄 수 있나요?

후속 활동

　　학생들에게 친구들과의 문제에 대해 고민 상담 편지를 쓰도록 하고, 문제를 어떻게 해결할 수 있는지에 대해 답변하도록 합니다.

그들은 나를 왜 이렇게 취급하는 걸까?

17세

이름: _____   날짜: _____

지시사항: 다음의 시를 읽고, 끝부분의 문제들에 답변해 봅니다.

나는 많은 걸 바라지 않았어.

오직 답변 하나.

근데 그게 무리한 요구였나?

왜?

왜 하필 나야?

내가 소중하게 생각했던 사람들은 다 떠나거나 변해서, 왜 더 이상 예전과 같은 사람들과 지낼 수 없는 거지?

왜 하필 나야?

왜 모든 사람들이 나를 무시하고 존중하지 않는 거지?

우리 사회가 어떤지 알아. 그렇지만 내게는 도가 지나쳤어.

그들은 행동하기 전에 깨닫지 못하는 걸까?

가끔은 모든 것을 끝내버리는 게 쉽다고 생각하지만, 만약 그렇게 한다면 그냥 그들한테 지는 거야.

그렇게 둘 순 없지. 그들을 향한 내 증오와 그들이 날 가치 없는 사람이라고 생각하는 것이 내 원동력이니까.

기다려 봐. 모두가 잘못되었다는 것을 증명할 거야.

그러면 그들이 고통스러워 할 거야.

내가 성공하면 내게 아부하러 오겠지만 나는 지옥에나 가라고 말해 줄 거야.

그런 걸 당해도 싸.

그들이 우월하다고 생각하는 것은 자신들이 일종의 '우월한 인종'이라는 거겠지.

그들의 부모가 영향력을 행사하는데 왜 그들이 귀하게 여겨지는 걸까? 부모가 그렇다고 해서 그들이 더 나은 애들이라는 것도 아닌데.

원한을 품어서는 안 되지만, 날 그렇게 취급한 이상 어쩔 수 없어.

누군가 내 입장이 된다면 알게 될 거야.

그들은 나를 왜 이렇게 취급하는 걸까?

그들은 자신들이 날 안다고 생각하겠지만, 틀렸어.

날 전혀 알지 못해.

아마 언젠가 그들이 좀 더 성숙해지면 이해할 거야.

그땐 내가 왜 그렇게 행동할 수밖에 없었는지 이해할 거야.

마치 그들이 말했던 것처럼, '정상에 있는 것은 외로워.'

그들이 겪었던 외로움보다 훨씬 더 외로울 거야.

왜 하필 나야?

−앨리슨, 17세

1. 이 시가 무엇을 의미한다고 생각하나요?

2. 글쓴이가 표출한 원초적인 감정들은 무엇인가요?

3. 다른 사람들이 글쓴이에게 한 일은 무엇이라고 생각하나요? 그리고 왜 그렇게 취급했다
   고 생각하나요?

4. 글쓴이의 인간으로서의 가치는 다른 사람들이 그녀를 대하는 방식과 관련이 있나요? 만
   약 그렇다면 어떻게 그런가요?

| 인지
발달
1 | # 목표를 통해 달성하기 |

17세

👨‍🏫 발달의 관점

이 시기의 청소년들은 여전히 현재에 살기를 선호하지만, 목표를 세우는 것이 중
요한 나이에 가까워지고 있습니다. 현실적인 목표를 갖는 것은 시간 관리와 학업
성취도에 긍정적인 영향을 미칠 수 있습니다.

👩‍🏫 목표

▷ 단기, 장기 목표의 차이점 구분하기

▷ 현실적, 비현실적 목표 구분하기

▷ 단기, 장기 목표를 설정하는 법 배우기

👷 준비물

▷ 각 학생에게 제공할 '목표를 통해 달성하기–활동지'(활동지 15)

▷ 각 학생에게 제공할 연필과 종이

▷ 4명으로 구성된 각 그룹에게 제공할 종이, 마커, 테이프

👩‍🏫 진행 절차

1. 학생들에게 '목표'(계획, 목적 또는 노력이나 야망의 대상)라는 단어를 정의하도록
   하며 수업을 시작합니다. 다음으로, 그들에게 단기 목표와 장기 목표의 차이를
   설명해 달라고 합니다(단기 목표는 보다 즉각적이고, 대개 미래에 있는 장기 목표들
   로 이어집니다). 예를 들어, 장기 목표는 상위권 대학에 들어가는 것일 수 있고,
   단기 목표는 수업을 잘 듣고 좋은 평균 점수를 유지하기 위해 시험공부를 하는
   것입니다.
   학생들에게 다음과 같은 경우 손을 들어 달라고 합니다.
   ▶ 정기적으로 단기 목표 설정하기
   ▶ 정기적으로 장기 목표 설정하기

▶ 설정한 목표를 정기적으로 준수하기

▶ 목표를 설정함으로써 얻을 수 있는 이점에 대해 생각하기

2. '목표를 통해 달성하기-활동지'(활동지 15)를 각 학생에게 나누어 줍니다. 학생들에게 파트너와 함께 서로의 답변을 확인하도록 합니다. 학생들이 활동지에 답변을 마치면, 달성 가능성 측면에서 현실적 목표와 비현실적 목표의 차이를 강조하면서 전체 그룹과 자신의 답을 논의하도록 합니다.

3. 학생들을 4명씩 한 그룹으로 나눕니다. 각 그룹에 종이 한 장, 마커, 마스킹 테이프를 주고, 다음 항목 중 하나를 할당합니다.

▶ 여름 계획

▶ 용돈 벌기

▶ 친구 만들기

▶ 학교생활에서 성취하기

▶ 운동, 그림 혹은 음악에서 성취하기

▶ 취업하기

각 그룹에게 먼저 단기 및 장기 목표를 설정하는 방법을 브레인스토밍하라고 합니다. 예를 들어, "어떤 요소들을 고려해야 하나요?"라는 질문을 할 수 있습니다. 다음으로, 현실적 목표와 비현실적 목표의 구별을 명확히 하도록 합니다. 이 논의를 바탕으로 각 그룹에게 할당된 주제와 관련된 좀 더 현실적인 단기 목표 두 가지와 장기 목표 두 가지를 작성하도록 합니다.

4. 각 그룹이 자신의 예를 전체 그룹과 공유할 수 있는 시간을 줍니다. 그들이 공유하면서 장기 및 단기 목표의 차이, 현실적 및 비현실적 목표의 차이를 명확히 하도록 합니다.

5. 각 학생에게 개인적인 예를 들어 단기 목표와 장기 목표를 적어도 하나씩 쓰도록 합니다. 결과를 공유하도록 합니다.

6. 내용 질문과 개인 질문에 대해 토론합니다.

👤 토론

내용 질문

1. 목표가 현실적인지 아닌지 어떻게 알 수 있나요?

2. 장기, 단기 목표의 가장 큰 차이는 무엇이라고 생각하나요?

3. 목표를 설정하는 것은 중요하다고 생각하나요? 왜 그렇게 생각하나요?

4. 목표 설정을 방해하는 것은 무엇이라고 생각하나요?

5. 목표 달성을 방해하는 것은 무엇이라고 생각하나요?

개인 질문

1. 주로 단기 목표를 설정하나요? 그렇다면 대개 그것을 달성하나요? 그렇지 않다면 무엇이 그것을 방해하나요?

2. 주로 장기 목표를 설정하나요? 그렇다면 대개 그것을 달성하나요? 그렇지 않다면 무엇이 그것을 방해하나요?

3. 삶에서 목표를 설정했을 때 그것을 통해 무엇을 얻었는지를 생각해 볼 수 있나요?

4. 목표 설정을 원했지만 하지 않았던 적이 있나요? 목표를 설정했었다면 결과는 어떻게 달라졌을 것 같나요?

5. 이번 수업을 통해 배운 것을 목표 설정 행동에 어떻게 적용할 수 있을 것 같나요?

후속 활동

학생들에게 일주일 동안 달성할 수 있는 목표를 설정하도록 합니다. 주말에 파트너와 함께 달성 과정을 공유하고 필요하다면 목표를 수정하도록 합니다.

목표를 통해 달성하기

이름: _____   날짜: _____

지시사항: 다음의 목표들을 읽고 현실적 목표에는 R에 동그라미를, 비현실적 목표에는 U에 동그라미를 쳐 봅니다. 단기 목표에는 ST에 동그라미를, 장기 목표에는 LT에 동그라미를 쳐 봅니다.

R U 1. 처음으로 조깅을 하려고 하는데 5km를 뛰겠다는 목표를 설정한다.

R U 2. 영어 시험에서 100점 만점에 75점을 얻었다. 다음 시험 목표는 100점 만점에 80점이다.

R U 3. 현재 고등학교 2학년인 나의 목표는 20세가 되기 전에 유명한 배우가 되는 것이다.

R U 4. 나의 목표는 20세가 되는 다음 달에 차를 사는 것이다. 지금까지 20만 원을 모았다.

R U 5. 나의 목표는 학년이 끝나기 전까지 3명의 여자와 사귀어 보는 것이다. 지금은 3월이고 현재까지 2명의 여자를 사귀었다.

ST LT 1. 학교 악단에서, 두 번째 열 색소폰 연주자에서 첫 번째 열까지 올라가는 것

ST LT 2. 부자가 되는 것

ST LT 3. 차를 사는 것

ST LT 4. 결혼을 하여 교외에서 사는 것

ST LT 5. 대수학 과목에 패스하는 것

인지발달 2 의사결정

👩‍🦰 발달의 관점

이 발달 단계의 청소년들은 추론 능력이 향상되는데, 어떤 때에는 다른 사람들보다 훨씬 더 논리적입니다. 대부분은 다른 대안을 생각하는 능력을 가졌지만, 적절한 선택을 할 수 있는 경험과 자기이해력이 부족한 경우가 많습니다. 점점 더 어려운 결정에 직면하게 되기 때문에 이 분야에서 기술을 개선하기 위해 지속적으로 노력해야 합니다.

👩‍🦰 목표

▷ 구체적인 결정을 내리는 방법 배우기

👷 준비물

▷ 각 학생에게 제공할 '의사결정–활동지'(활동지 16), '의사결정–모델'(활동지 17)
▷ 각 학생에게 제공할 연필, 종이

👩‍💼 진행 절차

1. 결정을 내린다는 것은 하나 이상의 대안으로부터 선택을 하는 과정이라고 설명함으로써 수업을 시작합니다. 하나 이상의 대안이 없을 때는 이러한 과정이 필요 없다는 것을 설명합니다.
2. '의사결정–활동지'(활동지 16)를 각 학생에게 나누어 줍니다. 학생들에게 활동지를 작성하게 한 뒤 답변에 대해 토론하고, 결정을 내리는 것에 필요한 요인을 토론하게 합니다.
3. '의사결정–모델'(활동지 17)을 각 학생에게 나누어 줍니다. 의사결정할 때 필요한 절차들을 논의합니다. 그런 다음, 각 학생들에게 자신이 내려야 할 결정들을 생각해 보라고 하고, 활동지의 빈칸에 답을 쓰도록 합니다.
4. 파트너와 함께 개인의 결정에 적용된 모델에서의 단계에 대해 토론하도록 합

니다.

5. 내용 질문과 개인 질문에 대해 토론합니다.

토론

내용 질문

1. 답변하기 가장 힘들었던 참/거짓 질문은 무엇이었나요?

2. 답변하기 가장 쉬웠던 참/거짓 질문은 무엇이었나요?

3. 의사결정 모델 단계에 관한 의견은 무엇인가요?

개인 질문

1. 결정을 내릴 때 의사결정 모델에 나온 절차들을 따르나요? 만약 그렇다면 이것이 결정에 어떤 영향을 미친다고 생각하나요? 그렇지 않다면 이것을 따랐을 때 결정에 어떤 영향을 미칠 것 같나요?

2. 자신의 의사결정 능력에 대해 어떻게 생각하나요? 쉽게 결정을 내린다고 생각하나요, 혹은 어렵게 내린다고 생각하나요?

후속 활동

학생들에게 그들이 해야 하는 결정들에 의사결정 모델을 적용해 보라고 합니다. 과정에 대한 보고서를 쓸 수 있는 시간을 줍니다.

의사결정

17세

이름: _____   날짜: _____

지시사항: 의사결정에 관한 다음의 문장들을 읽고, 참에는 T, 거짓에는 F를 동그라미 쳐 봅니다.

T   F   1. 무엇을 결정할 때 내가 무엇을 할 수 있는지에 따라 제한된다.

T   F   2. 무엇을 결정할 때 나의 환경에 따라 제한된다.

T   F   3. 무엇을 결정할 때 나의 의지에 따라 제한된다.

T   F   4. 좋은 결정을 내리기 위해서는 나의 가치관, 능력 그리고 나에 대해 알고
            있어야 한다.

T   F   5. 내가 거의 통제할 수 없는 몇 가지 결정이 있다.

T   F   6. 어떤 결정들은 다른 결정들보다 더 중요하다.

T   F   7. 어떤 결정들은 자동적이고 습관적이다.

T   F   8. 사람들은 자신이 하는 결정을 직접 통제할 수 있지만 결과는 통제할 수
            없다.

T   F   9. 결정은 내가 원하는 것과 내가 아는 것을 기반으로 한다.

T   F   10. 훌륭한 결정은 좋은 결과와는 아무 상관이 없다.

T   F   11. 나는 다른 사람과 상의 없이 대부분의 결정을 내려야 한다.

T   F   12. 좋은 결정을 내리려면 행운이 필요하다.

의사결정

이름: _____   날짜: _____

지시사항: 자신이 내려야 할 결정으로 의사결정 모델을 작성해 봅니다.

1. 내가 내려야 할 결정은 무엇인가요? _____

_____

2. 내가 원하는 것은 무엇인가요? _____

_____

3. 가능한 대안들은 무엇이 있나요? _____

_____

_____

_____

4. 각 대안과 관련된 위험 요소와 좋은 점은 무엇이 있나요? _____

_____

_____

_____

5. 정보에 입각한 결정을 내리기 위해서는 어떤 정보가 필요하나요? _____

_____

_____

6. 어디서(혹은 누구로부터) 그런 정보를 얻을 수 있나요? _____

_____

7. 나의 결정은 무엇인가요? _____

_____

인지발달 3

결정하는 데 위험을 예측하기

👩‍🏫 발달의 관점

계속해서 추상적인 사고 능력을 기른다고 할지라도, 이 단계의 많은 청소년들은 여전히 좋은 결정을 내리는 능력이 부족합니다. 이들은 아직도 자신을 천하무적 존재로 생각하기 때문에 논리적 사고의 모순으로 인해 위험을 무시하거나 심지어는 간과할 수도 있습니다. 위험을 무시하는 것은 심각한 부정적인 결과를 초래할 수 있습니다.

👩‍🏫 목표

▷ 의사결정과 관련된 위험 요소 구별하기

👷 준비물

▷ 각 학생에게 제공할 '결정하는 데 위험을 예측하기-활동지'(활동지 18)와 연필

👩‍💼 진행 절차

1. 학생들에게 다음의 이야기를 읽고 리카르도가 내린 결정과 관련한 위험 요소들에 대해 생각해 보도록 합니다.

> 열여섯 살인 리카르도는 운전면허도 없었고 운전 연수도 받지 않았다. 그런데도 아버지의 허락도 없이 차를 타고 자주 시내를 돌아다녔다. 지금까지 아버지는 알아채지 못했고 리카도르는 경찰에게 제지당한 적도 없었다. 어느 날 밤 아버지는 집에 없었고, 리카르도는 파티에 정말 가고 싶었지만 거기까지 태워 줄 사람을 찾을 수가 없었다. 그러자 한 가지 방법을 떠올렸다. 리카도르는 이웃집 잔디를 깎는 알바를 해서 그 집의 차고 열쇠를 가지고 있었는데, 버드 아저씨가 자기 차의 열쇠를 점화기에 넣어 두는 것을 알았고 그의 침실은 차고 반대편에 있다는 것도 알고 있었다. 리카르도는 버드 아저씨가 아무 소리도 듣지 않게 하며 차를 차고에서 뺄 수 있다고 생각했다. 불이 꺼지고 잠시 후 리카르도는 버드 아저씨의 집으로 건너

159

가 차를 빌렸다.

2. 리카르도의 결정과 관련하여 일어날 수 있는 위험한 결과에 대해 토론합니다. 그런 다음, 1(낮은 위험)에서 5(높은 위험)까지의 기준을 사용하여 각 위험의 정도를 평가하게 합니다. 학생들이 위험성을 평가하는 방법에 대해 토론하게 합니다.
3. '결정하는 데 위험을 예측하기—활동지'(활동지 18)를 각 학생에게 나누어 줍니다. 2명씩 한 그룹이 되어 작업하도록 합니다. 다 끝나면 두 그룹씩 모여 서로의 답변을 공유하도록 합니다.
4. 내용 질문과 개인 질문에 대해 토론합니다.

 토론

내용 질문

1. 위험에 대해 평가할 때 고려한 요인들은 무엇이었나요?
2. 어떠한 위험도 없을 거라고 생각했던 상황들이 있었나요? (경험을 공유합니다.)
3. 어떤 상황이 가장 위험을 초래할 것처럼 느껴졌나요?

개인 질문

1. 결정을 내릴 때 항상 위험 요소들을 예측하나요? 그렇다면 그것이 도움이 되었나요?
2. 만약 위험을 예측하지 않는다면 그렇게 하지 않는 이유는 무엇인가요? 위험을 무시하는 데는 위험이 따르지 않나요?
3. 어떤 청소년들은 위험을 예측하지만 그것을 피해 갈 수 있을 것이라고 생각합니다. 자신 혹은 자신의 친구 중에 그렇게 생각한 사람이 있나요? 그렇다면 결과는 어떠했나요? 이것은 현명한 방법이라 생각하나요?

후속 활동

학생들에게 결정을 내릴 때 위험을 예측하는 것과 그것이 의사결정 능력에 어떤 영향을 미쳤는지 2명의 선배 학생들을 찾아 인터뷰하라고 합니다. 그들이 찾아낸 것을 전체 그룹과 공유하는 시간을 갖도록 합니다.

결정하는 데 위험을 예측하기

17세

이름: _____   날짜: _____

지시사항: 다음의 상황들을 읽고, 각각의 상황에서 일어날 수 있는 위험을 확인합니다. 그리고 자신이 생각하기에 각 상황에 맞는 위험의 정도에 동그라미를 쳐 봅니다.

1. 나는 시험이 있어서 공부를 해야 하지만, 평상시에 이 과목에서 좋은 점수를 받고 있기 때문에 공부를 하는 대신 쇼핑몰에 가기로 했다.

   가능한 위험   위험의 정도

   _____   낮음 1 2 3 4 5 높음
   _____   낮음 1 2 3 4 5 높음

2. 나는 롤러장에서 남자 친구(또는 여자 친구)를 만나기로 한 사실을 부모님이 아는 것을 원하지 않는다. 그래서 다른 친구한테 나를 데리러 와 달라고 했고 부모님께는 영화를 보러 간다고 말했다.

   가능한 위험   위험의 정도

   _____   낮음 1 2 3 4 5 높음
   _____   낮음 1 2 3 4 5 높음

3. 어머니는 항상 내가 집에 올 때까지 기다리고 계신다. 그러나 오늘 밤 나는 술을 너무 많이 마셨고 귀가해야 하는 시간보다 살짝 늦게 집에 들어갔다.

   가능한 위험   위험의 정도

   _____   낮음 1 2 3 4 5 높음
   _____   낮음 1 2 3 4 5 높음

결정하는 데 위험을 예측하기

4. 나는 부모님이 만나지 말라고 경고한 여자아이(또는 남자아이)를 좋아한다. 여전히 학교에서 그 아이를 계속 만나는데, 학교에는 나의 형제가 함께 다닌다.

가능한 위험   위험의 정도

_____   낮음   1   2   3   4   5   높음

_____   낮음   1   2   3   4   5   높음

5. 누군가가 나에게 마약을 사라고 제안하였고 나는 그것을 샀다.

가능한 위험   위험의 정도

_____   낮음   1   2   3   4   5   높음

_____   낮음   1   2   3   4   5   높음

6. 나는 통금 시간이 불합리하다고 생각하여 12시 대신 새벽 2시에 집에 들어왔다.

가능한 위험   위험의 정도

_____   낮음   1   2   3   4   5   높음

_____   낮음   1   2   3   4   5   높음

7. 나는 이성 친구와 성관계를 하였고 피임기구를 사용하지 않았다.

가능한 위험   위험의 정도

_____   낮음   1   2   3   4   5   높음

_____   낮음   1   2   3   4   5   높음

결정하는 데 위험을 예측하기

17세

8. 나는 너무 우울해서 고통을 줄여 줄 수 있는 알약을 한 움큼 먹기로 결심하였다.

가능한 위험   위험의 정도

_____   낮음 1 2 3 4 5 높음

_____   낮음 1 2 3 4 5 높음

9. 자신의 예를 적습니다: _____

가능한 위험   위험의 정도

_____   낮음 1 2 3 4 5 높음

_____   낮음 1 2 3 4 5 높음

위험한 결정들

인지발달 4

발달의 관점

이전에 해 보지 못한 것을 시도하길 원하든, 자신이 무언가 해낼 수 있는지 알기를 원하든, 어떤 것에 대해 신중하게 생각하지 않든 간에 청소년들은 위험한 결과를 낳는 결정을 내릴 수 있습니다. 청소년들이 결과를 예측하는 법을 배우도록 도와 주는 것은 이 발달 과정에서 중요합니다.

목표

▷ 자신이 내린 결정에 따르는 결과 평가해 보기

준비물

▷ 각 학생에게 제공할 '위험한 결정들—이야기'(활동지 19)

진행 절차

1. 학생들에게 위험한 결정이라고 생각하는 것의 예를 떠올려 보라고 하면서 수업을 시작합니다. 예시를 의논하고 왜 그것이 위험하다고 생각하는지 질문합니다.
2. '위험한 결정들—이야기'(활동지 19)를 각 학생들에게 나누어 주고 읽어 보라고 합니다. 학생들이 다 읽으면 4명씩 한 그룹으로 나누어 그들이 생각하기에 이 이야기에서 나오는 결정들이 위험한 것 같았는지 아닌지, 어떠한 결과가 있었는지 또는 일어날 법했는지, 그리고 이런 결정들이 이전에 토론했던 위험한 결정과의 예시와 비교하여 어떻게 다른지 토론하도록 합니다.
3. 내용 질문과 개인 질문에 대해 토론합니다.

토론

내용 질문

1. 위험한 결정인지 아닌지 무엇을 보고 알 수 있나요?

2. 십 대 청소년들이 결정을 내리기 전에 위험에 대해 고려를 한다고 생각하나요? 만약 그렇지 않다면, 무엇이 결과에 대해 생각하는 것을 막는 것일까요? 청소년들이 위험성을 고려하는 것이 더 좋은 결과로 이어질 것이라 생각하나요?

3. 청소년들이 어떠한 일을 자신이 잘 해결할 수 있을지 혹은 그 일이 어떠한지 알기 위해서 위험한 결정을 내린다고 생각하나요? 이러한 이유 외에도 무엇이 청소년들에게 위험한 결정을 하게 만들었다고 생각하나요?

개인 질문

1. 자신이 느끼기에 위험하다고 생각하는 결정을 내려 본 적이 있나요? 만약 그렇다면 다시 생각했을 때 어떻다고 느꼈나요?

2. 일반적으로 자신이 내리는 대부분의 결정들이 위험한 결정이라고 할 수 있나요? 만약 그렇다면 그 결정들이 부정적인 결과를 낳았나요?

3. 자신이 결정을 내리는 행동에 대해 하나라도 바꾸고 싶은 것이 있나요? 만약 그렇다면, 어떻게 바꿀 수 있을까요?

후속 활동

학생들에게 과거에 한 결정들에 대해 생각해 보라고 하고, 위험했거나 위험했을 수 있었던 결정들에 대해 적어 보도록 합니다. 위험한 결정을 전혀 해 보지 않았던 학생들은 위험하다고 생각하는 가상의 결정들에 대해 적어 봅니다.

위험한 결정들

지난 몇 달간 나는 마약에 빠졌었고 대부분은 술에 찌들어 있었다. 친구들이 모두 술을 마시고 마약을 했기 때문에 큰 문제라고 생각하지 않았다. 약 한 달 전에 있었던 일 때문에, 나는 다시는 술을 마시지 않겠다고 맹세를 하였다. 그때 나는 매우 아팠다. 맥주파티에 갔었는데, 그곳에 가고 싶지 않았지만 이미 돈을 냈기 때문에 돈이 아까워서라도 가는 게 맞다고 생각했다. 그곳에 갔을 때 왜 그랬는지 모르겠지만 나중에 집에 갈 때 부모님이 내가 술을 마셨다는 것을 모르시도록 최대한 빨리 술을 마시고 깰 작정이었다. 계속 술을 마셨고, 집에 들어갔을 때도 여전히 취해 있었다. 운이 좋게도 부모님은 주무시고 계셨다. 나는 상태가 안 좋았고 숙취는 다음 날까지 이어졌다.

이러한 경험이 있고 난 다음에, 남자 친구인 제로드에게 다시는 나를 그렇게 술에 취하게 내버려 두지 말라고 했다. 제로드는 동의하였고 그다음 주 주말에는 술 대신 마약을 아주 살짝만 했는데 큰 문제는 없었다. 시간이 꽤 흐르고 결국 손을 쓸 수 없는 상황이 오고야 말았다. 제로드는 성적이 너무 낮아 학교에서 낙제했다. 결국 직장을 구한 뒤 일을 시작해서 많은 돈을 벌었고, 덕분에 더 많은 담배와 마약을 사들였다. 얼마 후 우리는 이전보다 마약을 더 많이 하게 되었다. 제로드는 대부분 약에 취해 있는 상태여서 직장을 잃었고, 마약을 팔아 돈을 벌기 시작했다. 나는 제로드에게 심하게 화를 내며 인생을 그렇게 낭비할 거면 더 이상 함께하고 싶지 않다고 말하였다. 나는 최소한 나를 위한 목표가 있었고, 내가 제로드를 아무리 좋아했어도 실패자가 되고 싶지는 않았다. 그래서 한동안 그와 같이 지내지 않았는데 내게 친구들이 많지 않았기 때문에 다시 어울리게 됐다. 하루는 학교에서 한 아이가 나에게 마약을 사라고 제안을 했다. 나는 살 돈이 없다고 말했고, 그것이 사실이기도 했다. 한편으로는 마약이 너무 궁금해서 시도해 보고 싶은 마음이 있었지만, 돈이 없었기 때문에 안 된다고 말하였다. 그리고 그날 오후에 나에게 돈을 빚진 아이가 돈을 갚았다. 그 돈이 마약을 사기에 충분치 않다는 것을 알고 그냥 잊어버리기로 했다. 하지만 내가 학교를 나가자 그 아이가 다시 나에게 접근하며 마약을 사길 원하는지 물었다. 그래서 나는 돈이 조금 생겼다고 말했고, 그는 얼마에 마약을 팔겠다고 해서 그것을 샀다.

제로드의 집에 갔을 때 악몽이 시작되었다. 정말로 끔찍했다. 나는 약 때문에 흥분하였다. 모든 것이 왜곡되어 보였고 그것에서 빠져나올 수 없었다. 그 방 안에 있는 모든 사람들이 무서웠고, 가끔은 마치 모든 소리가 메아리치는 방에 있는 것처럼 느껴졌다. 모든 것에서 단절된 느낌이 들었고 나의 세상에서 떠나가 버린 것 같았다. 무엇이 일어나는지 알고 있었으나 어떤 면에서는 알지 못하였다. 너무 상태가 안 좋아서 죽고만 싶었다. 나의 생각들이 계속해서 질주하는 것처럼 맴돌았고 멈출 수가 없었다. 모든 것이 슬로 모션처럼 느껴졌다. 제로드는 지금까지 이렇게 심한 마약

위험한 결정들

17세

부작용을 겪은 사람을 보지 못했기 때문인지 두려워하기 시작했다. 그는 아빠한테 전화를 했다. 그의 아빠는 나를 병원에 데리고 가야 한다고 말했다. 그러나 우리는 내 부모님이 아는 것을 원치 않았기 때문에 제로드는 계속 내 곁에 있어 줬다. 정말로 끔찍했다. 8시간이 지나고 나서 드디어 나의 상태가 조금 좋아졌다. 제로드는 나를 집으로 데려다 주었다. 내가 앞으로 무엇을 해야 할지 아무 생각이 떠오르지 않았다. 부모님은 안방에 계셨기에 내 방으로 들어가서 방문을 잠갔다. 제로드는 나에게 전화를 하였고 내가 무서워하지 않도록 안심시켜 줬다. 우리는 밤새 이야기를 해서 다음 날에는 상태가 좀 더 좋아졌지만, 완전히 회복하는 데는 많은 시간이 걸렸다. 그 누구도 나처럼 이렇게 끔찍한 경험을 한 사람은 없을 것이다.

이제는 걱정이 된다. 술과 마약을 남자 친구한테서 언제나 얻을 수 있기 때문에 그를 비난하곤 했지만, 실은 이 마약은 내 스스로 샀고 내가 원한다면 다시 구할 수 있다는 것도 알고 있다. 다시 마약을 하지 않을 것이지만, 다시 하게 된다면 두 번째 할 때도 그렇게까지 나쁘지는 않을지도 모른다는 생각이 아직도 든다. 내가 정말 끔찍한 일을 겪었다는 것을 알고 있지만, 만약 상황이 나아진다면 또 하고 싶어 할지도 모른다. 학교에 있는 다른 아이들은 내가 겪었던 경험을 하지는 않는다. 그러나 나는 왜 위험을 감수하면서까지 내가 겪었던 상황에 스스로를 빠뜨릴 생각을 하는지 알 수가 없다. 나는 그렇게 행동한 내 자신에 대해 화가 난다. 또다시 그럴까 봐 두렵다. 지금까지 살면서 해 본 적이 없다. 마치 내가 무엇을 해야 하는지는 알고 있지만, 정말로 해낼 수 있는지는 모르는 것 같은 기분이다.

—헤더, 17세

REBT 기반 인성교육 프로그램

자기 발달
〈활동〉
1. 나는 누구인가: 외면과 내면
2. 자신을 비하하거나 가치 있는 사람으로 보기
3. 자기존중
4. 독립하기

정서 발달
〈활동〉
1. 자신을 위한 행복 찾기
2. 떨쳐 보내기
3. 마음속으로는 울고 있어
4. 스트레스 해소하기

사회성 발달
〈활동〉
1. 나는 네가 필요해
2. 나는 그들이 달랐으면 좋겠어
3. 이성교제 시 해야 할 것과 하면 안 되는 것
4. 연인관계

인지 발달
〈활동〉
1. 결과를 예측하라
2. 계획을 세워라
3. 합리적 사고
4. 내린 결정들을 평가하기

나는 누구인가: 외면과 내면

발달의 관점

청소년기 발달 단계에서는 '독립하기'와 더불어 정체성 확립이 주요 과제입니다. 청소년이 진정한 자아를 알아 가기 위해서 다양한 방식으로 생각하고 느끼고 행동하는 것은 중요합니다. 이 과정의 일부는 청소년들이 다른 사람들에게 숨기는 부분을 인식하는 것입니다.

목표

▷ 자아 탐구를 통하여 자신이 어떤 사람이 되고 싶은지 알아보기
▷ 자신을 받아들이는 방법 배우기

준비물

▷ 각 학생에게 제공할 작은 종이봉투, 마커, 연필, 백지, 가위
▷ 다음의 문구가 바깥 면에 쓰여 있는 큰 종이봉투: 유머감각 없음, 가끔 함께하면 즐거운, 성적이 평균 이하인 학생, 음악을 엄청 못하는 뮤지션
▷ 다음의 문구가 각각 쓰여 있는 종이쪽지(봉투 안에 넣습니다): 불안정한, 인내심이 없는, 매력적이지 않은, 가끔 반항적인

진행 절차

1. '발달의 관점'에서 강조된 개념에 대해 복습하면서 수업을 시작합니다.
2. 각각의 학생들에게 작은 종이봉투를 나누어 줍니다. 학생들은 자신이 외적으로 어떻게 보이는지, 신체적인 특징 외의 것들도 생각할 수 있도록 유도합니다. 그런 뒤 봉투 바깥 면에 자신의 외적인 특징들(외면)을 대표할 수 있는 단어를 쓰거나 상징을 그리도록 합니다. 그다음에 학생들의 내면에 대해 생각하도록 하는데, 다른 사람들에게 숨기고 싶은 감정, 문제, 장점/단점, 성격 등이 있습니다. 백지에 이것들을 적게 하고 하나씩 오려 내어 종이쪽지로 만든 뒤 봉투 안에 넣

습니다.

3. 학생들에게 파트너를 찾아서 자신의 봉투 바깥 면(외면)을 서로 보여 주고, 불편하지 않다면 봉투 안에 든 것(내면)에 대해서도 이야기하게 합니다.

4. 큰 종이봉투를 세워 놓고 봉투의 바깥 면에 있는 단어('유머감각 없음' '가끔 함께 하면 즐거운' 등)를 읽습니다. 그다음에 봉투 안에 있는 종이쪽지에 적힌 단어('불안정한' '인내심이 없는' 등)를 읽습니다. 학생들에게 그 단어들이 기본적으로 긍정적인지 혹은 부정적인지 생각하게 합니다. 주로 부정적인 특성이 있는 청소년이 가치 없는 사람인지 아닌지에 대해 토론하게 합니다. 모든 사람은 능력이나 행동에 상관없이 가치가 있다는 것을 강조하고, 사람들이 바꿀 수 있는 것을 개선하기 위해 노력하지 않더라도 그들은 여전히 가치 있는 사람이라고 말합니다. 이러한 개념으로 학생들의 반응을 이끌어 냅니다.

5. 내용 질문과 개인 질문에 대해 토론합니다.

 토론

내용 질문

1. 봉투 바깥 면에 쓸 내용을 생각하는 것이 어려웠나요? 아니면 안에 넣을 내용을 생각하는 것이 어려웠나요?

2. 사람들에게 밝히지 않고 숨기고 싶은 내면은 무엇이라고 생각하나요?.

개인 질문

1. 자신이 봉투 안에 넣었던 내면에 대한 것을 공유할 수 있는 사람들이 있나요? 그 사람들과 편안하게 공유할 수 있는 것은 무엇 때문일까요?

2. 자신의 내면에 대해 편하게 느끼나요, 아니면 외면에 대해 편하게 느끼나요?

3. 자신의 내면에 있는 것 중 겉으로 드러낼 수 있는 것이 있나요? (의견을 공유합니다.)

4. 설령 봉투의 바깥 면이나 안에 있는 것들이 부정적이라고 생각하더라도 그것이 자신을 가치 없는 사람으로 만드나요?

후속 활동

학생들에게 종이봉투를 간직하고 자신의 모습을 지속적으로 발견하면서 바깥 면과 안의 내용을 추가하도록 합니다.

자기발달 2 자신을 비하하거나 가치 있는 사람으로 보기

👤 발달의 관점

이 발달 단계에 있는 많은 청소년들은 자신감이 생겨 더 이상 친구들을 무조건 따라 할 필요가 없다고 느끼지만, 그렇지 못한 아이들은 끊임없이 자기수용을 어려워합니다. 좀 더 발달된 사고력에도 불구하고 그들은 매우 이분법적으로만 생각하여 자신을 좋거나 나쁜 것으로만 판단하려고 하지, 자신에게 긍정적이면서 부정적인 성격이 함께 공존한다는 것을 생각하지 못합니다. 결과적으로, 청소년들은 자신을 쉽게 비하하게 되며, 이것은 또 다른 문제로 연결될 수도 있습니다.

👤 목표

▷ 자신을 비하하는 행동 알아보기
▷ 자신의 긍정적인 면 찾아보기

👷 준비물

▷ 스펀지와 물이 들어 있는 접시
▷ 각 학생에게 제공할 '자신을 비하하거나 가치 있는 사람으로 보기-활동지'(활동지 11)
▷ 각 학생에게 제공할 연필과 종이
▷ 다음의 토론 주제가 적혀 있는 종이
  - 왜 청소년들은 스스로 자기비하를 하는가?
  - 청소년들이 실수를 저지른다고 해서 자신을 실패자로 생각해야 하는가?
  - 자기비하를 할 때 어떻게 하면 벗어날 수 있는가?
  - 어떻게 하면 자신에 대해 좋게 생각할 수 있는가?

👤 진행 절차

1. 지원자 한 명에게 스펀지를 들도록 하면서 수업을 시작합니다. 지원자에게 스

편지가 어떻게 느껴지는지 설명하게 한 후 물이 들어 있는 접시에 스펀지를 놓고 물기를 머금은 스펀지를 들어 올려 보여 줍니다. 지원자에게 물기를 머금은 스펀지는 어떻게 느껴지는지 설명하도록 합니다(예: 더 무겁다). 이 비유를 사용하면서 수업의 주제를 소개합니다. 청소년들에게 자기를 비하하는 것은 흔한 일이라고 설명하고, 이러한 것이 발생하면 부정적인 것을 흡수하고 긍정적인 것을 받아들이지 않으려 한다는 것을 설명합니다. 다른 사람들의 조언이나 행동을 오직 부정적인 관점에서만 해석할 수 있고, 비하하는 행동 때문에 긍정적인 면을 보지 못할 수 있습니다. 학생들에게 이러한 것에 대한 의견들을 공유하도록 합니다.

2. '자신을 비하하거나 가치 있는 사람으로 보기–활동지'(활동지 1)를 학생들에게 나누어 줍니다. 학생들에게 활동지를 읽고 답변하도록 합니다. 그들의 답변은 다른 사람들과 공유되지 않음을 강조합니다.

3. 5명씩 한 그룹으로 나누어 각각의 그룹에서 기록자를 정하게 합니다. 그다음에 토론 주제가 적혀 있는 종이를 전시하고, 각 그룹에게 이 주제들에 대해 말하도록 합니다.

4. 학생들에게 그들이 가지고 있는 몇몇의 긍정적인 특징들을 목록으로 적게 합니다. 어떻게 하면 부정적인 것들을 빨아들이는 스펀지가 되지 않을 수 있는지 자신에게 짧은 편지로 적어 보도록 합니다(만약 그들이 스스로를 비하하지 않는다면, 어떻게 하면 그런 친구들을 도와줄 수 있는지 적도록 합니다).

5. 내용 질문과 개인 질문에 대해 토론합니다.

토론

내용 질문

1. 왜 어떤 청소년들은 자기 자신을 비하하는 행동을 한다고 생각하나요?
2. 단지 실수를 한다는 이유로 자기 자신을 실패자라고 생각해야 할까요?
3. 자신을 비하하는 청소년들이 자기 자신을 긍정적으로 보기 시작할 수 있다고 생각하나요? 만약 그렇다면 어떻게 할 수 있을까요?

개인 질문

1. 스스로를 비하하는 경향이 있나요?
2. 실수를 했을 때 스스로를 용서할 수 있나요? 만약 그렇다면 어떻게 하나요?

3. 자신의 긍정적인 측면을 볼 수 있나요? 아니면 부정적인 것이 긍정적인 것을 덮어 버리고 있나요? 만약 그렇다면 이것을 바꾸기 위해 무엇을 할 수 있을까요?

후속 활동

학생들에게 자신이 하는 부정적인 생각들에 대해 적어 보도록 합니다. 그리고 그것들을 긍정적인 생각들로 대체할 수 있도록 시도하게 합니다.

18세

175

자신을 비하하거나 가치 있는 사람으로 보기

이름: _____   날짜: _____

지시사항: 청소년들이 직접 쓴 다음의 문장을 읽습니다. 자신에게 해당되는 문항에 동그라미를 치거나, 자신만의 내용을 새로 추가합니다. 만약 자신을 비하하지 않는다면 동그라미를 치지 않아도 됩니다. 자신의 대답은 옆 사람에게 보여 주지 않습니다.

1. 나는 스스로를 낮게 보는 게 너무 익숙해져서 나의 강점들이 떠오르지 않는다.

2. 나는 내가 부족함 없이 충분하다는 생각을 해 본 적이 없다.

3. 나는 살 가치가 없다. 모든 사람에게 너무 많은 피해를 줬다.

4. 나의 크고 못생기고 뚱뚱하고 엉망인 몸은 그냥 사라져 버려야 한다.

5. 모든 사람들은 나를 싫어한다. 나를 싫어하지 않는 사람의 이름을 단 한 명도 댈 수 없다.

6. 나는 패배자이다. 실수만 하는 것 같다.

7. 어떤 사람들은 가만히만 있어도 완벽하게 정상적으로 살아간다. 나는 내가 정상이라고 생각하지 않는다.

8. 나는 내가 아무것도 아닌 존재라는 것을 드디어 알아냈다.

9. 사람들은 나에게 사랑한다고 이야기하지만, 나는 그들이 나를 싫어한다고 느낀다. 그들은 왜 나를 사랑할까?

10. 거울 앞에서 내 모습을 보는 것을 참을 수가 없다. 내가 보는 나의 모습이 정말 싫다.

11. 나는 왜 이렇게 못생기고 바보 같고 수줍어하고 이상할까?

12. 부모님이 왜 나에 대해 걱정하는지 모르겠다. 나는 걱정할 만한 가치가 없는데.

자기 발달 3 자기존중

발달의 관점

이 발달 단계에 있는 대부분의 청소년들은 초기 청소년기에 비해 자신감을 더 갖게 되지만, 그럼에도 불구하고 많은 아이들은 자신에 대해 잘 모르거나 또래 아이들과 어울리기 위해서 스스로를 그들과 타협하려 합니다. 결과적으로, 청소년들은 자기존중을 하지 못하는 방식으로 행동할 수 있습니다.

목표

▷ 자신을 존중하는 것과 존중하지 않는 것의 차이 구별하기
▷ 자신을 존중하지 않는 행동들을 바꾸는 방법과 자신을 항상 가치 있는 사람으로 받아들이는 방법 알아보기

준비물

▷ 칠판
▷ 각 학생에게 제공할 '자기존중─이야기'(활동지 2)와 종이, 연필

진행 절차

1. 학생들에게 '존중'이라는 용어에 대한 정의(누구를 높게 평가한다는 뜻)를 물어보면서 수업을 시작합니다. 자신을 존중하는 것과 존중하지 않는 것의 차이점에 대해 토론을 합니다. 학생들에게 생각하고 느끼고 행동하는 방식과 관련하여 자기존중을 느꼈던 경험을 예로 들도록 합니다. 존중을 받지 못했던 경험에 대해서도 같은 방식으로 예를 들도록 합니다. 칠판에 그 예들을 적습니다.
2. '자기존중─이야기'(활동지 2)를 각각의 학생들에게 나누어 줍니다. 학생들에게 이야기를 읽고 질문에 대답하거나 필요하면 종이에 적도록 합니다. 3명씩 한 그룹으로 나누어서 이야기에 대한 반응과 질문의 답변에 대해 토론하도록 합니다.
3. 내용 질문과 개인 질문에 대해 토론합니다.

토론

내용 질문

1. 마리아는 어떤 방식으로 자기존중을 보여 주었나요? 그리고 어떤 방식으로 자신을 존중하지 않았나요?

2. 차드는 어떤 방식으로 자기존중을 보여 주었나요? 그리고 어떤 방식으로 자신을 존중하지 않았나요?

3. 이야기 속의 청소년들이 자신을 존중하지 않는 행동들에서 벗어날 수 없었던 이유를 뭐라고 생각하나요?

4. 마리아와 차드가 자신에 대한 존중을 잃게 만드는 일을 했다는 사실이 그들이 존중받을 가치가 없다는 것을 의미하나요?

개인 질문

1. 자신을 존중하지 않았던 경험을 해 본 적이 있나요? 만약 그렇다면 그때 감정은 어땠나요?

2. 자신을 더 이상 존중하지 않으려고 태도나 행동을 바꾸는 것이 가능할까요? (대화를 나눕니다.)

3. 자신에 대해 존중하지 않는 몇 가지가 있더라도 그것이 내가 가치 없는 사람이라는 것을 의미하나요?

후속 활동

학생들에게 자기존중을 하거나 할 수 있는 방법들에 대해 짧은 글을 쓰게 합니다. 그들이 적은 내용을 파트너와 공유하도록 합니다.

자기존중

이름: _____   날짜: _____

18세

지시사항: 다음의 두 이야기를 읽고, 각 이야기의 마지막에 있는 질문들에 답합니다.

〈마리아 이야기〉

제이슨을 처음 만났을 때 나는 열일곱 살이었다. 그는 우리 학교로 막 전학을 왔다. 처음에는 모든 게 다 좋았다. 나는 치어리더였고, 제이슨은 미식축구 팀의 주장이었다. 미식축구 시즌이 끝난 후 제이슨은 마약을 하기 시작했지만 많이는 아니었고 거의 주말에만 했다. 시간이 지나자 제이슨은 중독에 빠져 마약을 자주 하게 되었다. 우리가 데이트를 할 때마다 제이슨은 항상 흥분되어 있었고 나는 그것이 너무 싫었다. 하지만 내가 불만을 말하면 제이슨은 나쁘게 굴었기 때문에 그저 조용히 있었다.

가을학기가 시작되자 제이슨은 더 이상 학교에 돌아갈 마음이 없었다. 제이슨은 마약을 많이 했고 그걸 계속 사기 위해서는 일을 해야 했다. 화가 난 나는 결국 그에게 맞서기 시작했다. 나의 부모님과 새어머니는 항상 내가 제이슨을 만나지 않기를 바랐다. 부모님은 제이슨이 내게 못되게 굴었던 것도 알고 계셨고, 내가 왜 이러는지 전혀 이해하지 못하셨다. 그리고 내가 마약을 시작할까 봐 두려워하셨다. 나는 그런 일은 절대로 일어나지 않을 거라는 걸 알고 있었지만, 이 시점에서 부모님들은 제이슨을 만나지 못하게 하려고 그의 마약 중독에 대한 잔소리를 많이 하셔서 나는 부모님과 맨날 싸우게 됐다.

나와 제이슨의 관계는 내 친구들과의 관계에도 영향을 미치게 되었다. 친구들은 제이슨이 나에게 못되게 굴었을 때 나의 화난 모습도 보았고, 가끔은 제이슨이 내게 욕이란 욕은 죄다 퍼붓고 나를 때리는 것도 보았다. 수치스러웠다. 친구들은 나를 그런 식으로 대하는 사람과 왜 만나냐고 계속 물어보았지만, 나는 제이슨이 마약을 끊고 바뀔 거라는 희망이 있었고, 그렇게 되면 제이슨이 내게 잘해 줄 거라고 믿고 있었다. 제이슨이 착할 때도 있다는 것을 알고 있었기 때문에 그때가 다시 올 거라는 희망을 가졌다. 가끔은 그런 희망이 생겼어도 그날이 언제 올지는 몰랐다. 자주는 아니었지만 그는 나에게 소리를 질렀고 데이트하자고 한 날에 나타나지 않았고 나를 마구 때리기도 했다. 그런 사실을 부모님과 친구들에게 숨겨야 했는데, 어느 날 상황이 너무 안 좋아서 도저히 숨길 수가 없었다. 우리는 시골 쪽으로 드라이브를 하고 있었고, 나는 제이슨에게 계속해서 이런 식으로는 도저히 못 지낼 것 같다고 했다. 그러자 제이슨이 갑자기 돌변하면서 나를 폭행하기

자기존중

시작했다. 나는 차에서 뛰어나와 도망치기 시작했다. 제이슨이 나를 뒤쫓아 왔지만 다행스럽게도 다른 차가 지나가다가 나를 보고는 태워 주었다. 이 일로 부모님은 제이슨에게 법적인 경고를 주었고, 그 이후로 제이슨은 내 근처에 오지 않았다. 정말 수치스러운 일이었다. 나는 여전히 제이슨이 걱정스럽지만, 친구들은 내가 왜 저런 대우를 받으면서까지 이런 관계를 유지하는지에 대해 전혀 이해하지 못했다. 나는 이제 제이슨을 볼 수 없고 그를 잊어야 한다는 것도 알고 있다. 제이슨이 나를 그렇게 취급하도록 내버려 둔 나 자신을 용납할 수가 없다.

—마리아, 17세

1. 마리아는 어떤 식으로 자기존중을 보여 주었나요?
2. 마리아는 어떤 식으로 자신을 존중하지 않았나요?
3. 마리아는 왜 제이슨이 자신을 통제하도록 내버려 두었다고 생각하나요? 이것이 어떻게 마리아의 자존감에 영향을 미쳤나요?

〈차드 이야기〉

나는 2개월 동안 니콜과 잘 사귀었다. 니콜은 나를 정말 아낀다고 말했고 나 또한 니콜을 많이 좋아했다. 처음에는 모든 것이 좋았다. 우리는 장난칠 때 외에는 절대로 싸우거나 다투지 않았다. 모든 사람들은 우리를 완벽한 커플로 생각했다. 그래서 나는 니콜에게 모든 것을 해 주었다. 니콜을 만나기 전에는 술을 많이 마시고 마약도 했지만 그녀를 만나고 난 후부터는 술과 마약을 끊었다. 얼마 동안은 너무 좋았는데 언제부턴가 내가 전화를 할 때마다 니콜은 전화를 받지 않거나 나에게 다시 전화를 걸지 않았고, 같이 데이트하러 나가지 않으려고 변명을 했다. 어느 날 밤, 니콜이 나에게는 시험공부를 해야 한다고 말했지만, 나중에 니콜의 차가 볼링장 앞에 주차되어 있는 것을 보았다. 다음 날 학교에 가서 니콜에게 그것에 대해 이야기하자 니콜은 동생이 자신의 차를 가져갔던 것이라고 말했다. 니콜을 믿고 싶었던 나는 그 주제에 대해 더 이상 이야기하지 않았다.

니콜에게 토요일 밤 저녁에 데이트를 하자고 했다. 좋다고 말해서 니콜을 데리러 가려고 준비하고 있었는데, 바로 직전에 그녀가 전화를 하더니 자기가 감기에 걸려서 나갈 수 없다고 했다. 그래서 니콜에게 나중이라도 나랑 데이트하고 싶은지 물어봤더니 그러고 싶다고 해서, 나는 그녀에게 상태가 좋아지면 다시 전화를 달라고 말하고는 다른 친구들과 놀러 나갔다. 친구들과 놀던 중에 니콜에게 상태가 어떤지 물어보려고 전화를 했지만 받지 않았다. 나는 니콜이 그저 잠이 들었고 전화벨 소리를 못 들었을 거라고 되뇌었지만, 다음 날 친구 중 한 명이 니콜이 다른 학교에 다니는 남자애와 돌

자기존중

아다니는 것을 봤다고 했다. 다음 날이 되어 니콜에게 전화해서 내 친구가 했던 이야기를 했다. 니콜은 그걸 부정했다. 니콜에게 거짓말을 하는 것 같다고 말했는데, 니콜은 매우 화를 내면서 내가 자신을 거짓말쟁이라고 말할 자격이 없다고 했다. 니콜을 놓치기 싫었던 나는 꽃을 사 주면서 사과를 했고 우리는 화해했다. 그리고 그 뒤로 한 달간은 꽤 상황이 좋았다. 그러나 니콜은 나와 어이없는 이유로 이별했고, 나는 엉망이 되었다. 걱정하는 친구들에게 나를 혼자 내버려 두라고 말하며 이별의 고통을 잊기 위해 2주 동안 정말 술만 마셨다.

그런데 니콜에게 전화가 왔고 우리는 다시 만나기 시작했다. 하지만 또다시 모든 상황이 반복되기 시작했다. 이번에는 니콜이 매우 통제적이었다. 만약 내가 놀러 나갔는데 그녀의 전화를 받지 않으면 매우 화를 냈다. 나는 덫에 걸린 느낌을 받기 시작했다. 처음에는 자유를 원한다고 했다가 매시간 함께 있어 달라는 니콜의 비위를 어떻게 맞춰 주어야 하는지 알 수가 없었다. 니콜을 이길 수가 없었다. 우리는 매번 싸웠고 니콜은 나에게 상처 주는 말을 많이 했다. 나도 똑같이 하고 싶지 않았는데 그녀의 행동은 변하지 않았다. 어느 날 밤 우리는 단둘이 영화를 보러 가기로 했는데, 니콜을 데리러 갔을 때 그녀의 어머니가 니콜이 파티에 갔다고 했다. 나는 니콜을 발견했고 그것이 그녀를 매우 화나게 했다. 폭발해 버린 니콜은 많은 사람 앞에서 나에게 욕을 하고 소리를 질렀다. 나는 결국 그 자리를 떠났다. 운전을 하다가 니콜이 다른 남자의 차에서 내리는 것을 보았다. 그녀는 다음 날 내게 전화를 해서 거짓말을 했다.

나는 니콜에게 이런 식으로 취급받는 것이 이제는 지쳤고 관계를 끝내고 싶다고 말했다. 니콜은 자신이 바뀔 거라며 약속했지만, 나는 용기를 내어 이제 기다리는 것이 지친다고 말했다. 니콜은 나에게 거짓말을 했고, 내 친구들 앞에서 모욕을 주었고, 나 몰래 다른 남자들도 만났다. 나는 내게 무슨 잘못이 있고 누구도 나와 같이 있고 싶어 하지 않는다는 생각을 하기 시작했다. 친구들은 그건 사실이 아니라고 계속 이야기했지만 나는 니콜과 관계를 끝내지 않는 한 그것을 알지 못했다. 나는 내 자신에게 이 정도면 할 만큼 했다고 말했다.

−차드, 18세

1. 차드는 어떤 식으로 자기존중을 보여 주었나요?
2. 차드는 어떤 식으로 자신을 존중하지 않았나요?
3. 차드는 왜 니콜이 자신을 통제하도록 내버려 두었다고 생각하나요? 이것이 어떻게 차드의 자존감에 영향을 미쳤나요?

자기발달 4 독립하기

발달의 관점

이 발달 단계의 청소년들이 해야 할 과제 중 하나는 독립하는 것입니다. 대부분의 청소년들이 무엇보다도 독립을 원한다고 이야기하지만, 이와 동시에 부모로부터 정서적·경제적 독립을 하는 것에 대해 불안감을 느끼기도 합니다.

목표

▷ 독립이 무엇을 의미하는지, 독립하는 방법 및 독립과 관련된 감정 살펴보기
▷ 의존한다는 것은 무엇을 의미하고, 자신이 의존하는 방식과 그것에 관련된 감정 살펴보기

준비물

▷ 칠판
▷ 각 학생에게 제공할 종이와 연필

진행 절차

1. '독립적인(independent)'이란 단어를 칠판에 쓴 다음, 학생들에게 독립적인 사람이 된다는 것에 대해 의견을 공유함으로써 수업을 시작합니다. 그다음에 '의존적인(dependent)'이라는 단어를 쓰고, 이 단어가 의미하는 것에 대해 의견을 이야기합니다. 학생들에게 이 발달 단계에서는 자신들이 이미 여러모로 독립적이거나 또는 최소한 독립적이기를 원할 거라는 점을 설명합니다. 하지만 대부분의 학생들은 여전히 어느 정도 의존적일 것입니다. 그들은 누구에게서, 그리고 무엇에서 독립적이기를 바라는지, 그리고 어떤 시도를 하고 있는지에 대해 토론합니다.

2. 학생들에게 종이와 연필을 꺼내서 다음의 항목들에 답변하도록 합니다.
   ▶ 나를 이미 독립적으로 만드는 것은 무엇이며, 그에 대해 느끼는 감정이 무엇인가.

▶ 나를 여전히 의존적으로 만드는 것은 무엇이며, 그에 대해 느끼는 감정이 무엇인가.

▶ 내가 더욱 독립적이고 싶어 하는지 또는 독립적이어야 한다고 생각하는지, 그리고 그에 대해 느끼는 감정이 무엇인가.

3. 그룹 안에서 학생들에게 세 가지 항목에 대한 답변을 공유하도록 합니다. 토론 후 전체 그룹과 함께 예시와 감정들에 대해 공유하도록 합니다.

4. 내용 질문과 개인 질문에 대해 토론합니다.

토론

내용 질문

1. 자신을 이미 독립적이라고 생각하는 것에 대해 어떤 감정을 느꼈나요? 이를 긍정적으로 느끼나요, 부정적으로 느끼나요? 아니면 별 감정이 없다고 느끼나요?

2. 자신을 여전히 의존적이라고 생각하는 것에 대해 어떤 감정을 느꼈나요? 이를 긍정적으로 느끼나요, 부정적으로 느끼나요? 아니면 별 감정이 없다고 느끼나요?

3. 더욱 독립적이고 싶다는 생각에 대해 어떤 감정을 느꼈나요?

4. 더욱 독립적이 된다는 것, 특히 고등학교를 졸업하여 집을 떠날 생각을 할 때 두려움을 느끼는 것은 정상이라고 생각하나요? 만약 두려움을 느낀다면, 그 두려움을 극복할 수 있는 효과적인 방법들은 무엇이 있을까요? (두려움은 항상 미래에 일어날 일에 관한 것이기 때문에 최악을 상상하거나 만약 이 문제가 발생할 경우 누구에게도 의지할 수 없다는 생각이 쉽게 떠오른다는 것을 설명합니다. 예를 들어, 청소년들이 만약 집을 떠나서 독립적으로 살게 되어 그들이 아플 때 스스로 자신을 돌봐야 하는 것에 대한 두려움이 있을 수 있습니다. 만약 도움이 필요할 때 다른 사람들에게 여전히 도움을 요청할 수 있다는 점을 잊어버릴 수도 있습니다.)

5. 만약 어떤 사람이 독립적이라면, 그 사람이 때로는 의존적일 수 있다고 생각하나요? (예시를 들어 보라고 합니다.)

6. 더욱 독립적이게 된다는 것은 스스로 더욱 책임감을 가져야 한다는 의미라고 생각하나요? 만약 그렇다면 그것에 대해 어떻게 생각하나요? (예시를 들어 보라고 합니다.)

개인 질문

1. 현재 이 시점에서 자신이 의존적이라고 생각하나요, 독립적이라고 생각하나요?

이에 대해 어떻게 느끼나요?

2. 더욱 독립적인 사람이 되었다고 생각할 때, 이 독립성에 대해 무엇을 기대하고 있나요? 걱정하는 것이 있나요? (공유해 보도록 합니다.)

후속 활동

학생들에게 한두 살 더 많은 사람들을 인터뷰하여 그들이 어떻게 그들의 독립을 다루는지, 그리고 더 독립적으로 되었을 때 결과적으로 어떤 새로운 책임감을 가지게 되었는지 질문하도록 합니다.

정서 발달 1

자신을 위한 행복 찾기

🧑‍🏫 발달의 관점

청소년 시기에 부정적이거나 양면성을 지닌 감정에 의해 압도되는 것은 흔하지만, 청소년들은 충동적으로 행동하고 부정적인 감정을 건강하지 못한 행동으로 해소합니다. 따라서 청소년들은 스스로 행복감을 느낄 수 있는 방법을 찾아내는 것이 중요합니다. 이러한 감정은 저절로 일어나는 것이 아니고, 어떤 태도나 신념이 행복을 경험하는 정도에 영향을 줄 수 있다는 점을 이해하도록 도와주어야 합니다. 이는 청소년들이 자신의 감정을 다룰 수 있게 해 줍니다.

👩‍🏫 목표

▷ 생각과 감정의 연관성 배우기
▷ 부정적인 감정을 긍정적인 감정으로 바꾸는 방법 찾아보기

👷 준비물

▷ 칠판
▷ 각 학생에게 제공할 '자신을 위한 행복 찾기-안내서'(활동지 3)
▷ 4명으로 구성된 각 그룹에게 제공할 A4용지와 마커

👩‍🏫 진행 절차

1. 청소년기에는 부정적인 감정이 긍정적인 감정보다 더욱 우세한다는 점을 간단하게 토론하면서 수업을 시작합니다. 많은 부정적인 감정들이 고통스럽고 압도적이기 때문에 이 감정들이 지속될 것 같고 건강하지 않거나 자기패배적인 방식으로 처리하려 한다는 점을 강조합니다. 학생들에게 이러한 개념들에 대해 반응하도록 합니다. 이 수업의 목적은 청소년들에게 '자신을 위한 행복을 찾을 수 있도록' 도와주는 것이라고 설명합니다.

2. 칠판에 다음과 같은 문장을 씁니다. "행복한 사람은 어떠한 태도를 가지냐에 달

려 있지 어떠한 상황에 처해 있기 때문에 그런 것이 아니다."

3. 4명씩 한 그룹으로 나누고, 칠판에 적힌 말이 무슨 뜻인지, 그리고 이 말에 대해 동의하는지 동의하지 않는지를 토론하도록 합니다. 몇 분 정도의 토론이 끝난 다음에 전체 그룹과 함께 의견을 공유하도록 합니다.

4. 각 그룹에게 A4용지와 마커를 주고 '자신을 위한 행복 찾기―안내서'(활동지 3)도 나누어 줍니다. 학생들에게 활동지를 읽어 보라고 한 뒤 읽은 것에 대해 반응하도록 합니다. 행복이 무엇인지, 그리고 어떻게 행복을 찾을 수 있는지에 대한 생각을 적도록 합니다. 각 그룹은 의견을 A4용지에 적고 이를 공유합니다. 앞으로도 이 내용을 계속 볼 수 있도록 교실에 게시합니다.

5. 내용 질문과 개인 질문에 대해 토론합니다.

토론

내용 질문

1. 행복에 대한 첫 번째 인용구에 대해 동의했나요? 왜 동의했나요, 또는 왜 동의하지 않았나요?

2. '자신을 위한 행복 찾기―안내서'를 읽었을 때, 어떤 아이디어에 대해 동의했나요, 혹은 동의하지 않았나요?

3. 어떻게 생각을 바꾸는 것이 자신을 더 행복하게 할 수 있다고 생각하나요?

개인 질문

1. 자신을 위한 행복을 찾을 수 있을 거라 생각하나요? 이것을 해 본 적은 있나요? (예시를 공유합니다.)

2. "행복한 사람은 어떠한 태도를 가지냐에 달려 있지 어떠한 상황에 처해 있기 때문에 그런 것 아니다."라는 인용구를 인생에 적용할 수 있나요? 만약 그렇다면 어떻게 할 수 있나요?

3. 이번 활동을 통해서 어떻게 행복할지에 대한 생각이 바뀌었나요? 만약 그렇다면 어떠한 이유로 바뀌었나요?

후속 활동

학생들에게 행복에 대한 태도나 신념을 반영하는 포스터를 만들도록 합니다.

자신을 위한 행복 찾기

18세

　많은 사람들은 감정이 어디선가 저절로 일어날 뿐이라고 잘못 생각한다. 즉, 사건이 발생하고 사람들은 자동적으로 그 사건에 대해 어떠한 방식으로 느끼게 된다는 것이다. 하지만 같은 사건이 다른 사람들에게 동일하게 일어날 수 있는데, 그들은 그 사건에 대해 다른 감정을 느낄 수도 있다. 예를 들어, 당신과 친구가 댄스파티에 초대받았다고 가정해 보자. 파티 당일에 큰 눈보라가 있었고, 댄스파티는 취소되었다. 당신은 아마 절망적인 느낌을 받았을 것이고 친구는 전혀 실망하지 않았을 수도 있다. 왜 서로 다른가? 만약 당신이 젊은 여성이었다면, '이건 너무해. 새 옷에 많은 돈을 썼는데 지금 그 옷을 입을 수 없다니… 집에만 있는 것도, 남자 친구를 볼 수 없다는 것도 참을 수 없어. 왜 이런 일이 일어난 거지?'라고 생각할 수 있을 것이다. 만약 당신이 젊은 남성이라면 새로 산 옷에 대해 화가 나지 않았을 것이지만, 그 대신 아마도 여자 친구와 데이트를 할 수 없다는 것에 대해 절망적으로 느끼거나 눈 때문에 금요일 밤에 부모님과 함께 있어야 한다는 생각에 화가 날 수 있다.

　하지만 친구는 어떠한가? 그 친구는 약간의 실망은 했지만 절망은 하지 않았다. 친구는 아마 '집에만 있어야 한다는 것은 싫지만, 이렇게 날씨가 좋지 않기 때문에 어쩔 수 없어. 즐거운 데이트를 정말 기대했지만 다음 댄스파티가 다시 열릴 때까지 기다리면 되지.'라고 생각했을 것이다.

　절망에 빠진 여성이 소위 말하는 '최악을 상상'한다는 점에 주목해 보자. 여성은 댄스파티 스케줄이 다시 잡힐 것이라는 점과 그때 다시 새 옷을 입으면 된다는 사실을 간과하였다. 사람들이 최악을 상상할 때는 일을 부풀리고 상황을 실제보다 더욱 안 좋게 여긴다. 이는 불행으로 이어질 수 있다.

　만약 당신이 '자신을 위한 행복을 찾고' 싶다면, 다르게 생각해야 한다. 상황을 다음과 같이 현실적으로 평가해야 할 필요가 있다. '이것이 내가 처음에 생각한 것처럼 정말 비극적이거나 끔찍하거나 엉망인가? 아니면 나쁜 일이긴 하지만 무시무시한 일은 아니지 않는가? 이것을 견뎌 내는 것이 불가능한가? 아니면 견뎌 낼 만한 일인가?' 기억해야 할 또 다른 점은 매사에 자신을 책망하지 말아야 한다는 것이다. 이것은 당신을 더 불행하게 만들 뿐이다. 예를 들어, 파티에 함께 갈 파트너가 없었다면, 당신이 어리석거나 못생겼거나 또는 바보 같아서 그랬을 거라고 자동적으로 단정 짓지 말자. 이러한 것들은 사실이 아니다. 설령 사실이라 하더라도 이런 점이 당신이 안 좋은 사람이라는 것을 의미하지는 않는다.

　결론적으로, 행복은 어디선가 저절로 일어나는 것이 아니다. 어떻게 생각하는지에 따라 행복하거나 불행하거나가 결정된다. 만약 자신의 상황에 대해 깊게 생각을 해 본다면, 불행했던 당신이 완전한 행복을 느끼도록 바뀔 수는 없더라도 확실히 덜 불행하다고는 느낄 수 있다. 이러한 사고방식을 연습하면 연습할수록 당신은 더더욱 많은 시간 동안 불행하지 않을 기회를 갖게 될 것이다.

떨쳐 보내기

발달의 관점

분노는 강력한 감정입니다. 많은 청소년들은 분노가 권력을 주기도 하고 상처를 숨길 수도 있게 하며 감정 자체가 친숙하기 때문에 쉽게 분노를 떨쳐 보내는 데 어려움을 겪습니다. 하지만 분노를 표출하면 효과적인 문제해결 방식에 도움이 되지 않고, 통제력 상실과 충동적인 행동을 하게 만들어 장기적으로 부정적인 영향을 끼치게 됩니다.

목표

▷ 분노를 떨쳐 보내는 방법 배우기

준비물

▷ 각 학생에게 제공할 종이와 연필
▷ 4명으로 구성된 각 그룹에게 제공할 신문지와 가위
▷ 각 학생에게 제공할 단어 카드
▷ 각 학생에게 제공할 5장의 종이쪽지가 들어 있는 봉투
▷ 각 학생에게 제공할 풍선 5개와 실 5줄

진행 절차

1. 학생들에게 분노를 떨쳐 보내는 데 어려움을 겪는 사람이 있으면 손을 들게 함으로써 수업을 시작합니다. 사람들이 분노를 계속 표출하는 이유에 대해 토론하고, '발달의 관점'에서 보여 준 분노의 부정적인 영향들에 대해 강조합니다. 학생들에게 이 수업의 목표는 어떻게 하면 분노를 떨쳐 보낼 수 있는지에 대해 배우는 것이라고 설명합니다.

2. 학생들에게 연필과 종이를 꺼내게 한 다음 이전에는 화가 났지만 지금은 더 이상 그렇지 않은 상황들에 대해 빠르게 적어 보도록 합니다. 이러한 상황들에

왜 더 이상 화나지 않는지에 대해 간단히 토론하게 합니다. "다른 문제들과 함께 봤을 때 이 문제는 얼마나 중요한가?"라는 질문을 스스로 해 봄으로써 자신의 문제를 전체적인 관점에서 보기 시작할 때 분노를 떨쳐 버리는 경우도 있다는 점을 알려 줍니다.

3. 4명씩 한 그룹으로 나누어 신문지와 가위를 나누어 줍니다. 각각의 그룹은 신문을 훑어보고 사건과 관련된 사람들이 분노를 느꼈을 법하다고 생각하는 기사 5개를 오리게 합니다(예를 들어, 다툼, 남용 또는 재앙에 대한 실제 기사들). 그다음에 단어 카드를 나누어 주고, 학생들은 화가 날 만한 것 또는 화가 났었던 것에 대한 예를 적도록 합니다.

4. 각 그룹 내에서 학생들에게 바닥에 일직선이 있다고 상상해 보라고 합니다. 선의 한쪽 끝은 '매우 중요한' 카테고리를 표시하고, 다른 끝 쪽에는 '매우 중요하지 않은' 카테고리를 표시합니다. 학생들에게 신문에서 오린 기사들에 대해 생각하게 하고 그것들을 일직선에서 표시해 보라고 합니다. 그런 다음, 학생들에게 단어 카드에 적어 두었던 문제들은 일직선의 어디에 위치해 둘지 상상해 보도록 합니다.

5. 내용 질문에 대해 토론합니다. 다음의 내용을 설명합니다.

특히 분노는 감정에 사로잡혀서 최악의 상황이 일어날 것이라고 상상하고, 절대 사라지지 않을 것이라고 추측하며, 일이 이런 식으로 흘러가서는 안 된다는 비난 및 생각을 고집하기 쉽습니다. 종종 분노는 자신에게 이런 일이 일어난 것이 불공평하고 도저히 참을 수 없다는 믿음과 연관이 있습니다. 분노를 떨쳐 버릴 수 있는 한 가지 방법은 세상의 모든 것들은 공평해야 한다는 생각을 버리는 것입니다. 세상의 모든 것이 공평하다는 것이 진실이라면 좋겠지만 현실에서는 그렇지 않습니다. 그래서 분노를 떨쳐 버리는 것은 '모든 일은 공평하게 돌아가고, 반드시 그래야만 한다'는 생각을 버리는 것을 의미합니다.

6. 종이쪽지가 들어 있는 봉투를 나누어 줍니다. 각각의 학생들에게 분노가 일어나는 것에 대해 다섯 가지를 생각해서 종이쪽지에 적도록 합니다. 종이쪽지 뒷면에는 분노를 반드시 표출해야 하는 이유를 적게 합니다. 그다음에 풍선과 실을 나누어 줍니다. 학생들에게 종이쪽지에 적었던 것들에 대해, 그리고 분노를 계속 표출해야 하는 이유에 대해 생각해 보도록 합니다. 만약 학생들이 분노를 떨쳐 보낼 준비가 되어 있다면 풍선 안에 종이쪽지를 넣도록 합니다(한 풍선당

한 개씩). 학생들이 아직 떨쳐 보내지 못하는 것들이 있을 수 있다는 사실과 그것들을 나중에 결정할 수 있다고 강조합니다. 학생들에게 풍선을 불어서 실로 묶은 다음 분노를 떨쳐 보내는 것처럼 풍선을 밖에 놓아 주는 것으로 이 활동을 마무리합니다. 그다음에 개인 질문에 대해 토론합니다.

👨‍🏫 토론

내용 질문

1. 여러 문제들을 일직선의 각각 다른 위치에다 두었나요?
2. 문제들을 일직선에 표시했을 때 다른 관점으로 보는 것에 도움이 되었나요?

개인 질문

1. 한 개 이상의 풍선을 놓아 줌으로써 분노를 떨쳐 버렸다면, 이렇게 하는 것이 어땠나요?
2. 분노를 떨쳐 보낼 수 있도록 필요한 것은 무엇이었나요? 생각을 바꾸었나요? 만약 그랬다면 어떤 식으로 했나요?
3. 분노를 계속 표출하는 것이 어떤 도움을 주나요? 만약 도움이 안 된다면, 왜 계속 분노를 표출하나요?
4. 지금까지 한 '일직선 활동'이 문제를 여러 관점에서 생각해 보고 분노를 떨쳐 보낼 때 도움이 된다고 생각하나요?

👨‍🏫 후속 활동

학생들에게 더 많은 풍선을 나누어 주고, 분노가 일어나는 또 다른 일을 생각하여 같은 방법으로 떨쳐 보낼 수 있도록 합니다. 학생들은 이 상징적인 절차가 실제적인 감정에 어떠한 영향을 미치는지에 대하여 일기를 쓰도록 합니다.

마음속으로는 울고 있어

 발달의 관점

청소년기 아이들은 성장하면서 많은 어려움을 겪을 수 있지만 각자 경험하는 것들은 삶의 교훈이 됩니다. 어른들은 청소년기 아이들이 왜 그들의 방에서 많은 시간을 보내는지 의문을 가질 수 있지만, 이것은 청소년들이 경험한 것에 대해 생각하고 자신은 누구인지 어떤 감정이 드는지에 대해 떠올려 보는 시간을 갖는 방법입니다. 때때로 어른들은 아이들에게 이러한 과정이 일어나는지 알지 못합니다. 왜냐하면 청소년기 아이들이 사실 마음속으로는 울고 있지만 밖으로는 애써 웃는 척을 하기 때문입니다.

목표

▷ 다른 사람들에게 비춰지는 자신의 이미지와 스스로 감추고 있는 감정들을 비교해 보기

▷ 감정을 겉으로 나타내지 않고 내면에만 가지고 있으면 생기는 긍정적인 면과 부정적인 면 알아보기

준비물

▷ 각 학생에게 제공할 작은 종이봉투, 사인펜, 가위, 종이

▷ 다음의 글이 적혀 있는 종이

> 나는 이중적인 삶을 살고 있는 것처럼 느낀다. 첫 번째는 슬프고 우울한 나의 진짜 모습, 두 번째는 아무 이상이 없는 것처럼 행동하는 나의 가짜 모습이다. 나는 그 감정들을 이해할 수 없어서 그 누구에게도 설명할 수 없다. 내가 유일하게 아는 것은 남들이 나에 대해 생각하는 것만큼 행복한 아이는 아니라는 것이다.

진행 절차

1. 글이 적혀 있는 종이를 보여 줌으로써 이 활동을 시작합니다.

2. 학생들에게 파트너와 함께 글을 읽어 본 후, 이 시기의 청소년들에게 어떤 의미를 주는지 생각해 보고, 어떤 관련이 있는지 의견을 나누게 합니다. 그리고 전체 그룹과 공유하도록 합니다.

3. 종이봉투와 다른 준비물을 나누어 줍니다. 각각의 학생들에게 다른 사람에게 외적으로 보이는 자신의 모습에 대해 생각해 보도록 하고, 종이봉투의 바깥 면에 그 이미지를 설명하는 단어들을 적어 보도록 합니다. 그런 다음에 학생들에게 종이를 잘라서 쪽지로 만들어, 그들 내면에는 어떤 모습을 가지고 있는지 생각하고 그것에 맞는 단어들을 적도록 합니다. 그리고 봉투 안에 종이쪽지를 넣도록 합니다. 봉투 안에 있는 내용물을 다른 사람과 공유할지 안 할지를 본인이 선택하도록 합니다.

4. 각각의 학생들에게 자신이 잘 아는 사람으로 파트너를 찾게 합니다. 파트너에게 봉투 바깥 면에 쓴 것을 공유하도록 하고, 그들이 쓴 것에 대해 서로 피드백을 주도록 합니다. 만약 불편하지 않다면 봉투 안의 내용도 공유하도록 격려합니다.

5. 내용 질문과 개인 질문에 대해 토론합니다.

토론

내용 질문

1. 외면에 대한 단어들을 생각하는 것이 어려웠나요, 아니면 내면에 대한 단어들을 생각하는 것이 어려웠나요?

2. 왜 사람들은 진짜 그들이 느끼는 감정을 숨기려 한다고 생각하나요? 그렇게 하는 것이 올바르다고 생각하나요? 아니면 그렇게 하는 것에 부정적인 측면도 있나요?

개인 질문

1. 인쇄물에 적힌 문장에 대해 공감할 수 있었나요? 왜 그런가요, 또는 왜 그렇지 않나요?

2. 봉투 안이나 바깥 면에 쓸 단어들을 생각하면서 자신에 대해 알게 된 점이 있나요?

3. 만약 자신이 내면의 감정을 숨기려 하는 사람이라면, 왜 그런가요? 이런 행동이 자신에게 어떤 긍정적 또는 부정적 영향을 미치나요?

후속 활동

학생들에게 '마음속으로는 울고 있어'의 주제를 설명하는 노래를 찾아보라고 합니다. 그리고 그룹으로 나누어 공유하도록 시간을 줍니다.

스트레스 해소하기

🧑‍💼 발달의 관점

삶은 여러 가지 이유로 청소년들에게 많은 스트레스를 줄 수 있습니다. 어떤 아이는 너무 많은 활동을 해서 시간을 관리하는 데 어려움을 겪고, 또 어떤 아이는 경제적 문제 때문에 장시간 일을 해야 하기도 합니다. 또 다른 아이는 역기능적 가정이나 친구 관계 때문에 스트레스를 경험합니다. 청소년기 아이들이 스트레스를 인식하고 관리해서 그들이 스트레스에 압도되거나 건강하지 않는 방법으로 스트레스를 극복하지 않도록 가르치는 일은 매우 중요합니다.

🧑‍💼 목표

▷ 스트레스의 원인 알아보기
▷ 스트레스를 어떻게 관리하는지 배우기

🧑‍🔧 준비물

▷ 각 학생에게 제공할 '스트레스 해소하기−설문조사'(활동지 4)와 연필
▷ 각 학생에게 제공할 '스트레스 해소하기−해결책'(활동지 5)

🧑‍💼 진행 절차

1. 스트레스에 대해 토론하면서 활동을 시작합니다. 스트레스는 흔히 '몸이 닳아서 해진다'고 일컬어지며, 상황이 압도적이거나 극복하는 방식이 적절치 않을 때 발생하는 감정적인 상태임을 설명합니다. 학생들에게 스트레스의 흔한 증상에 대해 말해 보라고 합니다(예: 불면증, 과민성, 과다한 걱정, 인내심 부족, 두통이나 근긴장성, 동요 또는 난폭한 행동, 다른 사람들과 어울리기 어려움, 식습관의 변화). 스트레스를 경험해 본 학생들이 있으면 손을 들어 보게 합니다.

2. '스트레스 해소하기−설문조사'(활동지 4)를 각각의 학생들에게 나누어 줍니다. 학생들이 설문조사를 마친 다음에 결과에 대해 3명으로 나뉘어 공유하도록 합

니다.

3. 토론 시간 이후 '스트레스 해소하기-해결책'(활동지 5)을 각각의 학생들에게 나누어 주고 읽도록 합니다.

4. 내용 질문과 개인 질문에 대해 토론합니다.

토론

내용 질문

1. 설문조사에서 '자주'라고 체크된 항목을 봅니다. 체크된 항목의 개수를 보면 자신은 상당히 많은 스트레스를 받고 있다고 할 수 있나요, 아니면 받지 않고 있다고 할 수 있나요?

2. 스트레스의 원인에서 일반적인 패턴이 있나요? (예: 집에서 더 스트레스를 받는다든가, 학교에서 더 받는다든가, 친구들과 있을 때 더 받는다든가 등)

3. 활동지에 적힌 해결책 중에 스트레스를 줄이는 데 가장 도움이 될 수 있는 것이 무엇이라고 생각하나요?

4. 활동지에 적힌 해결책에서 추가적으로 스트레스를 줄이는 데 도움이 될 수 있는 것들을 생각할 수 있나요?

개인 질문

1. 이 설문조사를 1년 전에 했다면, 같은 답변을 했을까요? 만약 그렇지 않다면 무엇이 변하였나요?

2. 만약 스트레스 지수가 높다면, 스트레스를 줄이기 위해 무엇을 할 수 있다고 생각하나요?

3. 이 수업에서 스트레스를 관리하는 데 도움이 될 만한 것 중에 어떤 것을 배웠나요?

후속 활동

학생들에게 스트레스 관리 방법 중 하나를 고르거나 개인적인 해결책을 생각해 보도록 격려합니다. 그다음에 (스트레스를 받는 여러 부분 중) 하나를 선택해서 그것을 극복하기 위해 파트너와 함께 약속을 정하도록 합니다. 파트너는 스트레스 줄이는 진행 절차를 평가하도록 서로서로를 모니터링할 수 있습니다.

스트레스 해소하기

이름: _____ 날짜: _____

지시사항: 각 항목에서 얼마나 자주 스트레스를 받는지 체크 표시하여 답해 봅니다.

	자주	가끔	전혀
가족	☐	☐	☐
형제자매	☐	☐	☐
돈	☐	☐	☐
우정	☐	☐	☐
연애	☐	☐	☐
성관계	☐	☐	☐
미래	☐	☐	☐
직장	☐	☐	☐
선생님	☐	☐	☐
학교 성적	☐	☐	☐
학교 외 활동	☐	☐	☐
집이나 학교에서의 규칙	☐	☐	☐
다른 사람들의 기대	☐	☐	☐
자신에 대한 기대	☐	☐	☐
학교에서의 기대	☐	☐	☐
무리에 속하거나 제외되는 것	☐	☐	☐
마약이나 술을 하도록 받는 압박	☐	☐	☐
외모	☐	☐	☐

추가하고 싶은 것:

_____	☐	☐	☐
_____	☐	☐	☐
_____	☐	☐	☐

스트레스 해소하기

18세

1. 스트레스 증상을 경험하기 시작했을 때, 정확히 무엇이 나를 괴롭히는지 알아본다.

2. 다음으로, 문제 또는 상황을 하나씩 따져 본다. 나에게 스트레스를 주는 것에 대해 적는다. 그리고 사실들을 체크해 본다. 예를 들어, 친구들이 최근에 나를 찾지 않았고 나를 더 이상 좋아하지 않는다고 생각하는 것에 스트레스를 받는다면, 실제 무슨 일이 일어난 건지 알아본다. 친구는 핸드폰을 사용하지 못하게 된 상황일 수도 있다. 항상 내가 하는 가정에 대해 확인해라. 스스로 불필요한 스트레스를 만들고 있는 것일 수 있다.

3. 아직 일어나지도 않은 사건에서 오는 스트레스와 지금 당장 일어난 사건에서 오는 스트레스를 구별한다. 스트레스가 되는 사건이 몇 달 뒤일 수도 있고 심지어 몇 년 뒤일 수도 있어서 그 상황에 대해 많이 생각하게 되면 지쳐 버리기 쉽다. 그러니 상황을 나누고 문제들을 잠깐 내버려 두어라. 마음속으로 그것들을 상자 안에 넣고 상자를 옷장의 선반 꼭대기에 올려 두어라. 지금 당장 일어날 일들을 먼저 해결하고 나서, 상자에 넣어 둔 문제들을 보아라.

4. 운동하는 것을 잊지 말자. 운동은 긴장을 줄여 주는 데 도움이 되고 많은 사람들에게 효과적인 방법으로 증명되었다. 또한 규칙적으로 먹도록 하자. 인스턴트 음식은 최대한 피해야 한다.

5. 아직 일어나지 않은 일에 대해 최악의 상황이 벌어질 것이라고 생각하지 말자. 마음속으로 그 일이 일어날 것인지 혹은 일어나지 않을 것인지에 대한 증거를 직접 찾도록 도전하라. 그리고 무의식중에 반드시 최악일 것이라고 가정하지 말자. 예를 들어, 시험 하나 때문에 자신은 낙제하여 이것이 세상의 끝이라고 생각하거나 자신이 멍청하다는 것이 틀림없이 드러날 것이라며 스트레스받지 말자. 무엇보다도 낙제한다고 해서 세상이 끝나지는 않을 것이고, 이보다 더 안 좋은 일이 일어날 수도 있다. 한 가지 일을 가지고 최악의 상황이 벌어질 것이라고 생각하지 말자. 그리고 낙제한다고 해도 이는 나 자신을 멍청한 사람으로 만들지는 않을 것이다.

활동지 5

스트레스 해소하기

6. 마음의 안정을 줄 수 있는 것들을 하자. 음악 듣기나 독서 또는 다른 사람들에게 마사지를 해 달라고 부탁한다.

7. 스트레스 관리 계획을 만들자. 바꾸고 싶어 하는 것을 먼저 확인한 다음에 바꿀 수 있도록 작은 단계들을 목록화한다. 예를 들어, 만약 살이 쪄서 남들에게 보이는 모습에 대해 만족하지 않는다면 2일에 한 번씩 15분간 운동을 하고, 과자와 초콜릿을 먹지 않고 다이어트 음료만 마실 것에 동의를 한다. 작은 단계를 잘 지키는 것은 큰 단계를 해내는 것보다 어렵지 않으므로 이를 더 쉽게 따라 할 수 있다.

8. 이야기하자! 마음속에 담아 두려 하지 말자. 스트레스는 종종 화로 변할 수 있어서, 화를 폭발시켜 상황을 더 악화시킬지도 모르기 때문이다.

사회성 발달 1

나는 네가 필요해

18세

발달의 관점

친구들과의 관계에 의존하는 것은 이 나이대에 흔한 일입니다. 상당수의 소년과 소녀들은 이성 친구가 없으면 자신은 아무 존재가 아니며, 그들과의 관계 없이는 살 수 없다고 생각합니다. 결과적으로, 이들은 필요 이상으로 오랫동안 관계를 유지하며, 이성 친구에게 자신의 행동, 감정, 생각을 통제하도록 내버려 둡니다. 청소년기 아이들은 성인이 될 때까지 이러한 관계에 몰두하지 않도록, 건강하지 못한 의존성의 개념을 이해시키는 것이 필요합니다.

목표

▷ 대인관계에서 건강한 의존성과 건강하지 않은 의존성 구분하기

준비물

▷ 칠판

▷ 각 학생에게 제공할 종이와 연필

▷ 각 학생에게 제공할 '나는 네가 필요해−상호의존적인 특징들'(활동지 6)과 '나는 네가 필요해−이야기'(활동지 7)

진행 절차

1. '의존'이라는 단어의 의미에 대해 토론합니다(지지를 위해 누군가에게 의지하는 것, 영향을 받거나 제어되는 것). 그리고 건강한 의존성 또는 건강하지 않은 의존성은 어떤 것인지에 대해 토론합니다. 학생들에게 건강한 의존성과 건강하지 않은 의존성의 예시를 물어보고, 칠판에 적도록 합니다(예: 건강한 의존성은 스트레스를 받거나 부정적인 일이 발생했을 때 친구에게 일시적인 지지를 위해 의지할 수 있는 것이다. 건강하지 않은 의존성은 타인에게서 끊임없는 지지와 확인을 받아야 하는 것이다). '상호의존성'이라는 용어를 소개하고, '나는 네가 필요해−상호의존적인 특

199

징들'(활동지 6)을 각 학생에게 나누어 줍니다. 학생들이 활동지를 읽고 난 다음 개념에 대해 토론하도록 합니다.

2. '나는 네가 필요해—이야기'(활동지 7)를 각 학생에게 나누어 줍니다. 학생들에게 이것을 읽게 한 다음, 상호의존성에 대한 특징들을 마음속에 새기도록 합니다.

3. 3명씩 묶어 이야기에 대한 반응을 공유하고, 내용 질문과 개인 질문에 대해 토론하게 합니다.

토론

내용 질문

1. 건강한 의존성과 건강하지 않은 의존성 간의 차이를 무엇이라고 보나요?

2. 상호의존성을 어떻게 이해하고 있나요? 상호의존성은 매우 흔한 것 같나요? 청소년과 성인은 이러한 관계를 왜 맺는 것 같나요?

3. 이야기에서 나오는 10대 청소년들은 어떻게 의존적이거나 상호의존적이었나요?

개인 질문

1. 상호의존적인 관계를 맺어 본 적이 있나요? 만약 그렇다면 그것이 어떻게 영향을 주었나요?

2. 건강한 관계는 무엇을 의미하나요? 건강한 관계를 맺기 위해 할 수 있는 것들은 무엇이 있을까요?

후속 활동

학생들에게 그들이 생각하기에 건강하지 않은 의존성과 상호의존성을 반영하는 노래를 들어 보게 합니다. 그리고 그룹별로 이것을 공유하도록 합니다.

나는 네가 필요해

내가 상호의존적일 때, 나의 좋은 감정들은 다른 사람들이 나를 좋아하는 것에서부터 나온다.

내가 상호의존적일 때, 나의 관심은 다른 사람을 즐겁게 하는 데 집중이 된다.

내가 상호의존적일 때, 다른 사람들의 문제를 해결해 줄 수 있거나 그들의 고통을 치유하면 내 기분이 좋아진다.

내가 상호의존적일 때, 다른 사람들을 즐겁게 하기 위해 외모를 꾸미고 행동을 한다.

내가 상호의존적일 때, 내 관심이나 필요한 것은 접어 두고 다른 사람들이 하고 싶어 하는 것을 하는 데 시간을 쓴다.

내가 상호의존적일 때, 거절에 대한 두려움 때문에 어떤 이야기를 하거나 행동을 할 때 영향을 미친다.

내가 상호의존적일 때, 다른 사람과의 관계를 맺기 위해서 내 가치관을 표현하지 않는다.

내가 상호의존적일 때, 모든 에너지는 한 사람에게 집중하게 되고 나의 다른 사교 집단에는 점점 소홀해진다.

내가 상호의존적일 때, 나의 인생은 다른 사람 위주로 맴돌게 된다.

이야기 1쪽

나는 네가 필요해

지시사항: 각각의 이야기를 읽으면서 상호의존적인 특징들에 대해 생각해 봅니다.

〈질의 이야기〉

지난 몇 달간 에단과 나의 관계는 너무 길고 재미가 없었다. 둘 다 이러한 관계를 끝내야 한다고 알고 있었지만 끝낼 수 없었다. 내가 이 관계를 끝내는 데 왜 어려워했는지 모르지만, 에단 없이는 너무 허전한 느낌이 들었다. 우리는 항상 헤어지고 다시 만났지만, 우리가 헤어졌을 때는 나는 그를 다시 돌아오게 해야 한다고 느꼈다.

언제나 에단이 나의 유일한 친구이자 내가 대화를 할 수 있는 오직 한 사람이라고 느꼈다. 그가 없으면 거의 행복할 수 없다고 느꼈다. 에단은 항상 우리가 헤어진 이유는 모두 나의 잘못이라고 생각하게끔 말했다. 어이없는 것은 그게 항상 먹혔다는 거다. 나는 스스로를 책망하고 바보로 취급하고 있었다. 그가 나의 감정을 뭉개 버리도록 내버려 두었다. 나는 '모든 것이 더 나아지도록' 그가 나에게 미안하고 사랑한다고 말하게 내버려 두었다.

이에 대해 다시 생각해 보면, 내가 너무 순해 빠진 사람이었던 것 같다. 내가 그런 식으로 느끼게끔 그를 내버려 두었다는 것에 수치심을 느낀다. 왠지 에단이 너무 멋있었고 그가 무엇을 말하든 그것이 맞다고 생각하였다. 우리의 관계가 거의 끝났을 때쯤에, 에단은 내가 끔찍하게 느끼게끔 말하고 행동하였다. 그만해야 한다고 느꼈지만 그럴 수가 없었다. 나의 행복과 자존감을 위해 그가 필요했다. 누군가에게 이런 식으로 굴 거라고 생각해 본 적이 없지만, 누군가를 너무 믿어서 모든 일을 말하게 될 때 자신은 그 사람이 없으면 아무것도 아니라는 느낌을 떨쳐 내기 힘들다.

나는 에단과 이야기할 때 이러한 감정들을 여전히 가지고 있지만, 이젠 행복해지기 위해 누군가가 필요하다고 생각하지 않는다. 오직 나만이 나를 행복하고 슬프게 할 수 있다.

―질, 18세

나는 네가 필요해

〈아담의 이야기〉

니키와 처음 사귀었을 때 모든 것이 좋았다. 우리는 서로 너무나 즐거웠고 다툴 일이 없었다. 항상 같이 있었고, 같이 있지 않았을 때에는 전화나 문자를 주고받았다. 우리가 처음 싸웠을 때는 니키가 밤에 나에게 전화를 한다고 했는데 하지 않았을 때였다. 나는 그저 앉아서 니키가 전화해 주기를 기다렸고, 결국은 내가 전화를 했다. 니키의 오빠가 전화를 받았는데 그녀는 집에 없었다. 나는 니키가 어디에 갔고 누구랑 있었는지 생각하면서 정말 화가 났다. 니키가 나에게 전화를 했을 때, 나는 이미 그녀가 다른 사람과 있었을 거라고 확신하였고 너무 질투심이 났다. 니키는 맹세컨대 친구와 드라이브를 하면서 돌아다닌 것이고, 자신은 그럴 자격이 있다고 했다. 나는 니키가 항상 나와 같이 있기를 원하는 줄 알았다고 말했고, 그녀는 자신은 친구들과도 시간을 보낼 필요가 있다고 말하였다. 나는 니키와 같이 있지 않으면 즐겁지 않았기 때문에 그녀를 이해할 수 없었다. 우리는 몇 차례 더 다투었고 마침내 니키는 전화를 끊어 버렸다. 부모님은 나에게 통화를 그만하라고 했고, 너무 화가 나서 밤새 잠을 잘 수 없었다. 니키가 친구들과 더 많은 시간을 보내고, 나와는 예전만큼 자주 보기 싫어한다면 어떡할지를 걱정했다.

다음 날 학교에서 니키는 나를 무시하였고, 그날 밤 또다시 친구들과 놀러 나갔다. 화가 치밀어 올라서 내 차로 그들을 쫓아갔고, 결국 니키는 내 차를 타고 같이 돌아다녔다. 니키는 우리가 너무 많은 시간을 함께 보냈기 때문에 친구들과도 시간을 보내야 한다고 말했다. 나는 예전만큼 너를 보지 않으면 참을 수 없다고 말했는데, 니키는 어떤 것이든 자신에게 너무 의지하면 안 된다고 했다. 나는 그걸 받아들일 수 없어서 니키에게 차에서 내리라고 한 다음 떠나 버렸다.

무엇을 해야 할지 알 수 없었다. 내가 학교에 가는 단 하나의 이유는 니키를 보기 위한 것이었다. 니키는 내가 생각하는 모든 것이었다. 내 머릿속은 오직 니키가 무엇을 하고 있을지 내내 생각했을 뿐이었기 때문에, 그녀 없이는 친구들과도 같이 있고 싶지 않았다. 니키가 다른 사람과 사귀게 될까 봐 너무 불안했고, 그녀가 다른 사람과 만나는 걸 참을 수 없었다.

상황은 점점 악화되기만 했다. 니키에게 매달릴수록 그녀는 더욱 나를 밀어냈다. 나는 정말 우울해졌고 고통을 참을 수가 없어서 종종 술에 취했다. 매번 파티에서 니키가 다른 남자들과 이야기하는 것을 보면 나는 미쳐 버렸다. 어느 날 밤에는 니키와 대화를 나눴던 한 남자를 때려눕혔고, 학교 복도에서 그녀와 대화를 나눈 어떤 남자와 싸운 것 때문에 정학을 당하였다.

부모님은 나의 행동에 넌더리가 났다며 나에게 그녀를 잊으라고 하였다. 그게 그렇게 쉬운 일인가. 부모님은 학교를 제외하고는 니키와 어떠한 만남도 허락하지 않았다. 니키 없이 어떻게 지내야 할지 알 수 없었다. 나를 기분 좋게 하는 건 니키뿐이기 때문이었다.

나는 네가 필요해

이걸 극복하는 데는 오랜 시간이 걸렸다. 나는 몇 차례 상담을 받았다. 가끔씩 니키 없이 잘 지낼 수 있을 거라는 강한 마음이 있었지만, 다른 때에는 내 인생에서 그녀가 꼭 필요하다고 생각했다. 마침내 나는 니키를 생각하지 않고 대부분의 날을 보낼 수 있었고, 니키가 있을 만한 장소들을 모두 피하려고 노력했다. 친구들은 내가 나의 인생을 가질 필요가 있다고 이야기하였고, 그렇게 하려고 노력 중이다.

—아담, 18세

사회성
발달
2

나는 그들이 달랐으면 좋겠어

18세

발달의 관점

청소년들은 친구들과 보내는 시간이 늘어나면서 여러 가지 역할을 시도해 보는 기회가 생깁니다. 예를 들어, 다른 태도, 가치관, 생활방식을 가진 사람들과 접촉하게 되면서 개인차를 받아들이는 것을 배우고, 다른 사람과의 관계 속에서 스스로에 대한 것을 더 많이 배울 수 있는 기회를 얻게 됩니다. 많은 경우에 청소년들은 다른 사람들이 자신의 기대에 부응하도록 변화하기를 원하기 때문에, 그렇게 되지 않을 때 좌절감을 경험합니다.

목표

▷ 다른 사람과의 관계에서 통제할 수 있는 것과 통제할 수 없는 것 배우기

준비물

▷ 각 학생에게 제공할 연필과 종이

진행 절차

1. 학생들에게 부모님과의 관계, 그리고 친구들과의 관계에 대해 생각해 보게 하면서 수업을 시작합니다. 각각의 관계에서 정말 감사하다고 생각하는 것 두 가지와 그들에 대해 정말 바꾸기를 원하는 것 두 가지를 찾도록 합니다. 그런 뒤, 개인의 이름은 밝히지 않은 상태로 그 정보들을 종이에 적으라고 합니다.

2. 학생들이 다른 사람에게 감사하는 것과 그들이 정말 바꾸고 싶어 하는 것들에 대한 토론을 유도합니다. 다른 사람을 바꾸는 데 얼마나 성공적이었는지, 그리고 바꾸지 못하였을 때 어떤 기분이 들었는지를 물어봅니다.

3. 다음의 글을 읽어 보면서 누군가의 행동이나 태도가 바뀌어야 한다고 생각했을 때 스스로에게 뭐라고 말하는지, 그리고 어떻게 행동하는지에 대해 설명합니다.

예시 1: 당신은 부모님이 새벽 2시까지는 밖에 있는 것을 허락해야 한다고 생각한다. 하지만 부모님은 당신의 이유를 듣고 싶어 하지 않는다. 당신은 부모님이 자신의 관점에서도 봐야 한다고 생각하기에 화가 난다. 당신은 자신이 옳다고 생각하기 때문에 새벽 2시까지 밖에 있었고, 부모님이 외출금지를 시켰을 때 더욱 화가났다. 부모님을 바꾸려고 어떠한 시도를 해 봐도 전부 실패하고, 부모님을 바꾸려는 시도를 하면 할수록 상황이 더욱 안 좋게 된다.

예시 2: 당신은 친구들이 어느 특정 시간에 전화한다고 하거나 집에 놀러 온다고 하고, 그 약속을 지키지 않았을 때 정말 싫어한다. 당신은 한다고 말한 것들은 반드시 해야 한다고 생각한다. 그에 대해 친구들에게 불평할수록, 결국 다툼이 되어 버린다. 친구들을 바꾸려고 하는 것은 잘 안 된다.

각각의 예에서 청소년들은 다른 사람이 반드시 바뀌어야 한다고 생각했지만, 이를 통제하려고 할 때 더욱 갈등이 있었다. 대체적으로 "반드시 그래야만 해."라고 할 때에는 남이 하는 행동이 올바르거나 공정하지 않다고 생각하고 그 행동을 교정시켜야 한다고 생각할 때이다. 안타깝게도 다른 사람들 또한 본인이 옳다고 느끼며, 당신이 바꾸려 노력할수록 그들은 그것에 대해 화가 나서 다툼을 하게 된다. 만약 '반드시 해야 하는 것'을 '선호하는 것'으로 바꾼다면(부모님이 나를 2시까지 밖에 있도록 내버려 두길 바란다. 나는 친구들이 전화를 해 주거나 집에 놀러 오겠다고 말한 시간에 그렇게 해 주었으면 좋겠다), 화가 덜 날 것이며, 좀 더 나은 방식으로 변화를 요청하게 될 것이다. 예를 들어, 친구들에게 불평을 하는 대신에, 단정적인 메시지를 보낸다. "나는 네가 전화를 하거나 집에 놀러 온다고 말하는 시간에 그렇게 해 주면 고마울 것 같아." 이런 식으로 하면 상대방은 덜 방어적이거나 아니면 화를 덜 내겠지만 변할지 말지는 여전히 그들의 몫이다. 최종적으로 당신은 누구를 통제할 수 있는지, 즉 자신 그리고 자신의 생각과 감정인지 또는 다른 사람인지를 스스로에게 물어봐야 한다. 때때로 통제를 하려 할수록 당신은 부정적인 감정에 의해 통제되고 만다.

4. 4명씩 한 그룹으로 나누어 다른 사람들을 통제하는 문제들에 대해 토론하도록 합니다. 이것이 가능한가요? 그에 따르는 결과는 어떤 것들이 있나요? 타인을 통제할 때 어떤 감정을 느끼나요? 등에 대해 이야기할 수 있다. 각 그룹에게 토론을 한 후 다른 사람들을 통제하려는 문제에 대한 좌우명 또는 광고 스티커를 만들어 보라고 합니다. 이것을 그룹 간에 공유하도록 합니다.

5. 내용 질문과 개인 질문에 대해 토론합니다.

 토론

내용 질문

    1. 다른 사람들을 통제할 수 있다고 생각하나요, 통제할 수 없다고 생각하나요?

    2. 만약 다른 사람들을 통제할 수 없다면 무엇을 통제할 수 있나요?

    3. 통제하는 것을 포기하기 위해 무엇을 생각해야 하나요?

개인 질문

    1. 다른 사람이 자신을 통제하려고 할 때 어떤 느낌이 드나요? 이것을 해결하기 위해 어떻게 하나요?

    2. 다른 사람들을 통제하려고 하나요? 만약 그렇다면 이것은 어떤 결과를 초래하나요?

    3. 다른 사람들을 통제하는 문제에 대해 바꾸고 싶은 것이 있나요?

후속 활동

    각 학생에게 어른 두 명과 인터뷰하여 이 수업에서 토론한 통제의 문제에 대해 질문하도록 합니다. 학생들에게 인터뷰를 통해 '알게 된 사실'에 대해 최소 네 문장을 적고 전체 그룹과 공유하도록 합니다.

이성교제 시 해야 할 것과 하면 안 되는 것

사회성
발달
3

🧑‍🏫 발달의 관점

어떤 청소년들은 일찍 이성교제를 시작하지만 대부분의 진지한 이성교제는 대체적으로 16세 이후부터 시작합니다. 이는 점차 감정적으로 깊어지는 관계로 발전하는 특징을 지닙니다. 나이에 상관없이 많은 청소년들은 친밀한 관계를 성공적으로 다루는 데 있어서 성숙하지 못한데, 그 결과로 성적 행동에 참여할 가능성이 높습니다.

🧑‍🏫 목표

▷ 친밀한 관계와 관련된 문제와 감정 살펴보기

🧑‍🏫 준비물

▷ 각 학생에게 제공할 '이성교제 시 해야 할 것과 하면 안 되는 것−체크리스트'(활동지 8)
▷ 각 학생에게 제공할 연필과 종이

🧑‍🏫 진행 절차

1. 학생들에게 종이를 꺼내게 하고, 연인관계에 대해 생각할 때 처음 떠오르는 세 가지 단어를 빠르게 적도록 하면서 수업을 시작합니다(학생들에게 적은 내용을 공유하거나 공유하지 않는 것을 선택할 수 있다는 점을 강조합니다). 단어의 내용을 기꺼이 공유할 마음이 있는 학생들에 한해서 그 내용을 공개합니다.

2. 연인관계는 긍정적 · 부정적인 감정으로 특징지어진다는 것을 언급하고, 학생들에게 친밀한 관계와 연관되어 있는 몇 가지 문제들에 대해 주의 깊게 생각할 수 있게 하는 체크리스트를 받게 될 것이라고 설명합니다. '이성교제 시 해야 할 것과 하면 안 되는 것−체크리스트'(활동지 8)를 각 학생들에게 나누어 주고 그것을 완성하게 합니다. 학생들은 대답을 비밀로 할 수도 있고 지금 누구를 사귀고

208

있거나 없거나 상관없이 이 항목에 대답할 수 있다는 것을 설명합니다.

3. 3명씩 하나의 그룹으로 나누어, 공유해도 괜찮은 체크리스트의 항목들에 대해 토론하도록 합니다.

4. 내용 질문과 개인 질문에 대해 토론합니다.

🗣️ 토론

내용 질문

1. 체크리스트를 완성하는 것은 어떠했나요? 체크리스트에 있는 항목들은 이전에 생각했던 적이 있던 것이었나요?

2. '동의' '동의하지 않음' '결정하지 못함'의 답변 중에 어느 것이 더 많았나요?

개인 질문

1. 어떤 문제가 가장 다루기가 어려웠는지 생각해 봅니다. 이러한 문제들에 대해 직접 연인관계를 경험하는 것이 어려웠나요, 혹은 상상하여 생각하는 것이 더 어려웠나요? (토론해 봅니다.)

2. 만약 누구를 사귀고 있다면 그 관계에 대해 얼마나 행복하게 느끼고 있고 자신의 역할에 대해 얼마나 만족하나요? 변화를 주고 싶은 것이 있나요? 만약 그렇다면 어떻게 할 것인가요?

🎬 후속 활동

학생들은 현재 가지고 있거나 과거에 가지고 있었거나 앞으로 가질지도 모르는(아직 연애관계에 있지는 않지만 그렇게 되기를 원하는 경우를 포함해서) 연애관계의 문제점에 대한 내용을 고민 상담 편지로 쓰도록 합니다. 학생들에게 자신의 편지에 대한 답장으로 스스로에게 충고를 하도록 합니다.

이성교제 시 해야 할 것과 하면 안 되는 것

이름: _____   날짜: _____

지시사항: 각각의 항목에 A(동의), D(동의하지 않음), 또는 U(결정하지 못함)로 답변합니다. 답변을 비밀로 할 수 있도록 선택할 수 있습니다.

A   D   U   1. 사귀는 커플은 모든 시간을 함께 보내야 한다고 생각한다.

A   D   U   2. 사귀는 커플이 고등학생이라면 성행위를 해도 상관없다고 생각한다.

A   D   U   3. 사귀는 커플이 친한 이성 친구가 있다면 질투해야 한다고 생각한다.

A   D   U   4. 사귀는 커플은 상대방의 가치나 신념에 따르도록 자신의 가치나 신념을 바꿔야 한다고 생각한다.

A   D   U   5. 사귀는 커플은 학교에서 키스하고 껴안는 것을 해도 괜찮다고 생각한다.

A   D   U   6. 사귀는 커플은 상대방이 필요로 하는 것을 우선시해야 한다고 생각한다.

A   D   U   7. 사귀는 커플은 상대방을 만족시키기 위해 옷을 잘 입어야 한다고 생각한다.

A   D   U   8. 사귀는 커플은 자신의 관심사와 취미보다는 상대방이 좋아하는 것을 해야 한다고 생각한다.

A   D   U   9. 만약 상대방이 성행위를 원하고 성행위를 하지 않을 경우 헤어지자고 겁을 준다면, 이를 원치 않는 쪽은 서로의 관계를 깨뜨리기보다는 그것을 받아들여야 한다고 생각한다.

활동지 8

A   D   U   10. 연인관계를 이제 막 시작한 커플은 성행위를 해도 괜찮다고 생각한다.

사회성 발달 4 연인관계

18세

발달의 관점

진지한 연애관계는 대부분 16세 이후에 시작되지만, 많은 청소년들은 설령 누군가와 전화만 한다거나 학교에서만 만나는 것이 유일하다고 해도, 이성교제를 하는 것에 각자의 방식을 가지고 있습니다. 이러한 관계들은 종종 매우 강렬하고 즐거움과 함께 고통의 근원이 될 수도 있습니다. 청소년들은 강렬한 감정을 다루는 데 어려움을 겪기 때문에, 연인관계에 압도당하거나 우울해지기 쉽습니다.

목표

▷ 연인관계에 관한 감정 탐색하기
▷ 연인관계에서 나타나는 문제해결 방법 중 건강한 방법과 건강하지 못한 방법을 구별하는 법 배우기

준비물

▷ 칠판
▷ 각 학생에게 제공할 '연인관계-시'(활동지 9)
▷ 각 학생에게 제공할 종이와 연필

진행 절차

1. 학생들에게 연인관계가 어떤 의미를 주는지에 대해 토론하게 함으로써 수업을 시작합니다. 연인관계의 긍정적·부정적 관점에 대해 알아보도록 합니다. 그러고 나서 연인관계와 연관된 감정에 대해 생각해 보고 종이에 써 보도록 합니다. 전체 그룹과 함께 공유하고 칠판에 단어들을 기록합니다.

2. 학생들에게 연인관계가 혼란스럽거나 갈등적일 때 감정을 다룰 수 있는 건강한 방법 세 가지에 대해 적도록 하고, 그다음에 건강하지 못한 방법 세 가지에 대해 적도록 합니다. 칠판 맨 위쪽에 '건강한' '건강하지 않은'이라 쓰고, 그 아래에

211

학생들이 적은 것들을 나열하여 적습니다. 학생들에게 이러한 상황에서 감정을 다스리는 건강한 방법과 건강하지 못한 방법 간의 차이점에 대해 토론하도록 합니다.

3. '연인관계−시'(활동지 9)를 각 학생들에게 나누어 줍니다. 학생들에게 시를 읽고 짧은 소감을 적어 보도록 합니다.

4. 내용 질문과 개인 질문에 대해 토론합니다.

 토론

내용 질문

    1. 이 시의 작가가 경험한 감정들은 어떤 것이었나요?

    2. 이 시가 무엇을 의미한다고 생각하나요?

개인 질문

    1. 자신 혹은 주변 사람들 중에서 이러한 감정을 경험해 본 적이 있나요?

    2. 만약 이러한 감정을 경험해 봤다면, 어떻게 다루었나요? 이러한 감정을 건강하게 다루었다고 생각하나요, 아니면 건강하지 않는 방식으로 다루었다고 생각하나요?

후속 활동

학생들에게 자신이 겪었거나 가지길 원하는 연애관계에 대한 시나 이야기를 써 보도록 합니다.

시

연인관계

이름: _____   날짜: _____

18세

지시사항: 다음의 시를 읽고 이 시에 대한 짧은 소감을 적어 봅니다. 글쓴이가 이 관계에서 무엇을 경험하고 있다고 생각하나요?

나의 감정이 나를 방해하게끔 내버려 두고
나는 항상 느끼지 않으려 노력합니다.
그렇지만 나는 두렵습니다.
내가 다른 방식으로 상관을 할까 봐 두렵고
내가 당신을 언젠가 잃을까 봐 두렵고
내가 당신보다 강하다고 느낄까 봐 두렵고
이 모든 시간이 지나고도 당신이 나는 아무것도 아니라고 생각하게 될까 봐 두렵습니다.
난 당신이 나를 알기를 원합니다.
난 당신의 생각을 말해 주길 원합니다.
난 당신이 날 안아 주길 원합니다.
난 가장 춥고 어두운 밤에 당신의 곁에 있기를 원합니다.
과거는 나를 후회하게 만들었고, 그 후회가 나를 막지 않기를 원합니다.
하지만 만약 후회가 나를 막더라도 그것은 나의 잘못이라는 것을 압니다.
나는 현실을 잘 보지 못했습니다. 그렇지 않나요?

―레이아, 17세

결과를 예측하라

발달의 관점

이 단계에 있는 청소년들은 추상적인 사고력을 계속 발달시키고 있지만, 대부분은 여전히 선택에 대한 결과를 예측하는 능력이 아직 부족합니다. 청소년들은 점점 더 어려운 결정을 내리고 있기 때문에, 결과를 어떻게 예측하는가를 배우는 것이 중요합니다.

목표

▷ 자신이 선택한 것의 결과를 예측하는 방법 배우기

준비물

▷ 풍선과 핀
▷ 각 학생에게 제공할 '결과를 예측하라-활동지'(활동지 10)와 연필

진행 절차

1. 풍선을 불고 묶으면서 수업을 시작합니다. 학생들에게 풍선에 핀을 찌르면 어떤 일이 발생하는지 물어봅니다. 학생들이 대답을 한 다음에 풍선을 터뜨립니다. 그리고 의사결정의 중요한 측면으로서 결과를 예측하는 것에 대한 개념을 토론합니다. 예측 행동의 결과에 대해 책임을 지는 것의 중요성을 강조합니다.
2. '결과를 예측하라-활동지'(활동지 10)를 각 학생들에게 나누어 줍니다. 학생들에게 활동지에 있는 각각의 선택에 대한 두 가지 가능한 결과를 예측하도록 합니다.
3. 3명씩 한 그룹으로 나누어서 결과에 대해 토론하도록 합니다.
4. 내용 질문과 개인 질문에 대해 토론합니다.

토론

내용 질문

1. 활동지에 있는 예시들에 대해 예측한 결과를 어떻게 결정했나요?

2. 만약 결과를 예측하였다면 더 좋은 결정을 할 수 있다고 생각하나요? 왜 그렇나요, 또는 왜 그렇지 않나요?

3. 항상 결과를 예측하는 것이 가능하다고 생각하나요?

개인 질문

1. 결정하는 것에 대한 결과를 예측하려고 노력하나요? 만약 그렇다면 이것이 도움이 되나요? 만약 그렇지 않다면, 인생에 어떻게 영향을 미치나요?

2. 지금으로부터 5년 후의 모습을 생각해 봅니다. 자신이 하게 될 가장 중요한 결정은 무엇일 거라고 생각하나요? 이 결정을 위해 가능한 결과들을 예측하는 것이 중요할 거라고 생각하나요?

후속 활동

각 학생들에게 다음 해 동안 내려야 할 결정을 떠올리도록 요청합니다. 학생들에게 결정에 대해 취할 수 있는 행동 절차 두 가지를 고르도록 한 다음, 선택사항에 대한 예측 가능한 결과를 종이에 간단하게 적도록 합니다.

결과를 예측하라

이름: _____ 날짜: _____

지시사항: 활동지를 읽고 각각의 선택에 대해 일어날 수 있는 가능한 결과 두 가지를 적어 봅니다.

〈선택〉   〈가능한 결과〉

1. 대학에 간다.   A. _____
                                    B. _____

2. 19세에 결혼을 한다.   A. _____
                                    B. _____

3. 고등학교에서 낙제를 한다.   A. _____
                                    B. _____

4. 육군, 해군 또는 해병대에 입대한다. A. _____
                                    B. _____

5. 조폭에 들어간다.   A. _____
                                    B. _____

6. 마약에 중독된다.   A. _____
                                    B. _____

7. 낙태를 한다.   A. _____
                                    B. _____

결과를 예측하라

8. 부모님에게 화가 나서 가출을 한다.　A. _____

　B. _____

9. 담배에 중독이 된다.　A. _____

　B. _____

10. 돈을 벌기 위해 마약을 팔기 시작한다.　A. _____

　B. _____

11. 17세에 부모가 되어 아이를 키운다.　A. _____

　B. _____

12. 편의점에서 물건을 훔친다.　A. _____

　B. _____

13. (스스로 채워 넣기)　A. _____

_____　B. _____

14. (스스로 채워 넣기)　A. _____

_____　B. _____

인지발달 2 계획을 세워라

발달의 관점

이 단계의 많은 청소년들은 여전히 여기 그리고 지금을 바라보며 살기 때문에, 미래를 생각하고 목표를 세우는 데 어려움을 겪습니다. 하지만 청소년들은 인생의 과도기에 접어들었고 미래에 대한 결정을 반드시 해야 하므로, 목표를 달성하기 위한 현실적인 계획을 세우는 방법을 배우는 것이 매우 중요합니다.

목표

▷ 현실적인 계획을 세우는 방법 배우기

준비물

▷ 각 학생에게 제공할 '계획을 세워라-활동지'(활동지 11)와 연필

진행 절차

1. "어디로 갈 것인지를 모른다면, 어딘가 다른 곳에서 멈추게 될 것이다."라는 말을 인용하면서 현재 삶에 대해 내포하는 것을 천천히 생각해 보도록 하며 수업을 시작합니다.
2. '발달의 관점'에서 설명한 요점을 강조하면서 장기 계획과 단기 계획의 개념에 대해 토론합니다.
3. '계획을 세워라-활동지'(활동지 11)를 각 학생들에게 나누어 줍니다. 활동지의 과정을 설명하면서 학생들에게 개인적인 예시를 들면서 계획의 각 단계를 쓰게 합니다.
4. 내용 질문과 개인 질문에 대해 토론합니다.

토론

내용 질문

> 1. 계획의 어느 부분이 가장 실현 가능하다고 보나요? 가장 실현 불가능한 것은 무엇인가요?
>
> 2. 사람들이 계획을 세우지 못하거나 세운 계획을 실행하지 못하게 하는 것은 무엇이라고 생각하나요?
>
> 3. 활동지에서와 같은 계획 실행 과정을 사용하는 것이 좋다고 생각하나요? 만약 그렇다면 이것이 어떻게 도움이 될 거라고 생각하나요?

개인 질문

> 1. 계획을 실행에 옮길 거라고 생각하나요? 만약 그렇지 않다면 계획을 실행에 옮기는 것을 막는 것은 무엇이라 생각하나요?
>
> 2. 계획의 변경이 필요하다면 보통 바꾸나요? 만약 그렇지 않다면 이 계획 실행 과정이 도움이 될 거라고 생각하나요?
>
> 3. 많은 사람들은 큰 계획의 일부로서 작은 계획들을 세울 때 덜 압도된다고 느낍니다. 이것이 자신에게도 적용되나요? 즉, 작은 계획들을 세웠을 때 덜 부담스럽다고 느끼나요?

후속 활동

각각의 학생들이 다루고 싶은 또 다른 문제를 정하여 계획의 단계들을 따르도록 합니다. 학생들에게 그 과정을 따르는 것이 어떠한 결과를 주었는지에 대해 보고하도록 합니다.

계획을 세워라

이름: _____   날짜: _____

지시사항: 자신의 예시를 들어서 각 단계를 완성해 봅니다.

1단계

나의 삶에서 잘 되어 가는 것 세 가지를 적어 봅니다.

1. _____

2. _____

3. _____

2단계

잘 되지 않았던 것 중 바꾸고 싶은 세 가지를 적어 봅니다.

1. _____

2. _____

3. _____

3단계

바꾸고 싶은 세 가지를 골라서 다음 카테고리 중 하나에 배정해 봅니다(또는 자신의 것을 적기).

1. 친구들 또는 선생님들과의 관계

2. 학교

3. 가족 구성원들과의 관계

4. 돈, 직업

5. 미래 계획

계획을 세워라

18세

4단계

각각의 카테고리에서 특별히 정말 바꾸고 싶은 것을 확인합니다. 예를 들어, 2단계에서 자신이 남자 친구나 여자 친구와의 관계를 더 좋게 하기를 원한다고 했다면, 1번 '친구들과의 관계'로 그것을 분류합니다. 그리고 바꾸고 싶은 것에는 더 자주 보기라고 쓸 수 있습니다.

바꾸고 싶은 것: _____

바꾸고 싶은 것: _____

바꾸고 싶은 것: _____

5단계

구체적이고 실현 가능한 계획을 세웁니다. 예를 들어, 만약 누군가를 더 자주 보고 싶다면, 실현 가능한 계획은 금요일이나 토요일에 데이트하러 나가고, 화요일이나 수요일에 일이 끝난 후 최소한 한 시간 정도 만나는 것입니다.

실현 가능한 계획: _____

실현 가능한 계획: _____

실현 가능한 계획: _____

6단계

나의 계획에 장애물이 되는 것을 적어 봅니다. 계획을 성공하는 데 무엇이 장애물이 될까요? 그것을 예상해 보고 이를 극복할 수 있는 방안들을 적어 봅니다. 예를 들어, 화요일이나 수요일에 서로 보는 것을 막는 장애물은 숙제를 너무 많이 해야 한다는 것입니다. 장애물을 극복하는 방안은 같이 공부를 하거나 30분만 만나는 것입니다.

가능성 있는 장애물: _____

방안: _____

계획을 세워라

가능성 있는 장애물: _____

방안: _____

가능성 있는 장애물: _____

방안: _____

7단계

계획을 실행합니다!

합리적 사고

발달의 관점

이 단계에서 청소년들은 상식적으로 생각을 하거나 좋은 결정을 내리는 능력이 여전히 부족합니다. 일부 청소년들은 상당히 구체적인 사고를 하고 있고 생각이 단단히 고정되어 있어서 사물을 이분법적으로 봅니다. 그들은 매우 쉽게 과민해 지고 사고의 균형을 잃으며, 그것은 다양한 측면에서 삶에 대해 부정적인 영향을 미칩니다.

목표

▷ 합리적 사고 기술 배우기
▷ 합리적 사고 기술을 삶에 적용시키는 방법 배우기

준비물

▷ 각 학생에게 제공할 '합리적 사고–활동지'(활동지 12)
▷ 각 학생에게 제공할 연필과 종이

진행 절차

1. 합리적 사고와 비합리적 사고의 차이에 대해 설명하면서 수업을 시작합니다.

   합리적 사고는 현실적인 기대를 기반으로 하며 목표를 달성하는 데 도움을 줍 니다. 비합리적 사고는 그 결과물로 나타나는 분노, 자책감, 우울감과 같이 좋지 않은 감정에 압도되기 때문에 목표를 달성하는 데 도움을 주지 못합니다. 비합 리적 신념에는 세 가지 기본 유형이 있습니다.

   ▶ 당위적 사고("반드시 ~해야 하는") 또는 다른 사람이나 스스로에게 요구하는 것: 다른 사람들은 항상 내가 대접받아야 한다고 생각하는 대로 나를 대우해 야 한다고 믿는 것

   ▶ 자기비하: 내가 행하는 것과 내가 누구인지를 동일시하는 것(만약 내가 어떤

성과를 내지 못하면 나는 스스로를 가치 없는 사람으로 생각한다)

  ▶ 낮은 욕구좌절 인내심: 모든 것이 자신에게는 쉬워야 한다는 생각, 그리고 나의 인생에서 어떠한 좌절이나 불편감에 대해 참을 수 없다는 생각

추가적으로, 비합리적으로 생각하는 사람은 상황을 실제보다 좋지 않게 생각하고 지나치게 일반화를 합니다. 그들은 일을 부풀리고, 무조건 최악일 것이라고 가정합니다. 또한 '터널 시야'라는 말을 사용하기도 하는데, 이는 작은 세부사항만을 가지고 전체를 판단하는 근거로 삼는다는 것을 의미합니다. 그리고 그들은 임의적인 추론을 하고, 어떤 것에 대해 근거가 없음에도 불구하고 확신을 합니다. 모 아니면 도라는 양자택일의 이분법적인 생각을 갖는 것도 흔합니다. 뭐든지 한쪽 아니면 그 반대쪽으로 생각하고 중간은 없습니다.

다음은 비합리적인 사고의 예입니다.

  ▶ 내 남자 친구는 전화한다고 하면 반드시 나에게 전화를 해야 한다. 만약 전화를 하지 않으면 이것은 나와 조만간 헤어지려고 하거나 내가 그에게 부족하거나 그가 진짜 나쁜 놈이라는 뜻일 거다. 만약 그가 나랑 헤어진다면 나는 그걸 참을 수 없을 것이다.

  ▶ 이번 수학 선생님은 매우 지루하고 숙제는 너무 어렵다. 나는 이 수업을 아무래도 적응하지 못할 것 같으니 포기할 것이다.

  ▶ 만약 부모님이 오늘밤에 내가 외출하는 것을 허락하지 않는다면 도망갈 것이다. 부모님은 나에게 너무 엄격하며 어떠한 것도 허락하지 않으신다. 다른 사람들의 부모님처럼 변해야 한다.

2. '합리적 사고-활동지'(활동지 12)를 각 학생들에게 나누어 줍니다. 학생들에게 비합리적 신념을 확인하게 한 다음, 이들 중에 무엇이 비합리적인 신념인지 알아보게 합니다.

3. 비합리적 사고를 줄일 수 있는 방법으로서 '논박'의 개념에 대해 소개합니다. 논박은 비합리적 신념, 비합리적 추론에 대한 문제점을 콕 집어 주는 이의를 제기하는 질문들을 스스로에게 하는 것을 의미합니다.

  ▶ A (선행사건): 대학수학능력시험에서 점수를 잘 받지 못하였다.

  ▶ B (비합리적 신념): 당신은 이렇게 생각한다. '난 정말 멍청한가 봐. 이 점수로는 대학에 절대 갈 수 없을 거야. 왜 나는 아무것도 제대로 할 수 없을까? 다시 시험을 봐도 어차피 못할 거니까 대학에 진학하는 것을 포기하고 잊어버릴래.'

▶ C (정서적 결과): 우울해지고 자기경멸을 하게 된다.

▶ D (논박): 자신의 생각에 이의를 제기해 본다. 스스로에게 이렇게 물어본다. '단지 이 시험을 잘 보지 못했다고 해서 내가 멍청하다는 증거가 어디 있나? 내가 시험 하나 잘 못 봤다고 해서 어떠한 대학도 들어갈 수 없다는 의미는 아니야. 그리고 대학은 수능 성적 말고도 다른 면도 보잖아. 이번에는 잘하지 못했지만 내가 다시 시험 볼 때 잘하지 못할 거라는 증거가 있을까?'

▶ E (효과적인 생각): 논박의 결과로 문제에 대해 좀 더 좋은 관점을 가지게 되었고, 더욱 효과적인 문제해결 기술을 도입할 수 있다. 전만큼 스스로를 낮게 보지 않는다. 이제는 자신이 처음에 확신했던 것과 달리 한 번의 나쁜 시험 성적이 재앙적인 결과를 가져오지 않는다는 것을 인지하게 된다.

4. 학생들에게 그들의 비합리적인 생각의 예에 대해 생각해 보라고 하고, A-B-C-D-E 모델을 사용해서 비합리적 신념에 대해 토론하도록 합니다.

5. 내용 질문과 개인 질문에 대해 토론합니다.

토론

내용 질문

1. 합리적 사고와 비합리적 사고 간의 차이를 어떻게 설명할 수 있나요?

2. 활동지에서 비합리적 신념들을 찾아내는 것이 얼마나 쉬웠나요?

3. 비합리적 사고를 하는 것은 흔하다고 생각하나요?

개인 질문

1. 자신은 합리적으로 생각하는 것 같나요, 아니면 비합리적으로 생각하는 것 같나요?

2. 어떤 방식으로 생각을 해야 목표를 이루는 데 도움이 되고 문제들을 더욱 효과적으로 해결하는 데 도움이 된다고 생각하나요?

3. 상황을 더욱 효과적으로 해결하기 위해 생각하는 방식에 대해 바꿔야 할 점들이 있나요? 만약 그렇다면 무엇인가요? 어떻게 바꿀 것인가요?

4. 이 수업에서 실생활에 적용해 볼 만한 것들을 배웠나요? (공유해 보도록 합니다.)

후속 활동

각 학생들에게 그들의 선행사건을 생각해 보고 A-B-C-D-E 모델을 적용하도록
합니다. 학생들에게 이 과정에 대해 보고하도록 시간을 주고 그들의 기술을 활용
하게 도와줍니다.

합리적 사고

18세

이름: _____   날짜: _____

지시사항: 다음에 나오는 사고 패턴을 읽고 비합리적 신념들을 확인합니다.

1. 나는 이 직장을 그만둘 것이다. 내가 해야 할 모든 일을 배우기가 너무 어렵다.

    비합리적 신념 _____

    _____

2. 다음 주에 해야 할 일이 너무 많다. 나는 절대로 모든 것을 끝낼 수 없을 것이고, 어차피 그 일을 잘하지도 못할 것이다.

    비합리적 신념 _____

    _____

3. 내 여자 친구(또는 남자 친구)가 나와 헤어진다면 참을 수 없을 것이다. 나는 절대로 그녀(또는 그)와 같은 사람을 찾지 못할 것이다.

    비합리적 신념 _____

    _____

4. 만약 내가 농구 팀에서 주전선수가 되지 못한다면, 그것은 내가 실패자라는 것을 증명하는 것이다.

    비합리적 신념 _____

    _____

5. 부모님은 나에게 어떠한 것도 허락하지 않는다. 모든 사람들은 나보다 훨씬 자유롭다.

    비합리적 신념 _____

    _____

합리적 사고

6. 나는 상급 수학 시험에서 낙제했다는 것을 안다. 그래서 멍청하다. 아마 이 수업에서 D학점을 받을 것이고, 그것은 내가 얼마나 멍청한지를 증명할 것이다.

   비합리적 신념 _____

   _____

7. 과학 선생님이 싫다. 선생님은 설명해 주지도 않고 우리들이 알아서 과제를 이해하길 바란다. 과제를 하는 것이 너무 짜증 나고 답답하기 때문에 그냥 노력하지 않을 것이다.

   비합리적 신념 _____

   _____

8. 국립명예학회에 들어가지 못했다. 더 열심히 공부해야 했지만 어차피 큰 차이도 없을 거다. 더 이상 할 수 있는 게 없다.

   비합리적 신념 _____

   _____

9. 남자 친구와 헤어질 거다. 그는 생각 좀 하고 살아야 한다. 항상 그의 친구들과 함께 놀러 나가고 나에게는 어떠한 관심도 주지 않는다. 나는 그가 대부분의 시간을 나와 함께 있어야 한다고 생각한다.

   비합리적 신념 _____

   _____

10. 나는 이 동네가 싫다. 이 동네의 모든 것이 끔찍하다. 학교를 졸업하자마자 여기를 떠날 것이다.

   비합리적 신념 _____

   _____

내린 결정들을 평가하기

인지
발달
4

발달의 관점

청소년들은 살아가면서 점차 중요한 결정을 맞닥뜨리게 되는데, 그들의 삶에서 이러한 결정을 평가하는 능력은 중요합니다.

목표

▷ 자신이 내린 결정을 평가하는 방법 배우기

준비물

▷ 각 학생에게 제공할 '내린 결정들을 평가하기—상황'(활동지 13)
▷ 각 학생에게 제공할 종이와 연필

진행 절차

1. '내린 결정들을 평가하기—상황'(활동지 13)을 각 학생들에게 나누어 주면서 수업을 시작합니다. 그다음에 학생들을 3명씩 한 그룹으로 나누고, 각각의 그룹에 한 가지의 상황을 줍니다. 학생들에게 상황을 읽고 결정들을 목록화한 다음, 그 결정이 좋았는지, 타당했는지 또는 나빴는지에 대해 토론하게 합니다. 학생들은 자신이 내린 평가에 대한 이유들을 언급해야 합니다.

2. 충분한 토론 시간 후에, 각각의 그룹에게 토론에 대한 결과를 공유하도록 합니다. 어떤 한 시점에 내린 결정이 추후의 결정 또는 결과에 영향을 미칠 수 있다는 사실을 강조합니다.

3. 각각의 그룹에게 구성원 중 한 명이 최근에 한 결정에 대해 말해 보도록 요청합니다. 그들은 이 결정이 다른 결정에 영향을 미쳤는지, 그리고 어떻게 이 결정을 평가하였는지에 대해 토론합니다.

4. 내용 질문과 개인 질문에 대해 토론합니다.

토론

내용 질문

1. 자신이 내린 결정이 좋았는지, 타당했는지 또는 나빴는지에 대해 어떻게 평가 했나요?
2. 활동지에 나온 상황이나 혹은 자신의 예시에서, 한 시점에서 내린 결정이 다른 결과에 영향을 미치기도 했나요?

개인 질문

1. 자신이 내린 대부분의 결정들에 대해 어떻게 평가할 수 있나요? (좋음, 타당함 또는 나쁨)
2. 결정을 내리기 전에 결과에 대해 생각하나요? 그리고 결정이 다른 결정에 영향 을 미칠 수 있다는 것을 생각하나요?
3. 의사결정 과정에서 바꿔야 한다고 생각하는 것들이 있나요? 만약 그렇다면 바 꾸기 위해 무엇을 할 것인가요?
4. 이 수업에서 결정을 내릴 때 도움이 될 만한 것으로서 무엇을 배웠나요?

후속 활동

학생들에게 인기 있는 노래를 듣게 하고 가사에 적혀 있는 선택사항 중 일부를 나 열하도록 합니다. 이러한 선택이 좋은지, 타당한지, 아니면 나쁜 선택이었는지에 대해 평가하고, 왜 그런 평가를 내렸는지 설명하도록 합니다.

내린 결정들을 평가하기

 18세

지시사항: 그룹에 할당된 상황을 읽습니다. 이 상황에서 나오는 모든 결정들을 목록화합니다. 각각의 결정들을 좋음, 타당함 또는 나쁨으로 평가하고, 각각의 평가에 대한 이유를 밝혀 봅니다.

상황 1

세스는 몇몇 자동차 부품을 새 걸로 교체해야 하는 오래된 차를 가지고 있다. CD 플레이어는 작동을 하지 않고 차는 서서히 녹슬고 있었다. 세스는 수리를 하기 위해 돈을 모아 두었지만 지금까지 조금밖에 모으지 못하였다. 왜냐하면 학교 댄스파티를 위해 리무진, 비싼 식당에서의 저녁과 아침, 멋진 옷, 그리고 티켓을 준비해야 했기 때문이다. 게다가 다음 주에 열리는 콘서트 티켓 두 장을 샀다. 하지만 문제는 세스가 콘서트에 갈 방법이 없다는 것이다. 지금의 차 상태로 봐서는 운전해서 시내로 나갈 수가 없고, 여자 친구도 차가 없었다. 최악인 것은 학기 중에 가장 중요한 과제물을 콘서트 다음 날에 제출해야 한다는 것이었다. 심지어 그것을 시작도 하지 않았으며, 그 과제는 성적의 50%를 차지한다.

그래도 세스는 콘서트를 놓치고 싶지 않았으며, 친구에게 차를 빌려 달라고 하거나 그쪽 방향으로 나가는 친구의 차를 같이 타고 갈 수 있는지 물어봤다. 결국 기름을 넣어 준다는 조건으로 콘서트에 갈 수 있는 방법을 찾았다. 용돈을 받는 날이 콘서트 전날이기 때문에 괜찮은 제안이라고 생각했다. 그러나 단 하나의 문제는 친구의 차에 넣는 기름값이 비싼 탓에 이번 주에 돈이 얼마 남지 않게 된다는 것이다. 그렇지만 나중에 걱정하기로 했다. 이제 해결해야 할 것은 어떻게 역사 과제를 끝내야 할지에 대한 것이었다. 세스는 주말 내내 아르바이트를 하기로 되어 있었지만 아마도 병가를 내서 숙제를 할 수 있을 것이다. 사장님은 좋아하지는 않겠지만 며칠 일을 빠진다고 해서 해고될 거라고는 생각하지 않았다. 단, 문제는 그가 똑같은 수법을 이미 지난달에 썼다는 것이다.

결정들: _____

_____

_____

_____

내린 결정들을 평가하기

상황 2

카를라는 1년간 맥도날드에서 일했지만, 그녀의 사장은 카를라가 육상 연습을 하려고 일을 빠지는 것에 대해 카를라를 힘들게 했다. 사장은 토요일 밤 가게가 문을 닫을 때까지 카를라가 일을 해야 한다고 했다. 그건 카를라를 정말 화나게 했다. 고등학교 3학년으로서 토요일 밤은 친구들과 함께 파티를 할 수 있는 유일한 밤이었다. 카를라는 대학 진학과 할부금을 갚기 위해 돈이 필요했다. 하지만 토요일 밤에는 일을 하고 싶지 않았고 사장과도 말다툼을 하고 싶지 않았다. 카를라는 일을 그만두어야 했다.

어머니는 카를라의 결정에 대해 좋아하지 않았고, 지원해 줄 돈도 없다고 했다. 그래서 카를라는 다른 직장을 찾기로 하여, 월요일부터 목요일까지 저녁 6시부터 10시까지 일을 하는 직장을 찾았다. 그 직장은 완벽했지만, 단 하나의 단점은 밤에 끝나고 집에 온 다음에 공부를 해야 하는 것이었다. 어느 날 걱정거리가 생겼다. 중요한 스페인어 시험과 영어 과제를 해야 할 시간이 필요했기 때문이다. 카를라는 전날 일이 끝나고 과제를 하는 대신에 남자 친구의 집에서 데이트했던 것을 후회했다. 그리고 다음 주에 대학 입학 원서 두 장을 마무리해야 할 시간이 필요했다.

그날 밤에 카를라는 일을 늦게까지 하고 집에 돌아와서 시험 준비를 위해 공부를 하고 과제를 하려고 했지만, 귀가하자마자 마침 남자 친구가 전화를 했고 두 사람은 한참 동안 통화를 했다. 샤워 후 과제를 하기 시작했을 때가 11시 30분이었다. 카를라는 새벽 1시에 과제를 끝냈고, 시험공부를 하기에는 너무 피곤했다. 아침 6시에 알람을 맞추었지만, 알람을 듣지도 못하고 늦잠을 자버렸다. 덕분에 일어나서 옷을 입고 학교에 가는 데 겨우 30분의 시간밖에 남지 않았었다. 카를라는 시험을 잘 보지 못한 것을 알고 있었다. 다음 해에 장학금을 받을 좋은 기회를 얻으려면 성적을 잘 받았어야 했기 때문에 매우 걱정했다.

결정들: _____

_____

_____

_____

REBT 기반 인성교육 프로그램

자기 발달
〈활동〉
1. 자기평가
2. 내가 하는 역할
3. 자학
4. 나와 나의 미래

정서 발달
〈활동〉
1. 사랑의 아픔
2. 나는 외로워요
3. 양면성
4. 고통스러운 성장

사회성 발달
〈활동〉
1. 나를 뽑아 주세요
2. 작별인사
3. 사랑한다, 사랑하지 않는다
4. 부모와의 관계

인지 발달
〈활동〉
1. 그건 딜레마예요
2. 정말로 많은 목표들
3. 중대한 결정들
4. 우선순위 세우기

자기평가

👨‍🏫 발달의 관점

청소년들이 고등학교를 졸업함에 따라 스스로를 평가하는 방법은 전환기의 영향을 받게 됩니다. 자신감이 있는 아이들은 변화에 쉽게 적응하지만, 많은 청소년들에게는 나는 누구인지 그리고 새로운 환경에서 어떻게 평가되는지에 대한 불안감을 느끼는 것은 전혀 드문 일이 아닙니다.

👩‍🏫 목표

▷ 자신의 강점 평가하기

👷 준비물

▷ 각 학생에게 제공할 '자기평가-활동지'(활동지 1)와 연필

👩‍💻 진행 절차

1. 학생들은 자신에 대한 평가가 고등학교를 떠나 새로운 사람 및 환경에 맞닥뜨리게 될 때 달라질 수 있다는 사실을 토론하면서 수업을 시작합니다. 이 수업의 목적은 개인적인 강점을 발견하고 그 강점을 확인할 수 있도록 도와주는 것이라고 설명합니다.

2. '자기평가-활동지'(활동지 1)를 각 학생들에게 나누어 줍니다. 학생들에게 그것을 완성하도록 합니다.

3. 4명씩 한 그룹으로 나누어 자기평가에 대해 공유하도록 합니다.

4. 내용 질문과 개인 질문에 대해 토론합니다.

👨‍⚕️ 토론

내용 질문

1. 자신을 설명하는 가장 적합한 5개의 용어를 선택하는 데 어려움이 있었나요? 그

용어들에 대한 설명을 생각하는 것은 어땠나요?

2. 자신과 가장 어울리지 않는 용어들은 어떻게 선택했나요? 이에 대해 어떻게 느꼈나요?

개인 질문

1. 상위 5개로 선택한 특성 중에서 인생의 다음 단계로 가는 데 가장 큰 자산이 될 것 같다고 생각하는 것은 무엇인가요?

2. 하위 5개로 선택한 특성 중에서 미래에 더욱 성공할 수 있도록 돕기 위해 개선하고 싶은 것은 무엇인가요?

3. 가장 자랑스러워하는 개인의 특성은 무엇인가요?

후속 활동

학생들에게 개발하고 싶은 한 개 또는 두 개의 개인적인 특성을 고르게 한 다음, 이를 실천하기 위해 현실적인 계획을 세우도록 합니다.

자기평가

이름: _____   날짜: _____

지시사항: 활동지에 적힌 단어와 문구를 읽어 봅니다. 우선, 자신을 가장 잘 설명하는 5개의 용어 왼쪽에 숫자 1을 적습니다. 해당 용어의 오른쪽에는 실생활에서 이러한 모습을 드러내는 방식에 대한 지표를 적습니다. 그런 다음, 앞선 5개의 용어만큼은 아니지만 그다음으로 자신을 가장 잘 설명하는 용어들 왼쪽에 숫자 2를 적습니다. 해당 용어들에 대한 지표 역시 적습니다. 마지막으로, 자신과 가장 어울리지 않는 5개의 용어를 골라 봅니다. 해당 용어가 자신의 특성과 어울리지 않는 이유를 설명하는 지표를 적습니다(예를 들어, 만약 자신이 낯을 가리지 않는 성격이라면 이에 대한 지표로서 사람들과 쉽게 어울리고 파티를 인생의 일부로 여긴다고 적을 수 있습니다).

_____ 책임감 있는 _____

_____ 남들과 잘 어울리는 _____

_____ 의존적인 _____

_____ 조직적인 _____

_____ 함께 있으면 재미있는 _____

_____ 낯을 가리는 / 조용한 _____

_____ 친구를 쉽게 사귀는 _____

_____ 완벽주의적인 _____

_____ 침착한 _____

_____ 목표 지향적인 _____

_____ 편협한 판단을 하지 않는 _____

_____ 관대한 _____

_____ 자신감 있는 _____

_____ 다른 사람들과 잘 어울리는 _____

_____ 창의적인 _____

자기 발달 2

내가 하는 역할

🧑‍🏫 발달의 관점

청소년들이 고등학교를 마칠 때쯤에, 그들의 독립심이 더욱 강해지고 삶의 다른 단계로 나아가면서 현재 맡고 있는 역할도 변할 것입니다. 이러한 변화 과정에 대한 이해력을 발달시키도록 도와주는 것은 청소년들의 자기인식을 증가시킵니다.

👩‍🏫 목표

▷ 현재와 미래의 역할 구별하기

👷 준비물

▷ 각 학생에게 제공할 종이와 연필
▷ 4명으로 구성된 각 그룹에게 제공할 '내가 하는 역할—정의'(활동지 2)가 들어 있는 봉투

👩‍💼 진행 절차

1. 학생들이 고등학교를 졸업하면, 많은 이들은 이사를 가고, 학업을 이어 가고, 결혼을 하고, 또는 다른 장소에서 직업을 얻을 것이라는 사실에 대해 토론하면서 수업을 시작합니다. 새로운 환경으로 나아가면서 고등학교 때 하던 역할들은 바뀔 것이라고 설명합니다.

2. 4명씩 한 그룹으로 나누어, 각 그룹에서 기록자를 지정합니다. '내가 하는 역할—정의'(활동지 2)가 들어 있는 봉투를 각 그룹에 나누어 줍니다. 학생들에게 한 번에 한 장씩 종이를 꺼내서 그들이 뽑은 역할이 앞으로 1~2년 후에 어떻게 변할 것 같은지에 대해 토론하도록 합니다. 기록자는 반드시 각 역할에 대한 그룹의 생각들을 요약해야 합니다.

3. 내용 질문과 개인 질문에 대해 토론합니다.

토론

내용 질문

1. 토론에서 한 답변에 기초하여, 자신이 바뀌지 않을 것이라고 생각하는 역할들이 있나요?

2. 자신이 생각하기에 삶의 다음 단계로 넘어갈 때 완전히 새로 맡게 될 역할들이 있었나요?

개인 질문

1. 어떤 역할이 가장 많이 바뀔 것이라 생각하나요? 이에 대해 어떻게 생각하나요?

2. 어떤 역할이 가장 바뀌지 않을 것이라 생각하나요? 이에 대해 어떻게 생각하나요?

3. 이 토론의 결과로 인해 무엇을 배웠나요?

후속 활동

작년에 졸업한 선배들을 초대하여 바뀐 역할들과 새로 맡게 된 역할들에 대해 대화를 나누도록 합니다.

내가 하는 역할

지도자 유의사항: 각각을 자른 후 봉투에 넣어, 4명의 학생들로 이루어진 그룹에게 한 세트씩 줍니다.
각각의 봉투에 빈 종이조각도 여러 장 넣어서 학생들에게 빈 종이를 직접 채워 넣도록 합니다.

아들 또는 딸	음악가
남자 친구 또는 여자 친구	손자 또는 손녀
절친	종교단체의 신도 (예: 교회, 성당, 절 등)
학생	한 공동체의 구성원
운동선수	형제자매

발달의 관점

많은 청소년들은 대체적으로 초기 청소년기보다 이 시기에 자신감이 더 넘치지만, 자존감에는 문제가 있을 수 있습니다. 청소년들은 다양한 방법으로 스스로를 자학하거나 다른 사람들로부터 학대받는 행동을 참습니다. 이것은 결국 스스로를 향해 부정적인 감정과 태도를 유발하게 됩니다.

목표

▷ 학대와 자학을 구별하기
▷ 자학적 행동과 타인이 가한 폭력적 행동을 해결하는 전략 확인하기

준비물

▷ 칠판
▷ 각 학생에게 제공할 연필과 종이
▷ 다음 주제가 들어 있는 짧은 분량의 유익한 기사들: 신체적 학대, 감정적 학대, 성적 학대, 데이트 강간, 거식증, 폭식증, 약물 남용

진행 절차

1. '학대'와 '자학'이라는 단어를 칠판에 적으면서 수업을 시작합니다. 학생들에게 이 용어의 의미에 대해서 토론하도록 하고 각각에 대한 예를 들도록 합니다. 자기 자신을 학대하는 것과 타인으로부터 학대받는 것에 대한 차이를 토론합니다. 학생들에게 더 다루기 어려운 것이 무엇인지 물어봅니다.

2. 학생들을 7개의 그룹으로 나누어, 각 그룹에게 7개의 주제 중에서 하나를 고르라고 합니다. 그다음에 각 학생들에게 그룹의 주제와 관련된 기사문을 줍니다.

3. 기사를 읽을 시간을 준 다음, 각 그룹에게 발표할 정보에 대한 간략한 요약을 준비하도록 합니다. 그리고 나서 그룹의 학생들은 각각의 주제와 관련된 문제를

다룰 수 있는 두 가지 전략을 생각해 냅니다. 그런 뒤 제안된 전략들에 대해 토론하도록 하고 최종적으로 가장 좋은 제안을 세 가지 선택하도록 합니다.

4. 그룹별로 주제에 대해 간략하게 요약하고 가장 좋은 전략에 대해 전체 그룹에게 설명합니다.

5. 내용 질문과 개인 질문에 대해 토론합니다.

🧑 토론

내용 질문

1. 자학과 다른 종류의 학대 간의 차이를 어떻게 구분하나요?

2. 자신이 맡은 주제 또는 다른 주제들에 대해 이전에 알지 못했던 사실을 배운 것이 있나요?

3. 다른 사람에게 학대를 받았던 사람들이 더 이상 피해자가 되지 않고 그들의 삶을 통제할 수 있을 것이라고 생각하나요? 만약 그렇다면 어떻게 가능하다고 생각하나요?

개인 질문

1. 신체적, 감정적 또는 성적 학대의 피해자가 되는 것을 막기 위해 무엇을 할 수 있다고 생각하나요? 데이트 강간은 어떠한가요?

2. 만약 이들 중에 어떤 하나라도 경험했다면, 그것은 내가 안 좋은 사람이라는 것을 의미하나요? 다른 사람이 나를 존중하지 않는다는 이유로 스스로를 덜 존중해야 하나요?

3. 자신 혹은 자신이 아는 누군가가 굶고, 폭식하고 토하고, 또는 약물 남용을 통해 자학 행위를 했다면, 그 행동을 멈출 만한 정도의 충분한 자기존중감을 세우기 위해 무엇을 해야 하나요?

🧑 후속 활동

강사를 초빙하여 수업 주제에 관한 이야기를 하고 다른 사람에게 학대받은 피해자들이 있다면 그것을 어떻게 막을 수 있을지 또는 스스로 어떻게 힘을 키울 수 있을지에 대해 강연의 초점을 두도록 합니다.

나와 나의 미래

발달의 관점

이 발달 단계에서 청소년들은 점점 자신이 누구이고 자신이 성장했을 때 무엇을 하고 싶은지에 대해 분명히 알아야 한다는 압박감을 받습니다. 대다수에게 이것은 당혹스러운 일입니다. 청소년들은 '알아야 한다'는 것을 강요받기 때문에 불안과 혼란을 자주 경험합니다. 청소년들에게 적절한 방향성을 갖게 하는 것이 중요하지만 저마다 다른 속도로 성장하기 때문에, 일부는 다른 사람들보다 스스로를 더 잘 돌이켜 보고 미래를 더 잘 내다볼 수 있습니다.

목표

▷ 미래의 자신을 어떻게 보고 있는지 확인하기

준비물

▷ 각 학생에게 제공할 '나와 나의 미래-순위표 활동지'(활동지 3)와 연필

진행 절차

1. 학생들은 성장하면서 자연스럽게 자신이 누군지, 그리고 미래의 자신은 어떨지에 대해 생각하게 된다는 사실을 이야기하면서 수업을 시작합니다.
2. '나와 나의 미래-순위표 활동지'(활동지 3)를 학생들에게 나누어 줍니다. 그런 뒤 미래의 자신을 어떻게 보고 있는지 진지하게 생각해 보고 활동지를 작성하도록 합니다.
3. 학생들에게 그룹별로 활동지에 매긴 순위를 토론할 수 있는 시간을 줍니다.
4. 내용 질문과 개인 질문에 대해 토론합니다.

토론

내용 질문

1. 활동지에 있는 항목들의 순위를 매기는 것이 어려웠나요? 만약 그랬다면 어떤 면에서 어려웠나요?

2. 어떤 항목에 대해 가장 많이 생각해야 했나요?

3. 이 활동지의 목록에 추가해야 한다고 생각하는 내용이 있나요? (공유하도록 합니다.)

개인 질문

1. 이 활동을 하면서 자신에 대해 무엇을 배우게 되었나요?

2. 만약 이 활동지를 1년 전에 작성했다면, 순위가 지금과 같았을까요? 왜 그런가요 또는 왜 그렇지 않나요? 만약 다음 해에 다시 이것을 한다면, 순위가 어떻게 바뀔 것이라고 생각하나요?

3. 미래에 대해 생각할 때, 자신에 대한 이미지는 어떠한가요?

4. 미래에 대해 생각할 때, 어떠한 느낌이 드나요?

후속 활동

학생들에게 자기 자신이 미래에 어떻게 보일지를 묘사하는 포스터를 만들도록 합니다.

나와 나의 미래

이름: _____   날짜: _____

19세

지시사항: 목록에 있는 항목들을 읽어 봅니다. 미래에 자신이 어떻게 보이는지에 기초하여 1~15번까지 순위를 매겨 봅니다(1 = 가장 나 같은 것, 15 = 가장 나 같지 않은 것).

_____ 부모님과 가까이 살기

_____ 활발히 종교 활동하기

_____ 대도시에서 살기

_____ 명성 있는 직장을 가지기

_____ 내가 자란 동네에서 살기

_____ 군 입대하기(육군, 해군, 해병대, 공군)

_____ 외국에서 짧게라도 살아 보기

_____ 고등학교 졸업하자마자 직장 구하기

_____ 인종으로, 종교적으로 다양한 지역사회에서 살기

_____ 2년제 직업학교에 다니기

_____ 작은 마을에서 살기

_____ 20세 전에 결혼하기

_____ 대학교 가기

_____ 많은 월급 받기

_____ 20세 전에 부모가 되기

사랑의 아픔

정서
발달
1

발달의 관점

연인관계는 청소년기 발달 과정 동안 강렬하고 때때로 고통스러운 감정의 근원이 됩니다. 여성은 남성보다 연인관계에 더 일찍 눈을 뜨는 경향이 있어서 실제의 이성관계가 그들이 상상하는 관계의 환상과 일치되지 않을 때 실망을 크게 느낍니다. 청소년들은 이러한 경우를 대비하여 효과적인 대처 전략을 배울 필요가 있습니다.

목표

▷ 연인관계에서 느낄 수 있는 감정 파악하기
▷ 이러한 감정을 극복하기 위한 건강한 방법과 건강하지 않은 방법 구별하기

준비물

▷ 칠판
▷ 각 학생에게 제공할 '사랑의 아픔-시'(활동지 4)
▷ 각 학생에게 제공할 연필과 종이

진행 절차

1. 목표를 토론하면서 수업을 시작합니다. 각 학생들에게 '사랑의 아픔-시'(활동지 4)를 나누어 줍니다. 학생들이 시를 다 읽었을 때 이 시에서 언급한 세 가지 감정과 이 내용에 대한 느낌을 적도록 합니다.
2. 4명씩 한 그룹으로 나누어 시에서 표현된 감정과 학생들의 반응에 대해 토론하도록 합니다.
3. 각 학생들에게 시도해 봤거나 그들이 생각하기에 고통스러운 관계를 해결할 수 있는 효과적인 세 가지 방법에 대해 생각해 보도록 합니다. 학생들에게 그룹에서 제안을 공유하도록 합니다.

4. 내용 질문과 개인 질문에 대해 토론합니다.

 토론

내용 질문

    1. 연인관계에서 유발되는 고통스러운 감정들을 다룰 수 있는 제안은 무엇이 있었나요? (칠판에 제안들을 적습니다.)

    2. 그 감정을 다루는 데 건강한 방법과 건강하지 않은 방법 간의 차이는 무엇인가요? (학생들에게 건강하지 않은 방법의 예를 들고, 이 방법의 부정적인 영향을 말하도록 합니다.)

개인 질문

    1. 시에서 표현된 것과 비슷한 연인관계에 대한 감정들을 경험해 본 적이 있나요?

    2. 만약 비슷한 경험을 해 보았다면, 이런 상황을 어떻게 다루었나요? 건강한 방법이나 건강하지 않은 방법 또는 둘 다의 방법으로 극복하였다고 생각하나요?

    3. 연인관계에서 자주 발생하는 고통스러운 감정의 정도를 줄이기 위해 할 수 있는 것들이 있다고 생각하나요?

후속 활동

학생들에게 연인관계 또는 플라토닉 관계(정신적인 사랑관계)에 대한 감정을 표현하는 시를 적어 보라고 합니다.

19세

사랑의 아픔

내가 가졌던 생각, 내가 당신과 공유했던 일들. 당신은 전혀 모를 겁니다.

내가 느끼는 것, 내가 감당하고 있는 것, 적어도 당신이 알 수 없도록 숨기고자 했던 고통은 당신에게 자부심만을 더해 줄 뿐입니다.

당신이 했던 거짓말, 당신이 속였던 삶, 나는 그 모든 것이 그립습니다. 그리고 언제라도 다시 되돌리고 싶습니다.

당신이 떠난 이 삶, 당신은 날 혼자 살아가도록 내버려 두었습니다.

그렇게 후회 속에 홀로 남겨져 나의 눈물은 더 이상 흐르지 않습니다.

나는 매일 밤 잠들기 전에, 오직 당신 꿈만 꾸기 위해, 꿈속에서 당신의 행복을 빌기 위해, 마지막으로 한 번만이라도 꽉 안아주길 바라며 매일 밤 울다 지쳤고 나의 눈물은 다 말라 버렸습니다.

내 외로운 삶의 한 시간만이라도 오직 당신을 위해 꿈꿔 왔기 때문입니다.

인생이 얼마나 지속될까요? 매일 당신을 생각하며 꿈을 꿉니다. 당신을 다시 만날 수 있지 않을까, 혹은 어쩌면 당신이 나를 찾지 않을까?

그렇지만, 아니… 그런 일은 절대로… 조금의 기회도… 여지도 없겠지요.

내 심장은 그저 떨어질 것만 같고 완고한 당신은 절대 내 생각을 다시 하지 않고 내 손을 잡아주지 않을 거라는 것을 알게 되면 내 심장은 더욱 철렁거릴 뿐입니다.

내가 아닌 그녀를 향한 사랑을 숨기고 나에게 아름답다고 말해 주세요. 거짓말이라도 해 주세요.

당신이 꿈꾸고 살아가는 이유가 그녀라는 것을 견딜 수가 없어요.

이젠 꿈속에서만 당신을 가질 수 있고 안을 수 있다는 게… 잠에서 깨어나면 나의 옆자리에, 몸을 넌 채, 사랑을 속삭이고, 두 팔로 끌어안을, 당신이 없다는 사실을 알게 될까 봐 영영 깨어나지 않기를 바라며 잠이 듭니다.

나를 좋아하기 위해, 내가 당신의 삶 속에 존재하기 위해, 사랑하고 아껴주고 당신의 아내가 되기 위해,

나를 원해 줘요. 나를 붙잡아 줘요. 나를 걱정한다고 말해 줘요. 나를 도와주기 위해, 나를 안아주기 위해, 당신으로 인해 내 안에 깃든 광기와 그녀를 향한 증오와 끊임없는 질투심을 멈추기 위해서, 언제나 그 자리에 있겠다고 말해 줘요.

사랑, 내게 필요한 바로 그 사랑을 가지고 그녀와 함께 있는 당신을 보는 것이, 얼마나 커다란 상처인지 당신은 절대 모를 겁니다.

하지만 나는 살아가야 해요. 아니면 그저 울다가 당신 없이 죽을 수밖에.

—애니카, 17세

나는 외로워요

🧑 발달의 관점

많은 청소년들, 특히 고등학교 졸업반 청소년들은 외로움을 느낍니다. 아이들은 자신의 관심사와 믿음이 변화함에 따라 친구들로부터 점차 멀어질지도 모릅니다. 이 시기에 많은 청소년들은 중요한 이성관계에 상당히 몰두해 가기 때문에, 이성관계가 없는 청소년들은 차이, 고립, 외로움을 느낄지도 모릅니다.

19세

👩 목표

▷ 청소년기 외로움에 대해 더 알아보기
▷ 외로움을 대처하는 방법 알아보기

👷 준비물

▷ 각 학생에게 제공할 '나는 외로워요-생각들'(활동지 5)
▷ 각 학생에게 제공할 연필과 종이

👩 진행 절차

1. 많은 학생들이 고등학교 마지막 학년에 들어서면서 관심과 가치관이 변하고 부모님으로부터 점점 더 독립하며, 친구들은 연인이 있는데 자신은 없는 경우에 외로움을 느끼게 된다는 점에 대해 이야기를 나눕니다. 추가적으로 이 시기에 많은 학생들은 새 출발을 하고 새로운 친구를 만날 준비가 되어 있어 고등학교 생활에서 만났던 친구들과 연락이 적어질 수 있다는 점을 알려줍니다.

2. '나는 외로워요-생각들'(활동지 5)을 학생들에게 나누어 줍니다. 학생들에게 활동지를 읽어 보고 마지막의 질문에 답변하도록 합니다.

3. 학생들을 그룹으로 나눈 다음에 그들의 경험과 질문에 대한 답변을 공유하도록 합니다.

4. 내용 질문과 개인 질문에 대해 토론합니다.

토론

내용 질문

1. 활동지에 등장한 생각들을 읽으면서 외로움의 감정에 대해 새로 알게 된 점이 있나요?
2. 청소년기에 이러한 감정들이 흔하다고 생각하나요?

개인 질문

1. 지난 6개월에서 1년 사이 더욱 외롭다는 느낌을 받았나요?
2. 만약 그렇다면 인생에서 특히 이 시기에 외로움을 느끼는 것이 흔하다는 사실을 아는 것이 도움이 되나요?
3. 외로운 감정을 어떻게 다루나요?

후속 활동

학생들에게 자신이 외롭다고 느꼈을 때 듣는 음악을 찾아보거나 또는 이런 감정들을 표현하는 시나 이야기를 적어 보도록 합니다.

나는 외로워요

이름: _____   날짜: _____

19세

지시사항: 실제 십 대 청소년이 쓴 이 생각을 읽어 보고 질문에 답해 봅니다.

　　외롭다고 말하는 것은 혼자라고 느낀다는 것이다. 하지만 혼자 있는 것과 외로움을 느끼는 것은 매우 다르다. 나는 가끔 혼자 있을 때 외로움을 느끼긴 하지만 심각하게 괴로운 감정은 아니다. 홀로 사색에 잠길 때는 완전히 행복하다. 이렇게 느끼는 것은 나를 잘 이해해 주는 진정한 친구가 있었을 때의 기분을 기억하고 있기 때문이다. 그러나 지금은 그런 친구가 없는 것 같다. 가치관이 변해서 서로 멀어져 버린 것이다. 하지만 영혼의 단짝이었던 절친과 함께했던 시간이 정말 그립다.

　　어느 순간 나는 친구들에 대한 존경심을 잃어버렸다. 그들은 내가 하고 싶지 않은 것을 하고 싶어 했다. 그리고 스스로 절제하려는 나를 이해하지 못했다. 결국 그 친구들에게서 멀어졌고, 그냥 그렇게 되었던 것 같다. 고등학교 3학년인 나는 아마 이 친구들을 나중에는 보지 못할 것이다. 우리들의 끈끈했던 우정이 그립기도 하지만, 그건 이제 끝났다.

　　내가 생각하기에 지금 가장 큰 문제는 함께 지낼 새로운 친구 무리가 없다는 것이다. 모든 수업에는 내가 혼자라는 느낌이 들지 않도록 장벽을 허물어야 하는 사람들이 있다. 그러나 그건 너무 어려운 일이다. 천천히 나는 '건전하고 좋은 재미'를 즐기는 친구들을 찾고 있으며 새로운 우정을 쌓기 시작했다. 하지만 사실 이 외로움은 내년에 이사를 가서 다시 시작할 기회가 생길 때까지 계속될 것 같다.

－캐이틀린, 고등학교 3학년

나는 외로워요

캐이틀린이 느끼는 감정들을 공감할 수 있나요? 만약 그렇다면 어떠한 상황이 당신에게 외로움을 느끼게 했나요?

_____

_____

외로움이라는 감정을 경험했을 때, 그 감정을 감당하기 위해서 어떠한 노력을 했나요?

_____

_____

나와 또래인 청소년들이 친구들과 떨어져서 지내는 것 때문에 외로움을 느끼는 일은 흔하다고 생각하나요?

_____

_____

정서
발달
3

양면성

발달의 관점

청소년들이 고등학교의 마지막 학년에 들어가게 되면서, 대부분의 아이들은 양면적인 감정을 경험합니다. 떠나고 싶지만 가는 것이 두렵고, 미래에 대한 기대감이 크지만 과거를 놓기는 꺼려지는 바로 그것입니다. 학교에서는 학생들이 졸업을 하고 인생의 다음 단계로 가기 위해 필요한 서류 작업을 준비시키지만, 청소년들에게 골칫거리가 될 수 있는 상충적인 감정들에 대해서는 알려 주지 않습니다.

목표

▷ 고등학교의 마지막 2년 동안 흔히 볼 수 있는 양면적인 감정 파악하기

준비물

▷ 각 학생에게 제공할 종이와 연필
▷ 각 학생에게 제공할 '양면성–문장완성 활동지'(활동지 6)

진행 절차

1. '양면성'이라는 단어의 의미를 간단하게 토론하면서 수업을 시작합니다. 이 수업의 목적이 고등학교의 마지막 해에 흔히 느낄 수 있는 양면적인 감정들을 다루는 것이라고 설명합니다.
2. '양면성–문장완성 활동지'(활동지 6)를 각 학생들에게 나누어 주고, 활동지의 문장을 완성하라고 요청합니다.
3. 학생들이 문장완성을 끝내면, 그룹으로 토론하고 문장을 공유합니다.
4. 내용 질문과 개인 질문에 대해 토론합니다.

토론

내용 질문

1. 이 활동을 하기 전에 양면적인 감정들의 범위에 대해 알고 있었나요?

2. 문장을 완성하는 데 어려움이 있었나요?

3. 어떤 문장이 특히 완성하기 어려웠나요?

4. 활동지의 답변에 기초하여, 인생의 다음 단계로 넘어갈 때 느낄 것 같은 감정들에 대해 어떻게 요약할 수 있을까요?

개인 질문

1. 고등학교를 졸업하는 것에 대해 양면적인 감정을 느끼고 있었나요? 어떤 양면적인 감정이 가장 크게 느껴졌나요?

2. 이러한 감정들을 어떻게 다루나요?

3. 인생의 한 단계를 마치고 다음 단계로 넘어갈 때 도움이 될 만한 것을 이 수업에서 배웠나요?

후속 활동

학생들에게 이러한 양면적인 감정을 느끼는 것은 정상적이며, 그것에 대해 이야기하거나 일기를 쓰는 것이 도움이 된다고 스스로를 안심시키도록 편지를 쓰게 합니다.

양면성

이름: _____   날짜: _____

지시사항: 자신에게 어떻게 적용되는지 생각하고, 각각의 문장을 완성해 봅니다.

1. 고등학교를 졸업한다고 생각할 때, 나는 _____

_____을 느낀다.

2. 고등학교를 졸업해서 좋은 점은 _____

_____이 될 것이다.

3. 고등학교를 졸업해서 걱정하는 것은 _____

_____이다.

4. 집을 떠난다고 생각할 때, 나는 _____

_____을 느낀다.

5. 친구들과 헤어진다고 생각할 때, 나는 _____

_____을 느낀다.

6. 만약 이 지역을 떠나지 않는다면, 나는 _____

_____을 느낀다.

양면성

7. 만약 대학교에 들어간다면, _____

_____을 느낀다.

8. 만약 고등학교를 마치고 직장을 구한다면, _____

_____을 느낀다.

9. 여기를 떠나 새로운 친구들을 만난다고 생각할 때, 나는 _____

_____을 느낀다.

10. 지금 당장 내 인생에서 가장 그리워할 것은 _____

_____이다.

11. 미래에 대해 생각할 때, 나는 _____

_____을 느낀다.

12. 만약 졸업을 한 다음에 원하는 것이 무엇인지 알지 못한다면, 나는 _____

_____을 느낀다.

고통스러운 성장

발달의 관점

어떤 전환(transition)을 하든 간에 역할, 관계, 일상 그리고 자기평가에는 변화가 있습니다. 고등학교를 졸업하는 것은 청소년들에게 엄청난 영향을 미칠 수 있는 아주 중요한 통과 의례입니다. 청소년들에게 이러한 전환에 잘 대처할 수 있도록 준비시키는 것은 이들의 발달적 과정을 가능하게 하는 중요한 부분입니다.

목표

▷ 전환과 관련된 변화에 대해 배우기
▷ 고등학교 졸업 후 생기는 변화가 자신의 삶에 어떻게 영향을 미칠지 확인하기

준비물

▷ 칠판
▷ 각 학생에게 제공할 13×20cm의 단어 카드와 연필

진행 절차

1. 고등학교 졸업이 많은 사람들에게 여러 의미를 가져다주는 아주 중요한 전환이라는 사실을 다 같이 이야기하면서 활동을 시작합니다. 지금은 떠나보내는 시기이고 어떤 사람들에게는 다른 사람들보다 더욱 힘들어할 수 있다는 점을 주지시킵니다.

2. 칠판에 '역할, 관계, 일상, 자기평가'라고 적고, 단어 카드를 나누어 줍니다. 각학생에게 카드를 네 부분으로 나눈 뒤 각각의 부분에 칠판에 적은 4개 용어를 하나씩 적고 그 밑에 글을 쓸 공간을 남겨 두라고 합니다.

3. 학생들에게 고등학교를 떠나는 것이 그들의 '역할'에 어떤 변화를 줄 것인지 생각하도록 합니다(예: 학생으로서, 집에 함께 사는 가족의 구성원으로서, 친구로서). 그리고 카드의 해당 부분에 하나 또는 두 가지의 답변을 적도록 합니다. '관계'

'일상' '자기평가(예: 작은 지역에서 유명한 운동선수가 되지 못할 것이다)'의 부분도 각각 써 보라고 합니다.

4. 학생들을 4명씩 한 그룹으로 만들어, '역할' 부분에 대한 답변을 공유하도록 합니다. 몇 분 뒤에 각 그룹의 한 사람을 다른 그룹으로 이동시켜 새로운 그룹에서 '관계' 부분에 대하여 이야기를 나누게 합니다. 나머지 주제도 이와 같은 과정으로 진행합니다.

5. 내용 질문과 개인 질문에 대해 토론합니다.

토론

내용 질문

1. 변화에 대한 4개의 관점(역할, 관계, 일상, 자기평가)에서 쟁점을 확인하는 것이 어려웠나요? 만약 그랬다면 어떤 것이 가장 어려웠나요?

2. 전환이 주는 변화의 효과들이 고등학교를 졸업하는 것에 대한 생각과 관련이 있나요? 만약 그렇지 않다면 무엇에 대해 더 알게 되었나요?

개인 질문

1. 고등학교 졸업이 자신의 인생을 어떻게 바꿀 거라고 생각하나요?

2. 이 전환에 대해 어떻게 생각하나요?

3. 전환의 어떠한 점이 가장 쉬울 것 같나요? 어떤 점이 가장 어려울 것 같나요?

4. 과거에는 전환을 어떻게 극복하였나요? 이 전환 과정에서 도움이 될 자신의 장점은 어떤 것이 있을까요?

후속 활동

작년에 졸업한 몇몇 학생을 초대하여 역할, 관계, 일상 그리고 자기평가가 고등학교를 졸업하게 됨으로써 어떻게 영향을 받았는지 토론하도록 합니다. 특히 졸업생들에게 이러한 변화를 어떻게 대처했는지 말해 보도록 합니다.

나를 뽑아 주세요

발달의 관점

청소년들이 고등학교의 마지막 학년으로 접어들면 때때로 장학금, 상 그리고 명예를 놓고 경쟁을 하게 되면서 관계는 긴장될 수 있습니다. 자신을 다른 사람과 비교하고, 선택되지 않거나 무시당하면 스스로를 무능하다고 생각합니다.

목표

▷ 경쟁에 대한 감정을 살펴보고 이를 대처하기 위한 방법 알아보기

준비물

▷ 4명으로 구성된 각 그룹에게 제공할 '나를 뽑아 주세요–상황'(활동지 7)
▷ 4명으로 구성된 각 그룹에게 제공할 마커와 A4용지 1장

진행 절차

1. 학생들에게, 자신이 원했지만 다른 누군가에게 돌아간 명예, 상 또는 운동경기나 음악대회에서의 순위에 대해 생각하게 하면서 수업을 시작합니다. 학생들에게 다른 사람들, 상황 그리고 스스로에 대한 감정을 이끌어 냅니다.

2. 4명씩 한 그룹으로 나눈 다음, 각각의 그룹에서 기록자를 지정합니다. '나를 뽑아 주세요–상황'(활동지 7)을 각 그룹에게 나누어 줍니다. 그룹에게 상황을 읽고 이것에 대해 토론하도록 지시합니다. 청소년들이 선택되지 않았을 때의 결과로 느꼈던 감정들은 무엇이었는지, 원하는 것을 다른 사람이 가졌을 때 어떻게 느꼈는지, 그리고 추월당했을 때 자기 자신과 자신의 능력에 대해 어떻게 생각했는지 토론하게 합니다. 기록자에게는 그룹의 답변들을 활동지에 기록하도록 합니다.

3. 충분한 토론 시간을 가진 다음에 마커와 A4용지를 각 그룹에게 나누어 줍니다. 그런 뒤 실망, 기대, 경쟁적인 감정들을 다룰 수 있는 방법에 대해 브레인스토밍

하도록 하고, A4용지에 그들의 생각을 적도록 합니다. 그리고 토론의 결과를 간략하게 요약하도록 한 다음에 전체 그룹과 함께 이 문제를 다룰 수 있는 대안책을 공유하도록 합니다.

4. 선택받지 못한 것에 대한 실망감을 해결할 수 있는 방법으로 '자기대화(self-talk)'라는 개념을 설명해 줍니다. 다음의 설명을 읽어 줍니다.

> 자기대화는 자신이 생각하는 부정적인 것들에 대해 스스로 깊게 되돌아보도록 하는 것을 말합니다. 예를 들어, 만약 장학금을 못 받게 되었다면 아마도 자신이 멍청하다고 생각하고, 다른 사람들이 자신보다 낫다고 생각하거나, 자신을 완전 가치 없는 사람으로 생각할 수 있습니다. 이것을 극복하기 위해 스스로에게 다음과 같은 질문을 해 볼 수 있습니다. "내가 장학금을 받지 못했다고 해서 내가 완전 가치 없는 사람이라고 할 증거가 있나? 장학금을 받지 못한 것이 내가 멍청하다는 의미일까? 그리고 내가 지원한 장학금을 다른 사람이 받았다고 해서, 그 사람이 나보다 더 나은 사람이라는 것을 의미할까, 아니면 그냥 심사자들이 그 사람의 지원서를 더 선호한다고 판단할 수 있지 않을까?"

학생들에게 활동지에 나와 있는 상황에서 쓸 수 있을 것 같은 자기대화의 예시를 공유하도록 합니다.

5. 내용 질문과 개인 질문에 대해 토론합니다.

 토론

내용 질문

1. 활동지에 설명되어 있는 문제점과 감정들이 고등학교에서 학생들이 흔히 경험하는 것이라고 생각하나요? 왜 그런가요, 또는 왜 그렇지 않다고 생각하나요?

2. 무능함과 다른 사람의 기대를 다루는 데 어떤 제안이 가장 도움이 될 것 같나요?

개인 질문

1. 활동지에 나와 있는 상황 중에서 개인적으로 공감할 만한 것이 있나요? 만약 원하는 것에 선택되지 않았다면 스스로의 기대와 다른 사람의 기대를 어떻게 다루었나요? 이러한 상황이 친구들과의 관계에 영향을 미치기도 했나요?

2. 만약 상을 못 받았거나 어떤 직책에 뽑히지 않았다면, 이것은 자신에 대해 무엇을 뜻하나요? 이러한 상황이 자신이 무능하거나 안 좋은 사람임을 의미하나요?

3. 만약 상을 못 받았거나 어떤 직책에 뽑히지 않았다면, 그것이 삶에 오랫동안 부정적인 영향을 미칠 것이라고 생각하나요? 왜 그런가요, 또는 왜 그렇지 않다고 생각하나요?

 후속 활동

학생들에게 경험했거나 경험할 것으로 예상되는 경쟁 상황에서 느끼는 부적절한 감정을 다루는 데 효과적인 자기대화를 개발하도록 격려합니다.

19세

나를 뽑아 주세요

지시사항: 각각의 상황을 읽고 질문에 대한 답변을 토론합니다. 한 사람이 기록자가 되어 그룹의 대답을 적도록 합니다.

1. 크리스틴은 자신이 명예학생단체에 뽑힐 것이라 확신하였다. 성적도 좋았고, 지역사회 자원봉사 활동을 많이 하였으며, 여러 가지 학교 동아리에서 매우 활동적이었다. 하지만 크리스틴은 뽑히지 않았다.

   크리스틴이 뽑히지 않은 것에 대해 어떠한 감정을 느꼈을 거라고 생각하나요?

   _____

   뽑힌 사람에 대해 크리스틴이 어떠한 감정을 느꼈을 거라고 생각하나요?

   _____

   크리스틴은 뽑히지 않은 것 때문에 자신과 자신의 능력에 대해 뭐라고 생각할까요?

   _____

2. 테렐은 축구 팀의 주장이 되길 간절히 원했다. 자신과 마이크 둘 중에 한 명이 선택될 것이라고 알고 있었고, 결국 마이크가 뽑혔다.

   테렐이 뽑히지 않은 것에 대해 어떠한 감정을 느꼈을 거라고 생각하나요?

   _____

   테렐이 마이크에 대해 어떠한 감정을 느꼈을 거라고 생각하나요? 팀에 대해서는요?

   _____

   테렐은 뽑히지 않은 것 때문에 자신과 자신의 능력에 대해서 뭐라고 생각할까요?

   _____

나를 뽑아 주세요

3. 졸업식에서 학교 관계자들이 150만 원의 장학금을 5명에게 수여할 예정이었다. 도미닉은 5명의 수상자 안에 자신이 없으면 부모님을 실망시킬 것임을 알고 있었다. 도미닉은 성적이 훌륭했음에도 장학금을 받지 못할까 봐 두려워했다. 장학금 수상자가 발표되었을 때 도미닉은 그 5명 안에 포함되지 못하였다.

도미닉이 장학금을 받지 못했을 때 어떠한 감정을 느꼈을 거라고 생각하나요?

_____

도미닉이 장학금 수상자들에 대해 어떠한 감정을 느꼈을 거라고 생각하나요?

_____

도미닉은 장학금을 받지 못한 것 때문에 자신과 자신의 능력에 대해 뭐라고 생각할까요?

_____

4. 시론은 지역 전체를 대표하는 오케스트라로 뽑히길 바라면서, 지난 한 달간 매우 열심히 연습하였다. 시론의 형은 콘트라베이스 수석 연주자이다. 시론은 부모님이 자신에게 아무 말도 하지 않았어도 형의 뒤를 따라 가기를 바란다고 생각했다. 합격한 오케스트라 멤버가 발표되었을 때 시론은 그중에 없었다.

시론이 뽑히지 않은 것에 대해 어떠한 감정을 느꼈을 거라고 생각하나요?

_____

뽑힌 사람들에 대해 시론이 어떠한 감정을 느꼈을 거라고 생각하나요?

_____

시론은 뽑히지 않은 것 때문에 자신과 자신의 능력에 대해 뭐라고 생각할까요?

_____

나를 뽑아 주세요

5. 한 기업의 장학금 최종후보자 중 한 명이었던 카렌은 그 장학금 수여를 기대하였으나, 그 해 어떤 상도 받지 못하였다. 가장 친한 친구는 학교 파티에서 인기상을 받았고, 다른 친한 친구는 고등학교 반 대표였으며, 남자 친구는 주립대학교에 들어가기 위한 총장 장학금을 수상했다. 카렌의 같은 반 친구가 장학금을 받았다.

카렌이 장학금을 받지 못했을 때 어떠한 감정을 느꼈을 거라고 생각하나요?

_____

카렌이 같은 반 친구에 대해 어떠한 감정을 느꼈을 거라고 생각하나요?

_____

카렌은 상을 받지 못한 것 때문에 자신과 자신의 능력에 대해 뭐라고 생각할까요?

_____

작별인사

발달의 관점

청소년기 중반에서 관계는 새로운 차원을 맞이합니다. 대략 18세가 되면서 우정은 마음이 더 잘 통하고 경험을 공유하는 것에 기반을 두게 되고, 친구는 성격뿐만 아니라 관계에 얼마나 기여하는지에 따라 선택됩니다. 청소년들이 고등학교의 마지막 학년에 들어서면, 이러한 관계가 졸업 후 인생의 다음 단계로 넘어가면서 바뀔 것이라는 점을 서서히 깨닫게 됩니다.

목표

▷ 떠나는 것에 대한, 그리고 끝내는 것에 대한 감정 알아보기

준비물

▷ 각 학생에게 제공할 8×13cm 단어 카드 5개와 연필

진행 절차

1. 학생들이 고등학교를 졸업할 때 그들의 역할과 관계가 바뀔 것이라는 사실을 토론하면서 수업을 시작합니다. 각 학생들에게 단어 카드를 5개씩 나누어 준 뒤, 자신에게 중요한 5명의 사람들을 생각하도록 하고(친구, 부모님, 친척, 선생님 등), 그들의 이름을 한 명씩 각각의 카드에 적도록 합니다.

2. 각각의 카드에 대해 다음의 사항들을 떠올려 보도록 합니다.
   ▶ 이 사람에 대해 가장 잘 아는 것
   ▶ 졸업 후 이 사람과의 관계에서 변할 것 같은 점 한두 가지
   ▶ 이 관계에 대해 그리워할 것

3. 학생들에게 파트너를 정한 다음에, 카드에 적었던 내용 중에 공유할 만한 것에 대해 이야기하도록 합니다.

4. 내용 질문과 개인 질문에 대해 토론합니다.

토론

내용 질문

    1. 중요한 사람과의 관계가 미래에 어떻게 바뀔지에 대해 생각했을 때 어떠했나요?

    2. 이러한 관계들이 어떻게 바뀔지 구체적으로 생각하는 것이 어려웠나요? 그들 중 몇몇은 변하지 않을 수 있다고 생각하나요?

개인 질문

    1. 예상되는 변화를 대비하는 데 있어 어떤 관계가 가장 힘들 것 같나요?

    2. 이러한 중요한 관계가 변하는 것에 대해 어떠한 감정이 드나요?

    3. 이러한 감정들을 어떻게 다루나요?

 후속 활동

학생들이 중요한 사람들을 향해 감사의 마음과 그들과의 관계가 어떻게 바뀔 것 같은지에 대한 내용을 담은 편지를 쓰도록 격려합니다. 이 주제에 대해 이야기해 줄 수 있는 전년 졸업생을 초대할 것을 고려해 봅니다.

사랑한다, 사랑하지 않는다

발달의 관점

동성과 이성에 대한 친밀한 우정은 청소년기에 크게 증가하며, 여성은 남성보다 이러한 관계를 좀 더 일찍 찾습니다. 친밀한 관계는 사회적 민감성을 상승시키는 데 도움을 주지만, 동시에 혼란과 갈등의 원인이 될 수 있습니다.

목표

▷ 친밀한 관계와 관련된 감정과 문제 파악하기

준비물

▷ 각 학생에게 제공할 '당신을 사랑한다, 당신을 사랑하지 않는다-시'(활동지 8)
▷ 각 학생에게 제공할 연필과 종이

진행 절차

1. 학생들을 3명씩 한 그룹으로 나눕니다. 각 학생들에게 매우 강한 우정을 가진 사람을 생각하게 한 다음, 그 관계를 특징짓는 세 가지 단어를 적도록 합니다. 학생들은 그룹에서 그 단어를 공유하도록 합니다(그 사람들의 이름은 밝히지 않습니다). 그다음에 친하지 않은 사람들에 대해서도 똑같이 해 보도록 합니다. 토론을 한 다음에, 학생들에게 친한 관계를 묘사하는 데 긍정적인 단어를 골랐는지, 부정적인 단어를 골랐는지, 또는 둘 다 골랐는지 물어봅니다. 때때로 이러한 관계가 매우 긍정적으로 시작했다가 부정적으로 끝날 수 있기 때문에 이러한 감정의 단어들이 2개의 카테고리에서 나올 수 있다는 사실을 이야기합니다.

2. '사랑한다, 사랑하지 않는다-시'(활동지 8)를 학생들에게 나누어 줍니다. 학생들에게 시를 읽어 보게 한 다음에 그룹으로 나누어서 그 시의 의미가 무엇인지, 그리고 친밀한 관계에 대해 어떤 메시지를 전달하고 있는지에 대해 이야기하도록 합니다.

3. 내용 질문과 개인 질문에 대해 토론합니다.

토론

내용 질문

    1. 이 시의 글쓴이는 무엇을 전달하려고 한 것 같나요?

    2. 이야기에서 나온 것들은 청소년기의 관계에서 나타나는 전형적인 문제라고 생각하나요?

    3. 이 시에서 어떤 감정들이 표현되었나요?

개인 질문

    1. 이 시에 표현된 일들과 감정들에 공감할 수 있나요?

    2. 만약 그렇다면 이러한 일들과 감정들을 어떻게 다루나요?

    3. 친밀한 관계를 가지고 있는 친구에게 어떤 조언을 줄 수 있나요?

후속 활동

학생들에게 관계와 관련된 일들에 대해 자신의 시, 이야기 또는 노래를 만들어 보도록 합니다.

사랑한다, 사랑하지 않는다

19세

당신은 나를 약하게 만들어요.

당신은 나를 강하게 만들어요.

당신이 나를 제어하고 있다는 거 안 보이나요?

당신은 내가 느끼는 모든 감정을 가지고 나와 게임을 하고 있어요.

그것을 알고 있다고 생각해요.

당신은 내가 당신을 미워하게 만들지만

동시에 내가 당신을 사랑한다고 믿게 만드는 힘을 가지고 있어요.

나는 집 앞을 지나가는 모든 차를 살펴봐요.

당신일 거라고 생각하면서.

내가 얼마나 바보 같은지.

제 상상의 세계를 보세요.

다시는 그런 일 없을 거예요.

당신은 나를 너무 많이 실망시켰어요.

당신이 하는 장난에서 벗어나야 해요. 이 일이 끝없이 반복될 테니까요.

－알렉스, 17세

부모와의 관계

발달의 관점

청소년들에게 중요한 발달적 과제 중 하나는 부모로부터 정서적으로 독립하는 것입니다. 비록 대부분의 청소년들은 받아들이려 하지 않지만 그들은 어느 정도 책임감을 갖는 것을 두려워하는 동시에 영원히 부모한테 의존할 수 없다는 것을 알고 있습니다. 청소년들은 부모-자식 관계에서 부족한 자신감을 반항심으로 감추려 하기 때문에 다소 언쟁이 오갈 수 있습니다.

목표

▷ 부모와의 관계에서 일어날 수 있는 문제 알아보기
▷ 청소년기에 부모-자식 간의 관계를 효과적으로 다루는 방법 알아보기

준비물

▷ 교실의 각각 다른 곳에 전시된 4장의 A4용지. 각각의 종이에는 '기대' '독립' '신뢰' '영향'이라는 단어들이 적혀 있어야 합니다(만약 학급의 크기가 크다면 그룹원이 5~6명이 넘지 않도록 각 단어에 2개의 표시를 하기를 추천합니다).
▷ 각 그룹에게 제공할 '부모와의 관계-편지'(활동지 9)
▷ 각 그룹에게 제공할 한 장 이상의 빈 A4용지, 마커

진행 절차

1. 청소년들이 성장하면서 특히 부모로부터의 독립을 원하기 때문에 부모와의 관계가 더욱 복잡해진다는 점을 설명하면서 수업을 시작합니다. 이 수업의 목적은 청소년기에 부모-자식 간의 관계에서 생길 수 있는 문제들을 알아보고 그것을 다루기 위한 방법들에 대해 알아보는 것입니다.

2. 학생들을 4개의 그룹(학급의 규모에 따라 더 많은 수의 그룹으로 나눌 수 있습니다)으로 나누고 기록자를 뽑습니다. 각각의 그룹에게 A4용지로 만든 팻말을 나누

어 줍니다. 그런 뒤 '부모와의 관계–편지'(활동지 9)와 빈 A4용지, 마커를 줍니다. 그룹에서 1명의 학생이 활동지를 큰 소리로 읽습니다. 각 그룹의 구성원들은 편지에서 제시되는 쟁점과 주제에 대해 이야기하고, 기록자는 빈 A4용지에 구성원들의 답변을 요약하도록 합니다.

3. 각 그룹은 팻말에 적힌 단어(기대, 독립, 신뢰, 영향)에 대해 이야기합니다. 그룹의 구성원들은 이 발달 단계의 청소년들에게 부모와의 문제에 관하여 해당 단어가 어떤 의미를 갖는지 토론합니다. 기록자에게는 답변을 요약하도록 합니다. 그런 다음, 부모와 잘 지내고 이러한 문제를 해결하는 데 도움이 되는 방법을 최소한 세 가지를 생각해 내도록 합니다.

4. 각 그룹이 전체 그룹과 결과물을 공유하도록 시간을 줍니다.

5. 내용 질문과 개인 질문에 대해 토론합니다.

19세

토론

내용 질문

1. 에릭과 앤이 쓴 편지에 대한 당신의 반응은 어땠나요? 그들이 제기한 문제들에 대해 공감할 수 있나요?

2. 현재 부모님과의 관계에서 나타나는 문제가 청소년기 초반이었을 때와 다르다고 생각하나요? 왜 그런가요, 또는 왜 그렇지 않은가요?

개인 질문

1. 삶의 이러한 시기에서 부모님과의 관계를 어떻게 특징지을 수 있나요? 부모님과의 문제와 관련해서 A4용지 팻말에 표시되어 있던 네 가지 단어 중 어떤 것이 가장 의미가 있나요?

2. 부모님과의 문제를 해결하려 할 때 어떤 방법들이 도움이 된다고 생각하나요?

후속 활동

감정을 표현하고 부모–자녀 관계 문제를 해결하기 위한 방법으로 일기 또는 편지를 써 보라고 제안합니다.

부모와의 관계

지시사항: 그룹의 구성원 중 1명에게 19세의 두 사람이 쓴 다음의 짧은 편지를 소리 내어 읽게 합니다. 편지에서 나타나는 문제에 대해서 의견을 말하도록 합니다.

엄마와 아빠에게

오늘 밤에 제가 했던 행동에 대해 죄송합니다. 변명할 것도 없기 때문에 변명을 찾으려 하지도 않을 거예요. 대학 진학 전에 마지막으로 보내는 여름을 최악으로 만들고 싶지 않아요. 제게 자유를 주시고 저를 충분히 이해해 주셔서 감사합니다. 더 잘하기 위해 노력할게요. 죄송해요. 그리고 사랑해요.

―에릭

엄마에게

저는 지금까지 꽤나 비참했고, 엄마 또한 그랬다는 걸 알고 있어요. 우리는 다시 그 틀에 박힌 상태로 돌아왔고, 여기서 어떻게 빠져나와야 할지 모르겠어요. 엄마가 마음을 많이 쓰고 있다는 걸 알지만 이제는 저에 대한 걱정은 내려놔 주시면 안 될까요? 저는 스스로를 돌보기에 충분한 나이가 되었어요.

엄마가 저를 정말 신뢰한다고 생각하지 않아요. 그렇지 않으면 엄마는 저에 대해 항상 궁금해하지 않을 거예요. 엄마가 말했듯이, 엄마가 저를 못 믿는다면 앞으로도 절대 못 믿겠죠. 어떻게 바꿔야 할지 모르겠지만, 그렇게 했으면 좋겠어요.

저는 올해 엄마를 기쁘게 하기 위해 노력했고, 그 이유로 테리와 헤어졌어요. 하지만 지금 엄마는 제가 다른 남자랑 사귀고 있다는 것을 별로 좋게 보지 않아요. 저는 그저 즐기고 싶을 뿐이지 아직 결혼할 생각은 없어요. 엄마는 왜 항상 저를 방해하려고 하나요? 딱 한 번만이라도 저에게 좋은 시간 보내라고 말해 주면 정말 좋을 것 같은데. 제가 무엇을 하는지 보고해야 하는 게 싫고, 마치 어린 아이처럼 통금 시간에 맞춰서 저를 부르는 것도 싫어요. 제가 원할 때 돌아오거나 나갈 수 있다면 정말 좋겠어요. 무엇보다도 저는 어느 정도 생각이 있어요. 하지만 엄마는 제가 그렇다는 것을 증명할 기회조차도 주지 않았기 때문에 아마

부모와의 관계

그 사실을 모를 거예요. 엄마는 저를 키워 주신 분이고, 저도 무언가를 배웠다는 자신감을 가져야 해요.

저는 열아홉 살이에요. 이제는 저 스스로 돌볼 수 있어요. 이번 여름에 엄마가 제 곁에 있을 때 이것을 시작하는 게 좋지 않을까요, 그렇지 않으면 저는 내년에 뭘 해야 할지 모를 것 같아요. 아마도 엄마는 제가 결정을 못 내린다고 생각하겠지만 저는 이미 올해 꽤 좋은 결정들을 해 봤어요.

내년에 대학을 가게 되면 하고 싶은 것을 다 할 수 있지만, 그렇다고 반드시 그럴 거라는 것은 아니잖아요. 저는 가치관이 어느 정도 있으니까 제발 저를 믿고 이번 여름에는 제가 스스로 결정을 내릴 수 있게 허락해 주세요. 모든 것에 너무 엄격한 잣대를 들이밀지 말아 주세요. 이런 기회가 없다면 내년에 혼자 있을 때 무엇을 해야 할지 알지 못할 거예요.

저를 이해해 주세요. 저는 엄마를 사랑해요. 그리고 제가 내년 가을에 한 번에 독립적이게 된다는 것이 어렵다는 걸 안다면 우리의 사이가 훨씬 좋아질 거라고 생각해요. 그러니 제발 지금 시작하게 해 주세요.

앤 올림

그건 딜레마예요

👨‍🏫 발달의 관점

청소년들은 행동을 취하기 전에 신중하게 결과를 평가하지 않기 때문에, 도덕적인 영향뿐만 아니라 현실적인 영향도 함께 고려해야 하는 곤란한 상황에 직면하게 됩니다. 있을 수 있는 딜레마나 어려운 결정에 대해 잘 이해하는 것은 청소년들이 결과에 대해 미리 생각하는 것을 배우도록 도와줍니다.

👩‍🏫 목표

▷ 어려운 결정에 대해 자세히 알아보기
▷ 어려운 결정을 내릴 때 고려해야 할 요소 확인하기

👷 준비물

▷ 각 학생에게 제공할 종이와 연필
▷ 각 학생에게 제공할 '그건 딜레마예요-이야기'(활동지 10)

👩‍🏫 진행 절차

1. 학생들에게 지금까지 했던 결정 중 가장 어려웠다고 생각한 두 가지를 종이에 적도록 하면서 수업을 시작합니다. 그다음에 어떤 것이 그 결정을 하는 데 어려움을 주었는지 설명하도록 합니다. 학생들에게 파트너와 함께 이 정보를 공유하도록 합니다. 전체 그룹에서 어떤 종류의 결정이 가장 어려웠는지 그리고 어떠한 요소가 어렵게 했는지 토론하도록 합니다(예: 미래를 위한 중요한 영향을 줄 수 있는 결정, 도덕적인 딜레마 또는 현실적인 문제들이 포함된 결정, 다른 사람에게 영향을 미치는 결정, 매우 중요한 금전적 영향을 미치는 결정, 기타 비슷한 것들)

2. '그건 딜레마예요-이야기'(활동지 10)를 각 학생들에게 나누어 주고, 이것이 고등학교 졸업반 학생의 실제 이야기라는 것을 설명해 줍니다. 학생들에게 이야기를 읽고 마지막에 있는 질문에 답해 보도록 합니다.

3. 내용 질문과 개인 질문에 대해 토론합니다.

 토론

내용 질문

    1. 무엇이 결정을 어렵게 하나요?

    2. 어려운 결정을 할 때 고려해야 할 것들은 무엇이 있나요?

개인 질문

    1. 만약 어려운 결정을 한 적이 있다면, 결과에 대해 만족했었나요?

    2. 만약 어려운 결정을 한 적이 있다면, 그것을 어떻게 했었나요? 어떤 요인을 고려했었나요?

    3. 내려야 하는 어려운 결정이 있을 때 스스로 결정하나요, 아니면 다른 사람에게 상담을 받나요? 만약 다른 사람에게 상담을 받는다면 누구에게 받나요? (예: 부모님, 선생님, 친구, 상담자)

    4. 만약 어려운 결정을 한 적이 있다면, 도덕적인 문제와 관련이 있었나요, 아니면 더 현실적인 결정이었나요?

후속 활동

학생들은 어른, 또래 친구, 선배들에게 그들이 한 어려운 결정에 대해서 인터뷰를 하고, 그 결정을 어떻게 하였는지, 그 결정에 대해 다른 사람과 상의를 하였는지, 결정에 따른 결과에 만족하는지 물어봅니다. 그리고 이 정보를 사용하여 어려운 결정을 하는 것에 대해 '나는 ~을 배웠습니다' 문장들을 쓰도록 합니다.

19세

그건 딜레마예요

이름: _____   날짜: _____

지시사항: 다음의 실제 이야기를 읽고, 각각의 질문에 답해 봅니다.

　　나는 제이슨과 지난 1년간 사귀어 왔다. 우리가 성관계를 시작하자마자 나는 피임약을 먹기 시작했다. 그러다 크게 싸우기 시작했고 자주 헤어졌다. 나는 성적으로 그와 더 이상 싸우고 싶지 않아서 피임약 복용을 중단했다. 음, 우리는 다시 만났고, 내가 임신하기까지 그리 오래 걸리지 않았다. 나는 결국 용기를 내어 부모님께 말했다. 엄마는 내가 어떤 감정을 느끼고, 무얼 하기를 원하는지 생각할 기회를 갖기도 전에, 나를 데리고 가서 낙태를 시켰다. 모든 것이 그저 흐릿하게만 보였지만 나는 그것을 극복했고, 다시 나의 인생을 살았다. 내가 19세가 된 지 얼마 되지 않았기 때문에 이렇게 하는 것이 가장 최선이라고 생각했지만 나는 최대한 그것에 대해 생각하지 않으려 노력했다.

　　낙태를 한 다음에 제이슨과 다시 만났다가 헤어졌다가를 반복했다. 제이슨은 가끔씩 나를 먼지처럼 취급했고 너무 나쁘게 굴어서 그가 보기 싫었다. 내가 왜 참았는지는 모르겠지만, 아마 여전히 그를 사랑한다고 생각했던 것 같다. 우리는 다시 헤어졌고, 나는 제이슨의 친구 중 한 명과 사귀기 시작했지만 제이슨이 내게 전화를 하기 시작했다. 그러면서 우리는 점점 더 많은 시간을 함께 보내게 되었다. 피임약을 먹고 있었던 상태가 아니어서, 결국 또 임신을 하게 되었다.

　　이때까지 첫 번째 낙태를 잊으려고 노력했는데, 그 후 모든 것이 돌이켜져서 나를 괴롭히기 시작했다. 어떻게 해야 할지 정말 몰랐다. 제이슨과의 관계는 좋지 않았다. 제이슨은 마약에 중독되어 있었고, 학교도 중퇴했으며, 자신이 원할 때만 나에게 관심을 주었다. 나는 대부분 그에게 화나 있었기 때문에 우리가 결혼한다는 것은 불가능하다고 생각했다. 무엇보다 제이슨이 어떤 아빠가 될지 도저히 알 수 없었다. 다음으로 생각할 수 있는 선택지는 또 한 번 낙태를 하는 것이었는데, 다시 그럴 엄두가 나지 않았다. 결국 내게는 두 가지 선택지가 남았다. 아기를 낳아 직접 기르든지, 아니면 포기하고 입양을 보내든지였다.

　　며칠간은 애써 이러한 상황을 외면하려 했지만, 곧 현실에 직면해야 한다는 것을 알게 되었다. 엄마, 아빠 그리고 새엄마는 내가 아이를 낳아서 입양을 보내거나 또다시 낙태하기를 바라는 것 같았다. 그들은 내가 아이를 낳으면 추가적인 책임이 뒤따르고, 아이를 기르

그건 딜레마예요

려면 직장도 가져야 하기 때문에, 이것이 나의 대학 진학에 얼마나 방해가 될 것인지를 계속해서 말해 주었다. 그리고 제이슨이 마약에 너무 중독되어 있어서 아이에게 문제가 있을까 봐 걱정했다. 또한 아이도 묶여 있다면 제이슨이 나의 인생을 더욱 비참하게 만들 것이라고 걱정했다. 나는 부모님의 말들을 심각하게 고민했다. 아이를 또다시 낙태하고 싶지 않았다. 그렇다고 아이를 포기하고 입양을 보내고 싶지도 않았다. 나 자신도 입양아였지만, 돈도 없고 교육도 못 받은 젊은 엄마에게 자라지 않았기 때문에 내 삶이 훨씬 나아졌다고 생각하는데, 내가 다른 사람을 그렇게 만들 수도 있다는 생각이 나를 불편하게 했다. 나는 친부모에 대해 깊이 생각해 본 적은 없지만, 나의 아기가 왜 버려졌고 자신의 엄마는 누구인지 궁금해하기를 원치 않았다. 나는 그저 어떻게 해야 할지 몰랐을 뿐이다.

부모님은 계속 신중하게 생각해 보라고 이야기했다. 나는 겨우 열아홉 살이었고, 남은 인생 동안 이에 대한 책임을 져야 한다. 부모님들은 내가 그 중요성을 깨닫지 못한다고 생각했고, 아마 나도 몰랐을 것이다. 갇힌 기분이 들었다. 어떤 선택을 하든 간에 나는 그에 따르는 결과를 감수하며 살아야 한다.

―미아, 19세

이 사례는 도덕적인 결정의 예인가요, 아니면 현실적인 결정의 예인가요?

_____

_____

미아의 결정이 미래에 어떻게 영향을 미칠 것 같나요?

_____

_____

그건 딜레마예요

미아가 결정을 할 때 고려하면 좋을 거라고 생각하는 것은 무엇인가요?

_____

_____

만약 자신이 미아라면, 이 상황에서 무엇을 하겠나요?

_____

_____

만약 자신이 제이슨이고 미아가 여자 친구라면 무엇을 하겠나요?

_____

_____

인지 발달 **2** 정말로 많은 목표들

발달의 관점

많은 청소년들의 시간 감각은 여전히 현재 시점에 머물러 있지만, 그들은 목표 설정을 필요로 하는 과도기에 접어들고 있습니다. 목표 설정을 하는 과정의 절차를 배우게 된다면 청소년들은 현재와 미래에 이 기술을 활용할 수 있을 것입니다.

목표

▷ 목표를 설정하고 달성하는 방법 배우기

준비물

▷ 칠판
▷ 각 학생에게 제공할 연필과 종이

진행 절차

1. 학생들에게 목표를 정의하고, 장기 목표와 단기 목표의 차이점을 구분해 보라고 하면서 수업을 시작합니다. 목표는 누군가가 이루고 싶어 하는 것이고, 그러기 위해서는 일단 세부 목표(작은 단계들)를 확인한 다음에 최종 목표에 도달해야 한다는 사실에 대해 토론합니다. 지금 현재 학생들의 관점에서 장기 목표는 다음 1~5년 안에 성취하고 싶은 것이라고 할 수 있지만, 나이가 들면서 장기 목표가 10~15년까지 늘어날 수 있다는 점을 강조합니다.

2. 각 학생에게 단기 목표(다음 달 안에 성취할 수 있는 어떤 것)와 장기 목표(1년이나 2년 안에 성취할 수 있는 어떤 것)를 1개씩 적어 보게 합니다. 칠판에 '단기 목표'와 '장기 목표'라는 단어를 적습니다. 학생들에게 예시를 공유하고, 이를 칠판에 쓰여 있는 2개의 단어 아래에 목록으로 만들어 적어 보게 합니다. 그다음에 다음 예시와 같이 단기 목표에 대해 고려하고, 이 목표를 이루는 데 필요한 세부 목표를 파악하도록 요청합니다.

▶ 단기 목표: 다음 달 내로 직장을 구하기

목표 1: 인터넷의 구인 · 구직 사이트를 확인한다.

목표 2: 구인광고를 분석하여 관심이 있는 직장을 자세히 알아본다.

목표 3: 관심 있는 직장에 가서 지원서를 구한다.

목표 4: 지원서를 작성하여 제출한다.

목표 5: 만족하는 직장이 구해지지 않는다면 이 과정을 반복한다.

학생들에게 다음 예시와 같이 이 과정을 장기 목표에 적용시켜 반복하게 합니다.

▶ 장기 목표: 고등학교 졸업 이후에 좋은 중고차를 산다.

목표 1: 좋은 직장을 구해서 차를 살 돈을 번다.

목표 2: 매달 자동차 저축 계좌에 일정량의 돈을 넣는다.

목표 3: 소비자 제품 평가 보고서, 자동차 잡지, 그리고 자동차 딜러와 이야기를 하여 원하는 차 종류를 선택한다.

목표 4: 서류상으로 혹은 직접 중고차 매장에 가서 좋은 제품을 찾아본다.

목표 5: 가장 좋은 조건이라고 생각하는 차를 위해 충분히 돈을 모았을 때 자동차를 산다.

현실적인 타임라인은 목표 설정에서 중요한 부분이라는 것을 설명합니다. 각각의 목표가 명확해지면, 반드시 구체적인 기한을 정해 놓아야 합니다. 예를 들어, 자동차를 사는 장기 목표에서 목표 1의 타임라인은 '지금부터 한 달 이내에 좋은 직장을 구하는 것'이 될 것입니다.

3. 학생들이 목표를 다 적었으면 3명씩 한 그룹으로 나누어 결과물을 공유하도록 합니다. 목표 달성을 위해 작은 과제들로 나누어 더 잘 관리할 수 있도록 해 주는 방법으로서 구체적인 목표를 세우는 것의 중요성에 대해 토론합니다.

4. 내용 질문과 개인 질문을 토론합니다.

🧑‍💼⚠️ 토론

내용 질문

1. 장기 목표와 단기 목표의 차이점은 무엇인가요?

2. 목표와 함께 매우 구체적인 목표를 세우는 것은 왜 중요하나요?

3. 현재의 목표를 정하는 것이 몇 년 전에 목표를 정하는 것보다 더 중요하다고 생각하나요? 왜 그렇게 생각하나요?

4. 모든 사람이 단기 목표를 가지고 있다고 생각하나요? 만약 그렇지 않은 사람들

이 있다면 그들이 왜 그렇지 않다고 생각하며, 이것이 그들에게 어떤 영향을 미친다고 생각하나요? 모든 사람이 장기 목표를 가지고 있다고 생각하나요? 만약 그렇지 않다면 왜 그들이 그렇지 않다고 생각하며, 이것이 그들에게 어떤 영향을 미친다고 생각하나요?

개인 질문

1. 늘 스스로 목표를 세우나요? 만약 그렇다면 그 목표는 장기적인가요, 단기적인가요, 또는 둘 다인가요?
2. 목표를 이루기 위해 구체적인 목표들을 세우거나 타임라인을 만드나요? 만약 그렇지 않다면, 이것이 어떠한 문제들을 준다고 생각하나요?
3. 목표를 성취하는 자신의 능력에 대해 어떻게 생각하나요? 더욱 성공하기 위해서 버리고 싶은 것들이 있나요? 만약 그렇다면 무엇을 버릴 것이고 어떻게 할 것인가요?

후속 활동

학생들에게 단기 목표, 세부 목표, 그리고 목표들을 위한 타임라인을 만들도록 합니다. 학생들에게 시간을 주어 파트너와 공유하도록 합니다. 만약 목표가 너무 모호할 경우, 파트너가 목표를 다시 세울 수 있도록 도와주며 목표를 성취할 수 있도록 서로서로 모니터링을 합니다.

인지 발달 3 중대한 결정들

👨‍🏫 발달의 관점

이 발달 단계의 청소년들은 더 나은 인지 능력을 가지고 있다는 사실에도 불구하고, 중요한 삶의 전환을 준비하면서 자신들이 내려야 하는 중요한 결정들의 개수에 쉽게 압박감을 느낄 수 있습니다. 이렇게 주요 결정을 인지하는 것은 여러 대안들 중에서 결정하는 방법의 첫 번째 단계입니다.

👩‍🏫 목표

▷ 주요한 결정과 부수적인 결정 구별하기
▷ 주요한 결정과 부수적인 결정의 개인적인 예시 알아보기

👷 준비물

▷ 각 학생에게 제공할 종이와 연필
▷ 다음의 사항들이 적혀 있는 종이
  - 학교 파티에 누구랑 같이 갈 것인지
  - 올해 어떤 과목들을 수강할 것인지
  - 고등학교를 졸업하고 무엇을 할 것인지
  - 졸업 사진을 찍을 때 무슨 옷을 입을 것인지
  - 어떤 장학 프로그램에 지원할 것인지
  - 어떤 종류의 차를 살 것인지
  - 주말에 무엇을 할 것인지
  - 학교 수업을 빠질 것인지 아닌지
  - 졸업반 맥주파티에 갈 것인지 아닌지
  - 1년간 사귀었던 사람과 헤어질지 말지

진행 절차

1. 학생들에게 주요한 결정과 부수적인 결정의 차이를 구별하도록 요청하면서 수업을 시작합니다. 여러 문구가 적혀 있는 종이를 게시한 후, 학생들에게 파트너를 찾아서 어떤 결정들이 주요한지, 그리고 어떤 것이 부수적인지를 결정하도록 합니다.

2. 학생들은 그 결과물을 전체 그룹과 공유하도록 합니다. 학생들에게 무엇이 결정을 주요하게 만드는지 아니면 부수적이게 만드는지에 대해 토론하도록 이끌어 냅니다(그것이 사람마다 다른가, 결과에 따라 다른가, 또는 그 밖의 다른 이유로 다른가?).

3. 학생들은 새로운 파트너를 찾아서 졸업반 때 해야 할 결정들의 예시에 대해 생각해 보도록 합니다. 파트너와 함께 종이에 이것들을 목록화하고 그것을 주요한 결정(MAJ) 또는 부수적인 결정(MIN)으로 분류해서 쓰도록 합니다. 각 파트너들은 상대방이 주요한 결정을 할 때 고려해야 할 요소들을 최소한 다섯 가지 생각하도록 합니다. 전체 그룹에 예시를 공유하도록 합니다.

4. 내용 질문과 개인 질문에 대해 토론합니다.

토론

내용 질문

1. 결정이 주요한지 부수적인지를 어떻게 결정하나요?
2. 주요한 결정과 부수적인 결정을 할 때 어떤 자원들이 도움이 되나요?
3. 주요한 결정이 부수적인 결정으로 될 수 있다고 생각하나요?

개인 질문

1. 결정들은 대부분 주요한가요, 아니면 부수적인가요?
2. 주요한 결정을 할 때 어떤 감정이 드나요? 부수적인 결정은 어떠한가요?
3. 주요한 결정을 할 때 주로 혼자 결정하나요, 아니면 다른 사람과 상의를 하나요?
4. 부수적인 결정을 잘하는 데 있어 자신의 능력은 어떤가요? 주요한 결정의 경우는 어떤가요?

후속 활동

학생들에게 앞으로 2주간 하는 모든 결정들을 기록해 보게 합니다. 그리고 그 결정이 주요한지 아니면 부수적인지를 분류하도록 하고, 그 결정을 어떻게 하게 되었고 그들이 한 결정에 대해 어떤 감정이 들었는지를 설명하도록 합니다.

우선순위 세우기

발달의 관점

청소년기 중반을 넘어갈 때가 되면 청소년들은 어쩔 수 없이 더 많은 책임을 지게 됩니다. 그 결과로 청소년들은 우선순위를 정하고 시간 관리를 잘할 수 있는 능력을 키워야 합니다. 이전보다 추상적인 생각을 쉽게 할 수 있기 때문에, 가능성을 더욱 내다볼 수 있습니다. 하지만 가능성을 내다보는 것은 때로 버거울 수가 있습니다. 그러므로 청소년들에게 가능성에 대한 목록 중에서 우선순위를 어떻게 세우고, 시간을 어떻게 효과적으로 관리하는지를 가르치는 것이 중요합니다.

목표

▷ 우선순위를 세우는 능력 키우기
▷ 시간을 관리하는 기술 배우기

준비물

▷ 칠판
▷ 각 학생에게 제공할 '우선순위 세우기–생활계획표'(활동지 11)
▷ 각 학생에게 제공할 종이와 연필
▷ 4명으로 구성된 각 그룹에게 제공할 종이와 마커
▷ 마스킹 테이프

진행 절차

1. 학생들에게 해야 할 일이나 맡은 일이 없다면 토요일에 할 수 있는 일 다섯 가지를 빠르게 적도록 하면서 수업을 시작합니다. 그런 다음, '우선순위'(중요도에서 앞서는)라는 단어의 정의와 우선순위를 정하는 방법에 대해 토론하도록 합니다. 학생들에게 그들의 목록에 우선순위를 정하라고 하고, 이를 함께 공유하며 칠판에 우선순위 1번의 예시들을 나열하도록 합니다.

285

2. 목표 달성을 위해서 우선순위를 세우는 것에 대한 중요성에 대해 토론합니다. 학생들에게 파트너를 찾아서 목표 달성을 위해 우선순위를 세웠던 경험에 대해 예를 공유하도록 합니다. 그런 후 전체 그룹과 공유하도록 합니다.

3. '우선순위 세우기-생활계획표'(활동지 11)를 각 학생들에게 나누어 줍니다. 학생들은 첫 번째 원을 나누어 자신이 하루를 어떻게 보내는지를 나타내는 생활계획표를 만듭니다. 예를 들어, 원이 24시간을 나타낸다고 가정했을 때 학생들이 학교에서, 가족들과, 친구들과, 직장에서, 숙제를 하는 데, 운동 또는 교외 활동 등에 대하여 시간을 얼마나 보내는지 생각해 봅니다. 그다음에 학생들을 4명씩 한 그룹으로 나누어 결과물을 비교해 보도록 합니다.

4. 학생들에게 24시간을 어떻게 쓰고 싶은지에 대해 종이에 브레인스토밍을 하도록 합니다. 학생들은 원하는 활동을 나열한 다음, 두 번째 원에 새로운 생활계획표를 만듭니다. 가장 넓은 부분에 첫 번째 우선순위 활동을 지정하고, 원 안에 모든 활동을 표시할 때까지 활동을 이어갑니다. 그룹 내에서 서로의 생활계획표를 비교해 봅니다.

5. 우선순위를 세우는 것과 관련하여 시간 관리의 개념에 대해 토론합니다. 다음의 한 딜레마 상황을 살펴봅니다. "당신의 우선순위가 친구들과 같이 노는 것이지만 내일 중요한 시험이 있다고 가정해 봅시다. 어느 것을 우선순위로 둘 것인가요?" 이 딜레마 상황을 통해, 어떻게 우선순위를 정하고 어떻게 시간을 관리해야 하는지 그리고 우선순위를 두고 볼 때 그에 따르는 결과들을 고려해야만 하는지에 대해 토론하도록 합니다. 토론을 마친 후에 각 그룹은 선배들을 위해 우선순위를 설정하는 과정과 시간 관리에 관한 짧은 조언을 할 수 있는 글을 쓰도록 요청합니다. 학생들에게 종이에 글을 쓰게 하고 전체 그룹과 공유할 수 있도록 게시합니다.

6. 내용 질문과 개인 질문에 대해 토론합니다.

🧑‍🏫 토론

내용 질문

1. 우선순위를 세울 때 고려해야 할 요소들이 무엇이 있나요?

2. 이 활동에서 세운 우선순위(두 번째 원)는 자신이 실제로 사용하는 시간의 방식(첫 번째 원)과 어떻게 비교되나요? 만약 불일치하는 것이 있다면 무엇이 그렇게 만들고, 이것에 대해 어떻게 느끼나요?

개인 질문

1. 우선순위를 고려할 때, 어느 정도 시간을 잘 관리한다고 생각하나요? 만약 시간 관리를 잘하지 못한다면 무엇이 방해하고 있나요? 무엇이 바뀌어야 한다고 생각하나요?

2. 우선순위를 설정하는 것과 시간을 효과적으로 관리하는 것이 내년 혹은 2년 뒤에 어떻게 영향을 미칠 것이라 생각하나요? (구체적인 예시들을 들어 보게 합니다.)

3. 시간을 더욱 효과적으로 관리할 수 있도록 지금 당장 할 수 있는 한 가지는 무엇일까요?

19세

후속 활동

학생들에게 다음 주에 대한 우선순위 목록을 만들도록 요청합니다. 추가적으로 다음 주 동안 시간을 어떻게 썼는지 기록하도록 합니다. 그리고 주말 동안 우선순위 목록을 실제로 사용한 시간 기록과 비교해 보도록 합니다. 각 학생들에게 이 활동을 반영하여 '나는 ~을 배웠습니다' 문장들을 쓰도록 합니다.

우선순위 세우기

이름: _____ 날짜: _____

지시사항: 첫 번째 원이 24시간이라고 가정합니다. 평소 하루를 어떻게 보내는지 생각하고, 어떻게 시간을 쓰는지에 따라 원을 피자 모양의 조각으로 나누어 봅니다. 각 부분에 표시를 합니다(예: 8시간 수면, 6시간 학교에 있기 등). 24시간을 어떻게 보내고 싶은지 생각한 후에, 다음 쪽의 두 번째 원에 우선순위대로 조각을 나누어서 표시합니다.

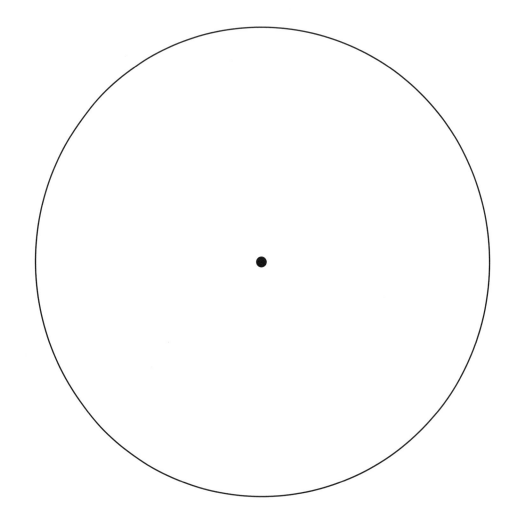

우선순위 세우기

19세

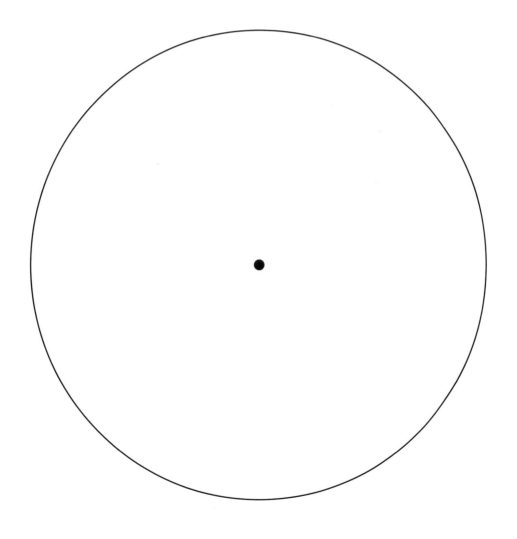

Note

Note

Note

Note

저자 소개

앤 버논(Ann Vernon) 박사는 미국 노던아이오와대학교의 명예교수이며, 오랫동안 학교 및 정신건강 프로그램의 상담 코디네이터로 재직하였다. 그녀는 수많은 저서와 논문을 집필하였으며, 주로 아동·청소년 상담, 발달 상담, 아동·청소년에 대한 REBT의 적용을 다루는 30권 이상의 책을 저술하였다. 이 외에도 미국, 캐나다를 비롯한 여러 나라에서 REBT 워크숍을 수행하였다.

역자 소개

박경애(Park, Kyungae)

한국상담심리학회, 한국상담학회 수련감독자이며, 현재 광운대학교 교육대학원 상담심리, 심리치료교육 전공 주임교수 및 동 대학교 일반대학원 교육학과 상담교육 학과장으로 재직 중이다. 미국 미주리 대학교(University of Missouri-Columbia)에서 교육 및 상담심리학으로 박사학위를 받았으며, 1995년 엘리스연구소에서 Ellis Scholar로 선정되는 영예를 얻었다. 1997년 REBT 지도감독 자격증(Supervisory Certificate)을 취득하였고, 영국 킹스 칼리지 런던(King's College of London)의 정신의학·심리학·신경과학연구소(Institute of Psychiatry, Psychology, and Neuroscience)에서 교환교수를 역임하였다. 국내에서는 광운대학교 교육대학원장과 학교상담학회장을 역임하였고, 2019년에는 한국REBT인지행동치료학회를 창설하여 회장으로 취임하였으며, 한국REBT인지행동치료 상담센터(www.rebt.kr)에서 슈퍼바이저로 활동하며 REBT 전문가를 양성하고 있다. 2022년 광운대 참빛교육상, 2010년에는 국무총리상을 수상하였다.

대표 저·역서로는 『인지정서행동치료』(2022), 『상담사례 슈퍼비전』(공저, 2022), 『인지정서행동치료(REBT)와 집단상담』(2020), 『REBT 클로버 보드게임: 집단상담 및 정서교육 프로그램』(2020), 『인지정서행동치료(REBT) 단회기 상담사례』(2018), 『아동 및 청소년을 위한 인지행동치료』(2013), 『아동 및 청소년을 위한 인지행동치료 상담사례』(2013), 『인지정서행동치료(REBT)』(1997), 『REBT를 활용한 정서교육 프로그램 초등학생용/중·고등학생용』(역, 2018), 『인지치료기법』(역, 2019), 『왜 나는 계속 남과 비교하는 걸까』(역, 2015), 『결혼의 신화』(역, 2012), 『우울과 불안장애의 치료계획과 개입방법』(역, 2008), 『우울증 스스로 극복하기』(역, 2005) 등이 있다.

함현미(Ham, Hyeonmi)
광운대학교 대학원 교육학(심리치료교육전공) 석사
광운대학교 대학원 교육학(상담교육전공) 박사 수료
현 한국REBT인지행동치료상담센터 수석상담원

김현정(Kim, Hyunjung)
광운대학교 대학원 교육학(심리치료교육전공) 석사
광운대학교 대학원 교육학(상담교육전공) 박사 수료
현 한국REBT인지행동치료상담센터 상담원

정다운(Jung, Dawoon)
캐나다 브리티시컬럼비아대학교(심리학전공) 학사
현 광운대학교 대학원 교육학(심리치료교육전공) 석사 재학

REBT 기반 인성교육 프로그램 ❸
-창의적 사고와 포용을 중심으로

The Passport Program
-A Journey through Emotional, Social, Cognitive, and
Self-Development

(고등학생용 · 16~19세 권장)

2023년 1월 25일 1판 1쇄 인쇄
2023년 2월 5일 1판 1쇄 발행

지은이 • Ann Vernon
옮긴이 • 박경애 · 함현미 · 김현정 · 정다운
펴낸이 • 김진환
펴낸곳 • ㈜ **학지사**
　　　　　04031 서울특별시 마포구 양화로 15길 20 마인드월드빌딩
대표전화 • 02-330-5114　　팩스 • 02-324-2345
등록번호 • 제313-2006-000265호

홈페이지 • http://www.hakjisa.co.kr
페이스북 • https://www.facebook.com/hakjisabook

ISBN 978-89-997-2831-0 93180

정가 18,000원

출판미디어기업 **학지사**
간호보건의학출판 **학지사메디컬** www.hakjisamd.co.kr
심리검사연구소 **인싸이트** www.inpsyt.co.kr
학술논문서비스 **뉴논문** www.newnonmun.com
교육연수원 **카운피아** www.counpia.com